未成年人
图书馆与信息服务
专业性研究

张 靖 吴翠红 主编

社会科学文献出版社
SOCIAL SCIENCES ACADEMIC PRESS (CHINA)

编委会

主　编　张　靖　吴翠红

作　者　张　靖　吴翠红　杨乃一　廖嘉琦　史　拓
　　　　卢静怡　吴小曼　肖　鹏　吴宇凡　梁益铭
　　　　杨　月　周　鹤　高　雅　陈思任　林佳萍
　　　　林　琳　刘　璐　黄彩虹　郑碧丽

前　言

　　一般而言，专业性职业具有以下五个特征：第一，"专业性职业"由掌握和运用高深专业知识和技能的专家组成；第二，"专业性职业"有比较系统的专业知识体系；第三，"专业性职业"有比较正规的、大学水平的专业教育系统；第四，"专业性职业"有比较正规的行业协会；第五，"专业性职业"有比较明确、系统的职业道德规范。根据这一定义，图书馆员职业是从19世纪末20世纪初逐步具有了专业性职业的特征。在诸多关于专业的图书馆员（professional librarian）的讨论中，参考咨询馆员（reference librarian）和儿童馆员（children librarian）被视作最能体现图书馆员职业专业性的两种类型。本书所指"未成年人图书馆与信息服务"，便主要由儿童馆员提供。儿童馆员是一个广义的概念，包括那些在公共图书馆少儿部或其他相关部门、专门的少儿图书馆、中学图书馆、小学图书馆、幼儿园图书馆及其他基础教育机构或早期教育机构的相关部门工作的图书馆与信息服务人员。也可以从另一个角度对儿童馆员进行界定，他们是指为0～18岁未成年人/儿童提供图书馆与信息服务的人员。

　　根据笔者的调研，从国际整体情况分析，未成年人图书馆与信息服务具有较为明显的专业性职业特征。而我国目前的未成年人图书馆与信息服务情况，总体而言，在专业性方面，与国际领先同行存在差距。例如，在专业性职业的第三个特征方面，虽然国内已经形成了图书馆学学士—硕士—博士的多层次、成规模的专业教育体系，但在图书馆未成年人服务专业教育方面却有所欠缺。目前，国内大部分高校图书馆学培养方案中均缺少未成年人服务方面的课程和训练。又如，在专业性职业的第一个特征方面，以小学图书馆为例，由于我国图书馆相关政策中并未设置小学图书馆员的岗位编制，因此目前的小学图书馆馆员均由语文老师或英语老师兼任，专业馆员角色缺失。

而不论是从文化体制深化改革、基础教育深化改革的宏观层面，还是从图书馆与信息服务职业转型、图书馆学教育转型的中观层面，中国的未成年人图书馆与信息服务都感受到了强烈的专业性建设需求和要求。为此，受广州少年儿童图书馆委托，由中山大学和广州少年儿童图书馆组成的课题组对国际图书馆界未成年人服务专业进行调研，并从本土情境和当前情况出发，结合国际经验，对我国的未成年人图书馆与信息服务专业建设问题进行初步的探讨。

全书由中山大学张靖负责研究设计、调研组织、章节安排，以及校对统稿；由广州少年儿童图书馆吴翠红负责国内相关情况调研的组织、校对统稿。中山大学在读硕士研究生杨乃一、廖嘉琦参与了全书的编写和校改。广州少年儿童图书馆史拓、卢静怡、吴小曼等同志，中山大学肖鹏、吴宇凡、梁益铭等同志，杨月、周鹤、高雅、陈思任、林佳萍、林琳、刘璐、黄彩虹、郑碧丽等研究生和本科生参与了本书部分章节的调研和初稿撰写。

时间仓促，书中难免存在错误和遗漏，恳请读者批评指正。

张靖　吴翠红
2019 年 6 月

目　录

|第一章|

绪　论

本章从未成年人图书馆与信息服务发展简史及其必要性和重要性、需求与满足情况引出未成年人图书馆与信息服务的专业性建设问题。在概念界定与辨析、研究现状述评的基础上，提出本书的整体思路与章节安排。

第一节　问题陈述

一　未成年人图书馆与信息服务发展简史

未成年人图书馆与信息服务的历史可以追溯至 19 世纪，美国宾汉姆公共图书馆、列克星敦青少年图书馆和匹兹堡乡镇图书馆的青少年图书馆被认为是未成年人公共图书馆服务雏形。[①] 与此同时，学校图书馆的兴起与公共图书馆的兴起是并行的，并且是相互交织的。[②] 1835 年，美国纽约州最早立法允许学区使用税收资金购买图书馆图书，而后马萨诸塞州、密歇根州等先后立法建立正式的学校图书馆，向学校师生提供图书资源等。[③] 美国图书馆协会（American Library Association，ALA）于 1876 年成立。在 1894 年 ALA 年会上，Luite Stearns 递交了"青少年阅读报告"，建议设置

---

① Kent, A., Lancour, H., Daily, J. E.. *Public Libraries*, *Encyclopedia of Library and Information Science*：volume 24 ［M］. CRC Press, 1978.

② ALA. First School Library？［EB/OL］.［2019 – 05 – 01］. http://www.ala.org/tools/first-school-library.

③ Ibid.

未成年人图书馆专门空间并配备专业馆员。① 此次年会成为美国未成年人图书馆服务的起点，未成年人服务日益受到重视。1896 年，美国国家教育协会（National Education Association）组织建立了学校图书馆部（School Library Section），于 1914 年正式与 ALA 合并，成为 ALA 下属机构。② 进入 20 世纪后，1900 年，ALA 组建儿童馆员部门，为未成年人服务领域的专业性讨论搭建了平台。1929 年，美国图书馆协会青少年阅读圆桌会议成立，1949 年美国青少年馆员协会正式成立③，专门指导未成年人图书馆服务。在英国，1865 年伯明翰公共图书馆开始向未成年人提供借阅服务，1882 年专门的儿童图书馆从诺丁汉公共图书馆系统中独立出来。④ 伴随基础教育发展，未成年人服务意识逐步提高，促使英国未成年人图书馆馆藏建设进入快速发展阶段。⑤ 公共图书馆未出现以前，英国周末学校图书馆成为未成年人阅读与学习的重要场所。⑥ 1870 年，英国《初等教育法》（Elementary Education）明确建议公立学校设置图书馆。1919 年，英国《公共图书馆法》（Public Libraries Act）修订版中，首次以法律形式保障儿童图书馆经费。至 20 世纪中后叶，英国政府资金的大力支持⑦以及《苏格兰公共图书馆服务标准》（Standards for public library service in Scotland）⑧ 等行业标准的先后发布，英国相继兴建了大批独立建制的儿童图书馆，公共图书馆也开始开设专门的青少年服务部门并配备专业的儿童图书馆馆员。伴随英国学校教育的改革，学校图书馆服务（School Library Service）这一专业机构逐步发展。1937 年，英

① ALA. Founding of the American Library Association ［EB/OL］. ［2018 – 08 – 01］. http://www. ala. org/aboutala/history.

② Cole，T.. The Origin and Development of School Libraries ［J］. Peabody Journal of Education，1959，37（2）：87 – 92.

③ YASLA. YALSA History ［EB/OL］. ［2018 – 08 – 01］. http://www. ala. org/yalsa/aboutyalsa/history/yalsahistory.

④ Kimberley Rieken. A New Center for Young Readers Library Opens a Place for Children，Teens ［EB/OL］. ［2018 – 08 – 01］. http://www. loc. gov/loc/lcib/0911/readspace. html.

⑤ 范并思、吕梅、胡海荣：《公共图书馆未成年人服务》，北京师范大学出版社，2015，第 17 页。

⑥ 同上。

⑦ GENEVIEVE PATTE. Children's Libraries in France ［J］. Libr. Rev.，1974（6）：435 – 448.

⑧ CILIP. Standards for public library service in Scotland ［EB/OL］. ［2019 – 05 – 04］. https://www. cilips. org. uk/about/our-history/.

国学校图书馆协会（School Library Association）成立。法国相较于英美，未成年人图书馆服务起步较晚，1924 年巴黎少儿图书室正式开馆，为 6～17 岁的读者提供服务。① 在法国教育部的推动下，1952 年起学校开始向学生提供文献服务。1974 年后，学校图书馆原型——"文献与信息中心"（Documentation and Information Center）逐步在法国学校中建立。②

　　1884 年，在北京创办的汇文学校图书馆是中国最早的学校图书馆。1902 年，清政府颁布的《钦定学堂章程》中的《钦定小学堂章程》和《钦定中学堂章程》两部分分别对中小学堂图书室的配置作了相关规定。③ 我国第一家儿童图书馆于 1912 年在湖南省双峰县青树镇成立。④ 1937 年爆发的日本侵华战争严重影响了我国图书馆事业的发展，未成年人服务也基本停滞。1949 年新中国成立，儿童图书馆事业进入快速发展阶段，至 1953 年，儿童图书馆及小学图书馆达到 212 家，全国 60% 的公共图书馆设立了儿童阅览室。⑤ 1980 年中共中央书记处通过《图书馆工作汇报提纲》，1981 年国务院转发《关于全国少年儿童图书馆工作座谈会的情况报告》，进一步推动未成年人图书馆与信息服务的发展。至 1989 年，县区级以上独立建制的少年儿童图书馆有 75 家，同年，国家教育委员会在北京召开全国中小学图书馆工作会议，成立了全国中小学图书馆协会筹备组，并拟由国家教委颁发中小学图书馆工作条例，促使学校图书馆工作科学化、规范化。而后，1991 年教育部正式发布《中小学图书馆（室）规程》。

二　未成年人图书馆与信息服务的必要性与重要性

（一）未成年人图书馆与信息服务的必要性

　　未成年人的成长关乎社会的未来，在其成长过程中，学校教育与家庭

---

① Genevieve Patte. Children's Libraries in France ［J］. *Libr. Rev.*，1974（6）：435 – 448.

② Tilbian C. School libraries and school librarians ［EB/OL］.［2019 – 05 – 04］. https://www. reseau-canope. fr/savoirscdi/societe-de-linformation/international/regard-sur-leurope/school-libraries-and-school-librarians. html.

③ 周秋光、莫志斌：《湖南教育史》（二），岳麓书社，2008，第 77～90 页。

④ 张建国：《我国第一个儿童图书馆考证》，《图书馆》1987 年第 6 期。

⑤ 《从基础开始加强少儿图书馆建设》，《中国教育报》2019 年 5 月 4 日。http://archive. wenming. cn/sng/2010 – 11/12/content_21374703. htm。

教育是其发展的重要基石，与此同时，图书馆这一社会公共机构的服务同样对于培育未成年人素养、拓宽未成年人的视野具有重要作用。联合国教科文组织 1994 年颁布的《公共图书馆宣言》（*Public Library Manifesto*）明确重申"从小培养和加强儿童的阅读习惯"，"激发儿童和青年的想象力与创造力。"① 1999 年的《学校图书馆宣言》（*School Library Manifesto*）亦强调图书馆在"发展和维持儿童的阅读和学习习惯和兴趣"② 的重要作用。图书馆是存储知识、提供信息服务的公共文化事业机构，具有教育社会大众的功能，在教育功能背景下，图书馆逐渐成了未成年人素养培育的第二课堂。③

在实现社会教育功能之外，图书馆与信息服务在未成年人的权利保障方面则发挥了更重要的作用。图书馆面向全社会提供平等的服务，未成年与成年人享有同样的图书馆与信息服务的权利，因此，未成年人图书馆与信息服务的发展是未成年人权利实现的必要路径。国内外对于保障未成年人图书馆权利、图书馆未成年人服务已有较为完备的法规政策支持。1989年，联合国颁布《儿童权利公约》（*Convention on the Rights of the Child*），旨在为世界各国儿童创建良好的成长环境。④ 联合国教科文组织 1994 年在《公共图书馆宣言》中提出"取消年龄限制"，以保障儿童享有同等的图书馆服务权利。⑤ 2008 年中国图书馆学会发布《中国图书馆学会图书馆服务宣言》，明确"图书馆致力于消除弱势群体利用图书馆的困难，为全体读者提供人性化、便利化的服务"⑥。2011 年国务院发布《中国儿童发展纲要》（2011-2020 年），进一步明确中国情境下的"儿童优先原则"⑦，以保障层层落实未成年人权利。2013 年《中华人民共和国未成年人保护法》颁布，为保障未成年人权利提供了法律依据。2017 年开始施行的《中华人

① http://www.chnlib.com/News/yejie/2827.html.
② http://www.doc88.com/p-3478619412365.html.
③ 童万菊：《中美公共图书馆未成年人服务比较研究》（学位论文）安徽大学，2014。
④ https://www.unicef.org/chinese/crc/.
⑤ https://www.ifla.org/publications/iflaunesco-public-library-manifesto-1994.
⑥ 中国图书馆学会：《中国图书馆学会图书馆服务宣言》，http://www.gslib.com.cn/xh/tqxw/08ztxy.htm。
⑦ 《中国儿童发展纲要》（2011-2020 年），http://www.gov.cn/gongbao/content/2011/content_1927200.htm。

民共和国公共文化服务保障法》和 2018 年开始施行的《中华人民共和国
公共图书馆法》都进一步明确规定图书馆需要为未成年人群体开展相应的
服务。图书馆是保障公民权利的重要机构,保障未成年人权利是其必须承
担的责任。在"儿童优先原则"与实现未成年人权利的要求下,未成年人
图书馆与信息服务的实现是非常必要的。

(二)未成年人图书馆与信息服务的重要性

21 世纪,在世界范围内,在时代与科技变革、经济与社会发展以及教育
发展等多重因素驱动下,以个人发展和终身学习为主体的核心素养模型逐渐
代替了以学科知识结构为核心的传统课程标准体系。[①] 2016 年 9 月,《中国学
生发展核心素养》正式发布[②],具体框架如图 1-1 所示。《中国学生发展核
心素养》以科学性、时代性和民族性为基本原则,以培养"全面发展的人"
为研究发展核心,充分反映中国进入新时期后经济社会发展对人才培养的新
要求[③],并高度重视中华优秀传统文化的传承。如何发展未成年人终身学习
的能力,达成核心素养要求是当前儿童教育与发展领域研究与实践的重点。

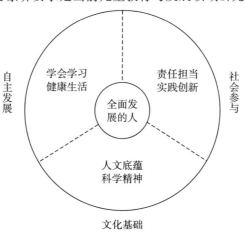

图 1-1 核心素养框架三大组成部分

① 褚宏启:《核心素养的国际视野与中国立场——21 世纪中国的国民素质提升与教育目标转
　型》,《教育研究》2016 年第 37 期。
② 核心素养研究课题组:《中国学生发展核心素养》,《中国教育学刊》2016 年第 10 期。
③ 李华、邓莹:《中美 21 世纪核心素养研究简介与启示》,《教育现代化》2018 年第 45 期。

与此同时，未成年人图书馆与信息服务一直以帮助未成年人发展终身学习能力为宗旨，该领域重点关注的未成年人阅读素养、信息素养与科学素养等主题是学生发展核心素养教育中的重要组成部分。当我们客观回顾未成年人图书馆与信息服务实践历史，就可以发现：未成年人图书馆与信息服务从来都是教育支持体系的中坚力量，因而，未成年人图书馆与信息服务相关实践为核心素养教育发展提供了重要参照，是对正规学校教育体系素养教育的有益补充。因此，可以确定发展未成年人图书馆与信息服务能够有效地支持核心素养的落实，支持基础教育改革的向前推进。

三 当前中国未成年人图书馆与信息服务的需求与满足情况

未成年人图书馆与信息服务对象较为广泛，包括整个未成年人群体以及与这一群体密切相关的周边人群，如监护人、少儿服务工作者、教师等。根据 2017 年文化和旅游部开展的第六次全国县级以上公共图书馆评估定级结果，当前未成年人图书馆与信息服务尚未实现全覆盖，服务资源较为集中，呈现"两头弱，中间强"。未成年人图书馆与信息服务建设与服务需求发展不对称，存在巨大需求缺口。

与此同时，在未成年人服务过程中，基层图书馆出现未成年人服务开馆时间与少儿读者作息时间不对应、少儿读者对读者活动较为失望、面向少儿读者的文献资源匮乏等需求满足情况不理想问题。[①] 此外，未成年人图书馆活动是未成年人阅读素养等能力培育的媒介，当前图书馆未成年人活动同质化现象严重，主要表现为未成年人阅读推广活动建设。品牌服务主题较少涉及信息素养等核心素养培育，且区域发展极不平衡，整体服务效能较低。同时，在目前我国中小学图书馆的运作中，由于专业馆员师资和资金等办馆资源的严重缺失，现存的馆藏资源和专业性服务都普遍无法满足中小学生的阅读和学习需求，图书馆难以发挥作用。[②] 根据我国各地

---

① 何靖怡、陈丽纳、肖鹏：《少儿对街镇图书馆的使用与认知调查研究》，《图书馆建设》2016 年第 4 期。

② 张文彦、王瀚：《加强图书馆未成年人服务的合理性认证》，《图书情报研究》2018 年第 11 期。

区域差异，不同地区对未成年人图书馆与信息服务的满足程度也不同，偏远地区和贫困地区与较发达地区差距较大。

面对未成年人图书馆与信息服务不平衡与不充分的发展困境，刘兹恒等对《中国儿童发展纲要（2011－2020年）》进行解读，明确新时期专业人员是未成年人图书馆与信息服务可持续发展的动力。[①] 2015年国际图书馆协会联合会（International Federation of Library Associations and Institutions，IFLA 简称国际图联）发布报告《利用研究提升图书馆素养培育与阅读推广效能：图书馆员指南》（*Using Research to Promote Literacy and Reading in Libraries：Guidelines for Librarians*）[②]，明确指出未成年人图书馆与信息服务专业性是突破未成年人服务瓶颈与提升服务效能的关键，因此图书馆应加强提高科学研究能力。

四 当前中国未成年人图书馆与信息服务专业馆员的需求与满足情况

图书馆职业是一门具有专业性的职业。在诸多关于专业的图书馆员的讨论和实践中，参考咨询馆员和儿童馆员被视作最能体现图书馆职业专业性的两种类型。

2018年，国际图联儿童与青少年图书馆服务部（Libraries for Children and Young Adults Section）对2003年《儿童图书馆服务指南》（*Guidelines for Children's Library Services*）进行修订，于2018年正式发布了《0～18岁儿童图书馆服务指南》（*Guidelines for Library Services to Children Aged 0－18*），指南中明确儿童馆员应具备相当的专业能力，并做如下表述。在人员资质方面，"儿童图书馆员需具备系列技能和素质，包括人际交往能力、社会意识、团队合作和领导能力，以及活动组织能力。在儿童服务方面应配备具有专业知识的人员，其应掌握包括图书馆学专业知识以及儿童发展和心

---

① 刘兹恒、武娇：《公共图书馆未成年人服务的指导文件——学习〈中国儿童发展纲要〉》，《图书与情报》2012年第1期。

② Farmer, L. , Stricevic, I. . Using research to promote literacy and reading in libraries：Guidelines for librarians ［EB/OL］. ［2018－07－30］. https://www.ifla.org/publications/ifla-professional-reports-125.

理学理论的相关知识。未成年人图书馆需要专业馆员进行设计、计划、组织、实施、管理和评估服务及方案方面以更好地满足社区内儿童及其家庭的需求。此外，专业馆员应致力于消除社会经济环境、文化、语言等多样性带来的障碍以支持儿童发展"①。在人员职业道德方面，"儿童馆员应保障未成年人能够平等自由地获取信息，尊重与保护未成年隐私、秘密，尊重知识产权。在服务过程中专业馆员需要一直保持客观与中立"。

与此同时，在学校图书馆发展领域，国际图联在 2015 年《学校图书馆指南》（第二版）（*IFLA School Libraries Guidelines, 2nd edition*）专辟一章论述"学校图书馆人力资源"，将学校图书馆专业馆员定义为："学校图书馆员负责学校的实体和数字学习空间，在这一空间里，阅读、调查、研究、思考、想象和创造是教与学的中心。学校图书馆员需要接受学校图书馆学和课堂教学的正规教育，以培养专业能力，胜任涵盖教导、阅读及基本素养培育、学校图书馆管理、与教职人员协作、教育社群参与等方面的复杂角色。"②此外，该文件将学校图书馆专业馆员职责细化五大方面，即教导的职责、管理的职责、社群参与的职责、推广图书馆活动和服务的职责。

与此同时，专业馆员需要通过专业教育学习专业知识和技能。然而，我们的图书馆学专业教育却一直未对这一领域给予所需的关照。根据笔者对国内主要图书馆学人才培养单位的本科和研究生培养方案的梳理，目前只有极少数相关培养单位在本科教学中开设未成年人服务专题课程，在研究生培养方面，仅见中山大学资讯管理学院和华南师范大学经济与管理学院开设有"未成年人信息服务""未成年人信息需求、行为与服务研究""儿童图书馆学"等硕士选修课程。

综上，国家和社会的需求、职业的要求决定了我们要建设具有中国特色的未成年人图书馆与信息专业性服务，而在探索中国路径的同时，对国

---

① IFLA *Guidelines for Library Services to Children aged 0 – 18* ［OL］. ［2018 – 10 – 18］. https://www.ifla.org/node/91752.
② IFLA. *IFLA School Library Guidelines*, 2nd edition ［EB/OL］. ［2018 – 07 – 30］. https://www.ifla.org/node/8750.

际经验进行分析和总结，可以寻得借鉴。

第二节　概念界定与辨析

全书涉及若干专业概念，界定如下。

一　未成年人

未成年人是与成年人相对的概念，泛指在一定年龄段以下或未达到某一年龄段的群体[①]。《中华人民共和国未成年人保护法》中，明确未成年人是指"未满十八周岁的公民"[②]，《联合国儿童公约》将儿童定义为18岁以下的人[③]，我国"未成年人"的概念与国际上的"儿童"概念相对应。法律术语规范未成年人教育与服务口径较为宽泛，在实践中，服务人员多结合相关理论与未成年人特点做年龄阶段进一步划分。儿童教育学家朱智贤关于儿童时期划分的研究成果是当前主要的划分依据，其将未成年人成长阶段划分为：乳儿期（0~1岁）、婴儿期（1~3岁）、学前期（3~6、7岁）、学龄初期儿童（6、7~11、12岁）、少年期（11、12~14、15岁）和青年期（14、15~17、18岁）。[④] 在不同学科领域，因学科特点，关于年龄阶段的认定还存在一些特殊的方式。在图书馆与信息服务领域，对于未成年人阶段划分基本与上述相同，IFLA将未成年人主要划分为婴幼儿、儿童与青少年，并对应发布《婴幼儿图书馆服务指南》（*Guidelines for Library Services to Babies and Toddlers*）、《儿童图书馆服务指南》与《青少年图书馆服务指南》（*Guidelines for Library Services for Young Adults*）。

参考上述文献，根据未成年人入学情况，又可将未成年人划分为婴幼儿、学龄前儿童、学龄儿童与青少年。

[①] 范并思、吕梅、胡海荣：《公共图书馆未成年人服务》，北京师范大学出版社，2015，第2~3页。

[②] 《中华人民共和国未成年人保护法》，http://www.gov.cn/jrzg/2012-10/26/content_2252050.htm。

[③] 《儿童权利公约》，https://www.un.org/zh/documents/treaty/files/A-RES-44-25.shtml。

[④] 朱智贤：《朱智贤全集》（卷四），北京师范大学出版社，2002，第34页。

（一）婴幼儿

IFLA《婴幼儿图书馆服务指南》明确："从出生到 3 岁的儿童为婴幼儿"，并具体细化为"出生到 1 岁的为婴儿，1 岁到 3 岁的为学步儿童"[①]。在中国，将婴幼儿年龄划分为 0~3 岁。

（二）学龄前儿童

一般指代尚未入学的儿童，不同国家的入学年龄略有不同。在中国，一般入学年龄为 6、7 岁，故学龄前儿童年龄为 3~6、7 岁。

（三）学龄儿童

一般指达入学年龄的儿童，根据教育学段与学制要求，划分为 7~12、13 岁即正在接受小学教育的未成年人为学龄初期儿童。

（四）青少年

在图书馆服务领域，IFLA《青少年图书馆服务指南》特将 12 岁以上未成年人规定为青少年，是儿童成长至成人的过渡时期。

同时需要关注的是在生理与心理方面存在发展障碍的未成年人，图书馆等未成年人公共文化服务设施需要为这类群体提供特殊的资源与服务。未成年人图书馆，需要在基础设施建设方面重视生理方面存在缺陷的群体，配套个性化服务。针对这一群体，国际图联于 2014 年发布《面向读写困难群体的图书馆服务》（Guidelines for Library Services to Persons with Dyslexia），指导图书馆如何根据有读写障碍的未成年人群体特点与信息需求，提供针对性服务。[②]

未成年人图书馆与信息服务是图书馆服务中的重要组成部分，本身就具有复杂性。而面向特殊的未成年人群体服务质量与图书馆实际发展水平相挂钩，服务复杂程度在实际中将会成倍增加。这是未成年人图书馆与信息服务发展中的难点与重点。

---

① https://www.ifla.org/publications/.

② IFLA. Guidelines for Library Services to Persons with Dyslexia. [EB/OL]. [2018 - 08 - 05]. https://www.ifla.org/publications/ifla-professional-reports - 104.

二　未成年人图书馆与信息服务

未成年人图书馆与信息服务指由各级各类公共图书馆、专门的少年儿童图书馆、中小学图书馆等机构面向未成年人及其相关群体提供的借阅与参考咨询服务、阅读指导等服务。

传统的未成年人图书馆与信息服务主要为资源借阅服务与参考咨询服务，主要以图书馆馆藏为基础，帮助未成年人了解馆藏结构，并在此过程中，为未成年人提供安全的阅读环境。

阅读指导是未成年人图书馆与信息服务的重要组成部分，未成年人因其生理特点，对资源的选择缺乏正确的判断，阅读内容与体裁的选择需要科学的指导与辅助。与此同时，未成年人心理发展不成熟，需要图书馆持续进行阅读推广等服务指导，以提高未成年人的阅读能力。

现代图书馆倡导主动服务，未成年人图书馆与信息服务主要依靠图书馆活动的形式吸引未成年人走进图书馆，培育未成年人对图书馆的忠诚度。图书馆活动类型多样，主要以讲座、展览、主题俱乐部等形式展开。新时期图书馆不断创新服务活动方式与内容，引入新技术，引导未成年读者参与。

三　专业性职业

一般而言，专业性职业具有以下五个特征[①]。第一，"专业性职业"由掌握和运用高深专业知识和技能的专家组成。第二，"专业性职业"有比较系统的专业知识体系。第三，"专业性职业"有比较正规的、大学水平的专业教育系统。第四，"专业性职业"有比较正规的行业协会。第五，"专业性职业"有比较明确、系统的职业道德规范。

第三节　文献综述

以 CNKI 期刊数据库和博硕士论文库、EBSCOhost 数据库作为主要工

[①]　于良芝：《图书馆学概论》，国家图书馆出版社，2016，第45页。

具，采用主题检索，在系统检索结果的基础之上，通过阅读摘要进行人工筛选，笔者确定了由 78 篇论文组成的核心文献集。相关文献在研究主题上，主要涉及研究综述、部分国家服务历史、国内外比较、具体图书馆案例、服务现状调查分析与发展对策等。

一 国内外未成年人服务研究综述

卢文将公共图书馆未成年人服务的主要研究内容概括为介绍、未成年人道德教育、公共图书馆未成年人工作等三个方面。[①] 张文彦和王丽将相关文献分为图书馆未成年人服务的历史回顾与现状调研、图书馆未成年人具体服务项目研究、未成年人个体阅读认知规律和对应策略研究、中小学图书馆对学生的整体性影响研究、中小学图书馆与相关个体和机构的协作研究、图书馆未成年人服务质量的评价研究、图书馆未成年人服务管理与制度建设研究以及其他等八个主题[②]，强调应拓宽我国未成年人服务研究的深度和广度；应采用问卷调查、深度访谈和实验等实证研究方法，以增加研究的科学性、普适性和说服力。张文彦和戎军涛对比国外的研究情况，指出，国内相关研究目前由国家或省部级单位资助的研究项目接近缺失状态[③]；已有研究多以思辨论述和描述性统计的方式开展，极少有研究通过推论性统计对理论假设进行验证，未能提出被各学科和国际同行广泛认可的理论创新成果；此外，还指出国内相关研究内容简单、分类笼统，应加强与国外研究机构的交流对话。

二 其他国家未成年人图书馆与信息服务历史研究

发达国家图书馆未成年人服务的研究起步比我国早，国内学者对美国、英国等国家未成年人图书馆与信息服务进行历史回顾，分析其特点与优点，从而为我国图书馆未成年人服务提供借鉴。张丽分阶段系统梳理了

---

① 卢文：《公共图书馆未成年人服务研究综述》，《图书馆工作与研究》2009 年第 1 期。
② 张文彦、王丽：《发达国家图书馆未成年人服务研究综述》，《图书情报工作》2014 年第 12 期。
③ 张文彦、戎军涛：《国内图书馆未成年人服务已有研究综述》，《图书馆工作与研究》2015 年第 2 期。

1876～1976 年这 100 年美国图书馆未成年人服务发展的历史过程，重点介绍 1876 年美国图书馆协会的成立、美国公共图书馆报告的发表、学校图书馆标准的制定等重要事件，以及作为开拓者和先驱的两位重要人物——Carline M. Hewins 和 Anne Carroll Moore。[①] 同时指出推动美国图书馆未成年人服务产生及发展的因素包括：女性馆员对图书馆未成年人服务的推动、未成年人阅读发展八报告的推动、对未成年人的发现、未成年人权利意识的崛起，以及对阅读与未成年人性格形成和发展关系的认识。随后，张丽对英国 1915 年至今的公共图书馆未成年人服务发展历史进行回顾，将其划分为：1915 年之前的缓慢发展时期，1915～1927 年的改变与挑战时期，1928～1942 年的在逆境中求合作的发展时期，1943～1959 年的战后曲折发展时期，1960～1974 年的逐步科学规范化发展时期和 1974 年至今的以低幼儿童服务为特色的发展时期等六个阶段。[②] 并指出英国的儿童图书馆服务的发展要优于青少年图书馆；其图书馆未成年人服务在相关法律和规范的指导下走向科学化；图书馆重视与其他机构开展合作；开展的低幼儿童服务成为公共图书馆一大特色。McDowell 对 1876～1900 年公共图书馆未成年人服务发展情况进行梳理，研究主要分为六大部分：1876 年以前的儿童图书馆服务、早期公共图书馆儿童服务、学校图书馆与公共图书馆、1879～1890 年儿童阅读书目推荐情况、图书馆员与进步时代的社会运动、儿童图书馆服务的技术发展[③]；重点分析文化力量对公共图书馆未成年人服务发展的影响，以明确图书馆未成年人服务的侧重点、服务方式及社会文化根源，并指出专业儿童馆员是推动未成年人图书馆服务事业发展的重要力量。

三 未成年人图书馆与信息服务国内外比较研究

2010 年开始我国相继出现有关国内外图书馆未成年人服务比较研究的

---

① 张丽：《1876—1976 年美国图书馆未成年人服务发展历史研究》，《中国图书馆学报》2011 年第 1 期。

② 张丽：《英国公共图书馆未成年人服务发展历史研究》，《图书与情报》2013 年第 4 期。

③ McDowell K. The cultural origins of youth services librarianship, 1876－1900 ［D］. Urbana: University of Illinois at Urbana-Champaign, 2007.

文献，学者着重关注中美、中英、中日等国家在图书馆未成年人服务上的异同点和各自的发展特点，并指出我国目前存在的问题及改进建议。曹海霞对中美两国少年儿童图书馆的发展历程、服务内容和形式、服务人员等进行了比较分析，提出目前我国存在政府及图书馆界对少儿图书馆服务的重视度不够、发达省市与经济落后地区少儿图书馆发展不平衡、少儿图书馆整体专业服务队伍有待改善和提高等问题。① 邓爱东对中美公共图书馆未成年人服务进行比较，关注国家政策及法律保障、服务设施、馆藏及网络服务、专业馆员、服务细节方面的不同，指出目前我国存在缺乏相应的国家政策和行业标准、网络服务内容匮乏、整体服务水平不高、合作意识不强等问题，并进一步提出了相应的改进建议。② 张熹基于美国学者Thomas提出的少儿图书馆服务的五要素理论，将专门馆藏、专门空间、专业人员、针对少年儿童的服务与活动、合作网络作为切入点对中美两国公共图书馆少年儿童服务进行比较研究。③ 在发现问题的基础上提出了我国应尽快制定相关的法律法规及指导文件、加强少年儿童服务专业人员的教育、重视少年儿童服务的阶段性等建议。吴银燕④的硕士学位论文通过问卷调查、案例分析等方法，比较研究了中英公共图书馆的儿童服务，提出：英国的图书馆儿童服务发展比较均衡，而中国的图书馆儿童服务城乡差别、地区差别过大；英国图书馆儿童服务的基础设施比较完善，馆藏资源丰富，馆员素质较高，而中国图书馆儿童服务的基础设施还有待改善，人均馆藏资源不足，专业馆员的数量不够，素质有待提高；英国图书馆儿童服务活动项目丰富多彩，开展常态化，而中国的图书馆儿童服务活动不够丰富，对婴幼儿的服务项目更是缺乏，人均参与次数很低。

四 具体未成年人图书馆与信息服务案例研究

图书馆未成年人服务包括但不限于阅读推荐、参考咨询、家庭作业辅

---

① 曹海霞：《中美少年儿童图书馆服务比较研究》，《图书馆工作与研究》2010年第5期。
② 邓爱东：《中美公共图书馆未成年人服务比较研究》，《图书馆理论与实践》2011年第4期。
③ 张熹：《中美公共图书馆少年儿童服务比较研究》，《四川图书馆学报》2014年第6期。
④ 吴银燕：《中英公共图书馆儿童服务比较研究》，硕士学位论文，湘潭大学，2015。

导等。国内外就某个具体的服务项目展开研究的文献占了很大的比例，其中图书馆儿童阅读服务获得的关注较高。鼓励儿童阅读，使更多的孩子走进图书馆是其追求的目标之一，因此国内外的图书馆都十分重视少年儿童的阅读服务工作。随着社会各界对儿童阅读重要性认识的不断提高，有关此主题的研究数量越来越庞大、内容越来越丰富。陈伟丽、吴庆珍对欧美国家与中国图书馆的少儿阅读服务情况进行梳理，提出应把少儿图书馆和公共图书馆少儿阅读服务提升到考核各级行政部门工作的高度[1]；呼吁各级政府重视少儿图书馆事业的发展，在每年度财政拨款中计拨少儿服务专项经费；建立健全法规保障体系等。冯睿、吕梅从空间、文献、活动三个层面对我国公共图书馆的未成年人阅读服务现状进行总结，分析当前我国未成年人阅读服务存在服务理念与读者需求有偏差、地区及各级图书馆发展不平衡、服务人员专业素养有待提高以及阅读推广缺乏长效机制等问题[2]，提出我国应出台法律法规进行规范、改变未成年人阅读服务理念、加强服务人员专业教育等阅读发展策略。陆晓红梳理了近年来我国儿童阅读推广的相关理论成果，发现国内在此方面的研究内容主要集中在公共图书馆的儿童阅读推广开展情况、儿童阅读的现状调查、国内外儿童阅读推广经验介绍、中外儿童阅读推广比较研究、儿童阅读推广的客体研究等。[3]熊惠霖、黄如花总结了英国公共图书馆在促进未成年人阅读方面的理念和实践经验，提出我国公共图书馆应借鉴其经验[4]，充分认识未成年人阅读的重要性和紧迫性、深化对未成年人的公益性服务、重视早期阅读、根据年龄层次提供区别化和特色化的服务等。沈敏、王姝等探讨了美国公共图书馆儿童阅读服务意识对儿童阅读服务的促进作用，并在此基础上揭示了公共图书馆儿童阅读服务策略。同时通过对美国纽约州汤普金斯郡公共图

---

[1] 陈伟丽、吴庆珍：《少年儿童图书馆阅读服务工作的分析与思考》，《图书馆论坛》2012年第4期。

[2] 冯睿、吕梅：《我国公共图书馆未成年人阅读服务研究》，《图书馆工作与研究》2015年第10期。

[3] 陆晓红：《我国儿童阅读推广研究综述》，《图书馆工作与研究》2013年第9期。

[4] 熊惠霖、黄如花：《英国公共图书馆未成年人阅读服务的实践及启示》，《图书馆建设》2013年第8期。

书馆儿童阅读服务在优化馆藏、拓展活动、重视主体等方面实践的研究，提出适合中国实际情况的儿童阅读服务的五项重要举措。①

与此同时，在未成年人参考咨询服务方面，颜虹从儿童图书馆参考咨询服务的职能入手，探讨设立儿童图书馆参考馆员的意义，并从岗位设置、上岗条件、激励机制与培训制度等四方面出发，提出建立儿童图书馆参考馆员制度的可行性建议。② 张岌秋对数字参考咨询服务的特殊用户群体之青少年进行界定，探讨其基于教育与非基于教育的信息需求特征，并对其基于技术手段与非基于技术手段的信息行为进行分析。同时基于目前面向青少年的数字参考咨询存在的问题，从网站信息资源、组织、界面以及多样化服务方式等角度，讨论面向青少年提供优质数字参考咨询服务的基本途径。③ 此外，在未成年人家庭辅导服务方面，龚胜泉、易守菊全面分析了美国公共图书馆的青少年 homework help 服务，即服务内容的架构、服务资源的建立、服务方式的搭配、服务工具的选择，服务实施主体的规范、服务实施过程的控制以及对教育环境的延伸服务等，提出我国公共图书馆的青少年服务应强化服务意识、重视服务内容的层次表达以及服务方式和手段需要与时俱进。④

五　未成年人图书馆与信息服务现状调查分析与发展对策研究

未成年人图书馆与信息服务现状调查分析与发展对策研究方面可以具体分为对图书馆的调研、对某城市或地区的调研以及文本调研。邓倩以重庆市 1200 名农村留守儿童为调查对象，对其阅读现状进行问卷调查，内容包含留守儿童的阅读时间、阅读目的及阅读方式、图书来源及阅读量等，结果发现农村留守儿童的阅读文化生活不容乐观，并就此有针对性地提出

---

① 沈敏、王姝、魏群义：《美国公共图书馆儿童阅读服务研究与实践——以美国纽约州汤普金斯郡公共图书馆为例》，《图书情报工作》2015 年第 7 期。
② 颜虹：《建立有儿童图书馆特色的参考馆员制度》，《图书馆工作与研究》2006 年第 3 期。
③ 张岌秋：《面向青少年的数字参考咨询服务研究》，《图书情报工作》2007 年第 10 期。
④ 龚胜泉、易守菊：《美国公共图书馆家庭作业服务研究》，《图书情报工作》2011 年第 13 期。

应建立校本阅读机制，整合优秀文化资源等应对策略。① 杨翠萍对广东粤西和青海西部柴达木地区 12 所城乡小学学生的阅读现状进行问卷调查，研究发现：在欠发达地区，儿童对阅读重要性的认知度较低、少儿的阅读水平和阅读能力受到严重影响、儿童阅读推广活动普及率普遍低下等，在此基础上提出应搭建区域环境下 "少儿图书数据信息共享平台"，逐步建立面向欠发达地区的馆校长期合作机制。② 王蓉等以广州图书馆少儿馆的成人读者作为研究对象，以 "读写障碍症" 服务为研究主题，采用问卷调查法，发放并回收 2100 份有效问卷。调研发现调查对象普遍对读写障碍症不了解，相当一部分的调查对象在如何对待读写障碍症的问题上存在误区；并根据存在的问题对家长、图书馆以及专业服务人员提出建议。③ Spreadbury 与 Spiller 对伦敦市四所学校初中生图书馆利用行为进行了访谈调研，分析得出学生在学校、性别和年龄上的差异对图书馆利用行为有不同的影响。④ Genevieve 在公立学校普遍存在困境和南非青少年面临贫困率和失业率比例失调的背景下，研究南非图书馆和信息服务部门如何通过合理配置来为儿童和青少年提供最佳服务，提出在社区图书馆进行实践以及与学校合作联合建馆以供学生和当地居民使用的计划。⑤

综上，虽然国内外学者日益重视未成年人图书馆与信息服务研究，研究群体逐渐扩大，研究内容逐渐丰富，但整体而言，已有文献长于经验介绍和思辨论述，未能对主流学术话语或行政政策话语产生重要影响，也未能为建设具有中国特色的未成年人图书馆与信息专业性服务提供充分的理论支撑。

---

① 邓倩：《农村留守儿童阅读现状的调查分析——以重庆市为例》，《出版发行研究》2015 年第 1 期。
② 杨翠萍：《我国欠发达地区少年儿童阅读现状分析——以广东粤西和青海西部柴达木地区城乡小学生为例》，《图书馆论坛》2012 年第 2 期。
③ 王蓉、苏丽平、田花蔓、束漫：《我国公共图书馆 "读写障碍症" 服务的调查与对策分析》，《图书情报工作》2014 年第 12 期。
④ H. Spreadbury, D. Spiller, *Survey of Secondary School Library Users* (Loughborough: Library & Information Statistics Unit, 1999).
⑤ H. Genevieve, From borders and landscape to ecosystem: reconfiguring library services to meet the needs of South Africanyouth. [EB/OL]. [2019 – 06 – 03]. http://search. ebscohost. com/log-in. aspx? direct = true&db = lih&AN = 99291887&lang = zh-cn&site = ehost-live.

第四节　整体思路与章节安排

本书以前述"专业性职业"的五大特征为主线,增加专业标准一条,从六个方面对国际图书馆界未成年人服务的专业性情况进行调研和分析,进而基于中国情境,提出相应的未成年人图书馆与信息服务专业性建设的中国路径。

研究思路如图 1 - 2 所示。本书第二章将通过国际图书馆界未成年人服务的馆员资质,调研和分析未成年人图书馆与信息服务的专家队伍建设。第三章将通过代表性教材和专著,调研和分析未成年人图书馆与信息服务的知识体系;通过学术期刊论文,调研和分析未成年人图书馆与信息服务知识体系的持续建构。第四章将通过代表性图情院系,调研和分析未成年人图书馆与信息服务的专业教育建设。第五章将通过专业组织情况,调研和分析未成年人图书馆与信息服务的行业协会建设。第六章将通过各级标准文本,调研和分析未成年人图书馆与信息服务的专业标准建设。第七章

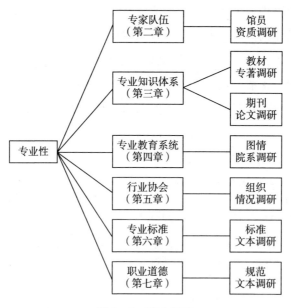

图 1 - 2　研究思路

将利用各专业组织通过的职业道德规范文本，调研和分析未成年人图书馆与信息服务的职业道德建设。第八章将在前面第二至第七章的调研基础上，分析未成年人图书馆与信息服务专业性建设的中国情境，进而探讨未成年人图书馆与信息服务专业性建设的中国路径。

第二章

专业性之人员资质

"专业性职业"的第一大特征便是该职业是由掌握和运用高深专业知识与技能的专家所组成。本章从图书馆员招聘工作入手，对国际未成年人图书馆与信息服务的岗位和人员资质要求进行分析。并以来自调查的三组数据呈现国内的相关情况。进而以国际标准为参照，对人员资质专业性进行讨论。

第一节　调查设计

未成年人是个相当独特的群体，而其中不同年龄层的儿童各有其生理和心理特点。这一服务对象决定了面向他们提供服务的图书馆员不仅要具备图书馆学专业背景，还需学习与未成年人有关的全方位的知识。专业儿童馆员需要接受关于未成年人心理发展的专业培训，了解未成年人的成长需求，熟悉婴幼儿及青少年经典读物，拥有跨文化的沟通交流能力，掌握现代媒体技术，富有创造性思维，良好的团队协作与社区合作能力等。因而，通过对图书馆员招聘进行调查和分析，可以较为客观、直接地反映图书馆界对于儿童馆员在资质方面的要求。

研究主要采用网络调查法。目标包括美国、英国、加拿大等国发布招聘信息的权威网站，如 ALA 的招聘网站 JobLIST、《美国图书馆》（*American Libraries*）期刊网站（自动链接至 ALA JobLIST）、北美最大的招聘网站运营商 Career-Builder、英国图书馆与信息专业人员协会（Chartered Institute of Library and Information Professionals，CILIP）的招聘网站 Lisjobnet、英国综合招聘网站 Reed、英国政府的招聘网站 Universal Jobmatch、Prospects、Totaljobs，以及专门的招聘信息搜索引擎 Indeed、Recruit、Simply Hired 等。

在检索时，使用了代表不同年龄段未成年人的词语作为关键词，其中包括 babies（婴儿）、kids、children（儿童）、teens、teenagers（青少年）、youths（青年）、students（学生，特指学校学生）、minor（未成年人）等。同时，使用了 librarian（图书馆员）、library（图书馆）等关键词进行组合检索。所有在招聘信息中明确提及未成年人服务的岗位，不论全职还是兼职，均纳入分析范畴。

第二节　资料整体情况

笔者于 2016 年 2 ~ 3 月、2018 年 7 ~ 8 月，分别进行了两次网络调查。第一次调查得到相关信息 50 条，其中美国 31 条、英国 17 条、加拿大 2 条，招聘信息发布日期为 2016 年 1 月 12 日 ~ 2 月 28 日。第二次调查得到相关信息 30 条，其中美国 25 条、英国 2 条、加拿大 3 条，招聘信息发布日期为 2018 年 7 月 1 日 ~ 8 月 15 日。具体如表 2 - 1 所示。

表 2 - 1　未成年人图书馆与信息服务相关岗位招聘信息整体情况

序号	地区	单位名称	类型	岗位名称	发布时间
1	英	Wandsworth Libraries	公共馆	Librarian（Children's Services）	2016/1/12
2	美	Corvallis-Benton County Public Library	公共馆	Adult and Youth Services Division Manager	2016/1/29
3	美	City of Santa Monica	公共馆	Librarian I-Youth Services（permanent/part-time）	2016/1/29
4	美	Corvallis-Benton County Public Library	公共馆	Adult and Youth Services Division Manager	2016/1/29
5	美	Santa Monica Public Library	公共馆	Youth Services（Bilingual）	2016/1/29
6	美	Eugene Public Library	公共馆	Youth Services Manager	2016/1/30
7	美	Bremen Public Library	公共馆	Young Adult Librarian	2016/2/1
8	美	East Longmeadow Public Library	公共馆	Library Director	2016/2/2

续表

序号	地区	单位名称	类型	岗位名称	发布时间
9	英	Beckenham, Greater London	学校馆	School Librarian Manager	2016/2/3
10	加	Langevin School	学校馆	Library Assistant	2016/2/3
11	美	Fort Bend County	公共馆	Librarian I-Youth Services-First Colony Branch Library	2016/2/3
12	美	Fort Bend County	公共馆	Library Assistant-PT	2016/2/3
13	美	City of San Diego	公共馆	Librarian III	2016/2/4
14	美	City of San Diego	公共馆	Librarian IV	2016/2/5
15	美	City of Phoenix	公共馆	Library Assistant	2016/2/5
16	美	City of Phoenix	公共馆	Library Circulation Attendant I	2016/2/5
17	美	City of Phoenix	公共馆	Library Page (Part-Time)	2016/2/5
18	美	Cheshire Public Library	公共馆	Senior Librarian: Head of Materials Management	2016/2/8
19	英	London Osidge Library, N11 1	公共馆	Service Development Librarian-Children's Service	2016/2/9
20	美	Greenwich Library	公共馆	Librarian I	2016/2/10
21	美	Greenwich Library	公共馆	Librarian II	2016/2/10
22	美	Mandel Public Library of West Palm Beach	公共馆	Teen librarian	2016/2/10
23	美	Arapahoe Library District	公共馆	Youth Services Librarian	2016/2/10
24	美	New Britain Public Library	公共馆	Children's Librarian I	2016/2/11
25	美	Mandel Public Library of West Palm Beach	公共馆	Children's librarian	2016/2/11
26	美	New Britain Public Library	公共馆	Circulation & Branch Supervisor	2016/2/11
27	美	New Britain Public Library	公共馆	Children's Librarian I	2016/2/11
28	美	Mandel Public Library of West Palm Beach	公共馆	Children's librarian	2016/2/11
29	英	Henbury School	学校馆	Library Manager	2016/2/11
30	英	SEAC Recruitment Services Ltd	学校馆	Apprentice School Administration Assistant	2016/2/12
31	英	Aberdeen City Council	学校馆	Library Resource Centre Coordinator	2016/2/14
32	美	Eugene Public Library	公共馆	Librarian I	2016/2/14
33	英	Newton prep school	学校馆	Temporary School Librarian	2016/2/15
34	美	City of Virginia Beach	公共馆	Librarian I/Disability Librarian	2016/2/18

续表

序号	地区	单位名称	类型	岗位名称	发布时间
35	美	Tampa-Hillsborough County Public Library	公共馆	Library Public Service Regional Manager	2016/2/18
36	美	Teton County Library	公共馆	Youth Services Manager	2016/2/18
37	美	Hedberg Public Library	公共馆	Head of Youth Services	2016/2/19
38	美	Alabama Public Library Service	公共馆	Library Consultant（Children and Youth Services）	2016/2/19
39	英	Gloucestershire，South West	学校馆	School Librarian	2016/2/19
40	英	Gloucestershire	学校馆	School Librarian	2016/2/19
41	英	Buttershaw business and enterprise college	学校馆	School Library Assistant	2016/2/19
42	英	Cheltenham	学校馆	School Library Assistant	2016/2/21
43	英	The Anna Freud Centre	公共馆	Librarian	2016/2/22
44	英	Kew House School	学校馆	Learning Resources Manager	2016/2/22
45	加	School District（Vancouver）	学校馆	On-Call Teacher Librarians	2016/2/22
46	美	Allen County Public Library	公共馆	Children's Services Assistant Manager	2016/2/23
47	英	Lambeth，London	学校馆	School Librarian	2016/2/24
48	英	London，Greater London	学校馆	School Librarian	2016/2/28
49	英	Campion School	学校馆	Assistant Librarian	/
50	英	Portland Place School	学校馆	Librarian	/
51	加	Resort Municipality of Whistler	公共馆	Materials Management/Youth Services Specialist	2018/7/2
52	美	Orange East Supervisory Union	学校馆	School Librarian/Media Specialist	2018/7/3
53	美	City of Austin	公共馆	Youth Program Technician Intern	2018/7/3
54	美	Missouri City Branch Library	公共馆	Librarian Ⅱ-Youth Services-Missouri City Branch Library	2018/7/3
55	美	Hedberg Public Library	公共馆	Young Adult Librarian	2018/7/19
56	美	Hamilton East Public Library	公共馆	Youth Services Manager	2018/7/20
57	美	Salt Lake City Public Library	公共馆	Librarian-Children Services	2018/7/20
58	美	the Appleton Public Library	公共馆	Librarian-School Age Specialist	2018/7/20
59	美	Chapin Memorial Library	公共馆	Youth Services Librarian	2018/7/23
60	美	Cadillac Wexford Public Library	公共馆	Children's Services Librarian	2018/7/24

续表

序号	地区	单位名称	类型	岗位名称	发布时间
61	美	City of Santa Clara	公共馆	Library Program Coordinator-Youth Services	2018/7/27
62	美	Floyd County Library	公共馆	Children's Librarian	2018/7/31
63	美	Milton Town School District	学校馆	Elementary/Middle School Librarian/Library Media Specialist	2018/7/31
64	美	Rockford Public Library	公共馆	Children's Librarian	2018/8/1
65	美	Basalt Regional Library District	公共馆	Youth Services Librarian	2018/8/1
66	美	City of Iowa	公共馆	Library Consultant-Youth Services	2018/8/1
67	英	Cobham Hall School	学校馆	School Librarian	2018/8/1
68	美	St. Tammany Parish Library	公共馆	Children's Librarian-1	2018/8/3
69	美	Santa Monica Public Library	公共馆	Librarian Ⅲ - Youth Services	2018/8/6
70	英	West Lothian Council	学校馆	School Librarian	2018/8/9
71	美	The Varnum Brook Elementary School	学校馆	School Librarian	2018/8/10
72	美	Scottsdale Public Library	公共馆	Librarian Ⅰ -Youth Services	2018/8/10
73	美	Boca Raton Public Library	公共馆	Library Assistant Ⅱ -Part Time-Youth Services	2018/8/10
74	美	Mandel Public Library of West Palm Beach	公共馆	Children's Librarian	2018/8/13
75	美	City of Roseburg	公共馆	Youth Services Librarian	2018/8/13
76	加	The City of Winnipeg	公共馆	Librarian 1 Youth Services	2018/8/13
77	美	Farmington Public Library	公共馆	Library Youth Services Clerk	2018/8/13
78	美	Scotsdale Unified School District	学校馆	Teacher（K－12）High School Librarian-Saguaro HS	2018/8/14
79	美	Lorain Public Library System	公共馆	Student Library Aide	/
80	加	Sun West School Division	学校馆	School Librarian	/

招聘启事中通常包含以下五方面信息：岗位基本介绍、岗位要求介绍、岗位报酬及福利、岗位应聘须知、简要岗位信息等。但并非每条招聘启事均包含所有五方面信息。

岗位基本介绍包括岗位名称、岗位工作单位、岗位概述、岗位职责等；岗位要求介绍主要包括岗位所需的学历、知识和技能、工作经验及其他要求等；岗位报酬及福利主要包括岗位工作时长、工作时间段、工作环境、工资及其他福利等；岗位应聘须知主要告知应聘者简历上交的地点及岗位招聘开始与结束的时间等；简要岗位信息通常是某一招聘信息网站为方便查找与使用，通过总结招聘信息原文，在文后附加的一个小目录，主要包括一些岗位基础信息与硬性指标如学历等。

第三节　岗位分析

一　地区分布

从两次的网络调查数据来看，美国图书馆发布的未成年人服务馆员相关岗位所占比例最大，其次是英国。在总计 80 条的招聘记录中，美国 56 条，占 70%；其次是英国 19 条，占 23.75%；加拿大发布的岗位信息最少，为 5 条，占 6.25%。尽管网络调查存在漏检的情况，但不难发现，美国图书馆对未成年人服务馆员的需求相较于加拿大、英国更强烈。此外，美国的招聘信息地区分散，涉及密苏苏里州、爱荷华州、马赛诸萨州、俄勒冈州、加利福尼亚州等多个地区，从侧面反映出美国大多数地区的图书馆对未成年人服务馆员有普遍的需求。

二　单位类型

岗位的招聘单位与工作单位并不完全一致：大部分招聘信息由图书馆发布，另有小部分由其他政府机构或企业发布。笔者根据工作单位对这些招聘启事重新归类。如表 2-1 所示，序号为 13 和 14 的招聘信息，由政府机构——位于美国加利福尼亚州的圣迭戈市政府发布，但招聘信息内容则揭示出，这两个岗位的工作地点是在圣迭戈中心图书馆及其分馆[①]，为公共图书馆。同样地，由地方政府发布的第 9、11、15、17、53、61、66、75 条招聘启事被归入公共图书馆一类；第 76 条加拿大温尼伯发布的招聘

[①]　Central Library-City of San Diego. Official Website [EB/OL]. [2016-05-10]. https://www.sandiego. gov/public-library/about-the-library/projects/newcentral.

信息也归入公共图书馆一类；第40条则被归入学校图书馆一类，招聘信息中比较特别的是第70条，由英国西洛锡安市议会代发，因为工作职责偏向于当地学校的未成年人服务，因此在这里将其归入学校图书馆。由于美国一些地方政府也会处理地方公共图书馆的事务，因此不少信息是由当地政府机构代发。此外，还有一些学校委托商业公司代为招聘图书馆工作人员，如序号为33与45的招聘启事，它们被归入学校图书馆一类。所以，根据工作单位类型将所有岗位分为两类：公共图书馆和学校图书馆。它们分别提供了57个和23个工作岗位（图2-1）。

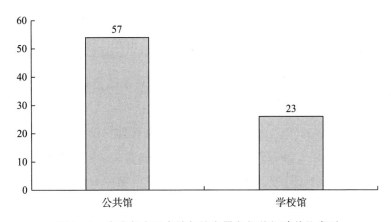

图2-1　未成年人图书馆与信息服务相关招聘单位类型

三　岗位类型

如表2-2所示，在工作单位为公共图书馆的类型中，招聘的岗位以儿童/青少年馆员岗位最多，有23个。其次是部门主任岗位，有11个，其中7个为儿童/青少年服务部主任，4个为其他部门主任；其他服务馆员岗位6个，包括非专业馆员、流通服务馆员、残障人士服务馆员、儿童康复中心馆员等；另有2个专职为儿童/青少年提供参考咨询服务的岗位；还有馆长岗位1个和媒体/技术馆员岗位2个。但是不少公共馆在招聘儿童/青少年馆员时，工作职责往往包括参考咨询、媒体、技术等内容。例如盐湖城公共图书馆在招聘儿童服务馆员时，说明其工作包括负责儿童、青少年文献信息的采访、流通；为未成年人提供参考咨询服务以及阅读推广、阅读指导等其他服务。又如美国弗吉尼亚州弗洛伊德县图书馆，儿童馆员还需要负责媒体运营，例如 Facebook、Twitter、Reddit 等社交媒体。在工作单位为学校图书馆的类型中，过半的招聘岗位是为学生学习提供服务和支持的专业馆员；非专业馆员的岗位数量次之；另招聘馆长 2 名、学习资源部主任 1 名。

表 2 - 2　未成年人图书馆与信息服务相关工作单位类型、岗位名称统计

单位类型	岗位名称	岗位数量（个）
公共图书馆	儿童/青少年馆员	23
	部门主任	11
	其他服务馆员	6
	参考咨询馆员（儿童/青少年服务）	2
	馆长	1
	媒体/技术馆员	2
	以上共计 45（个）	
学校图书馆	专业馆员	17
	非专业馆员	5
	馆长	2
	学习资源部主任	1
	以上共计 25（个）	

　　笔者对表 2 - 2 中的招聘岗位进行进一步归类，分为管理岗位和非管理岗位。两者的区别在于管理岗位除担负一般岗位所需要的职责外，还承担领导或管理事务的工作。如图 2 - 2 所示，公共图书馆中的管理岗位包括部门主任、馆长共计 12 个，管理与非管理岗位比例约为 1:3。学校图书馆中的管理岗位包括馆长与学习资源部主任共计 3 个，管理岗位与非管理岗位约为 1:7。管理岗位占比较低的原因有二：一是非管理岗位与管理岗位本就有数量和比例差异，各图书馆对管理岗位的需求量较少；二是从事管理事务的人员流动性相对较小。

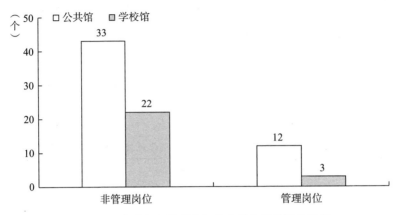

图 2 - 2 未成年人图书馆与信息服务相关岗位类型

第四节 人员资质要求分析

所谓资质，是指"一个人在一个特定的职位上为完成其职责而应具备的知识（knowledge）、技能（skills）和个人修养（personal attributes）"①。为了解业界对未成年人图书馆与信息服务人员的资质要求，笔者分别从学历及学科背景、专业知识和技能、基本职业能力、工作经验等四方面对表 2 - 1 中的招聘启事进行文本统计分析。

一 对学历、学位及学科背景的要求

在查看招聘要求时，发现部分图书馆"要求图书馆学学士或以上学历"的情况，因此在整理数据过程中，以最低标准的学历或学位进行统计。在学历、学位方面，无论是公共图书馆还是学校图书馆，未成年人服务馆员全职岗位最低要求具有学士以上学位：其中大多数岗位要求具备硕士学位，其次是学士学位，要求具备博士学位的岗位最少。另外有一个兼职岗位、两个实习岗位要求较低，该岗位应聘者只需最低具备高中或同等学力即可。在查找招聘公告时，发现部分图书馆并没有明确说明学历或学

---

① 李炳穆、蒋永福：《何以成为真正的图书馆员》，《中国图书馆学报》2006 年第 6 期。

位的要求，因此将其分开统计。统计结果见表 2 - 3。

表 2 - 3　未成年人图书馆与信息服务岗位的学历、学位要求统计

单位：个，%

单位类型	学位或学历要求	岗位数量	占总体比例
公共图书馆	硕士学位	38	48
	学士学位	11	14
	图书馆员资格认证	3	4
	博士学位	1	1
	高中或同等学力和两年制大学学历	3	4
	无明确说明	2	3
学校图书馆	硕士学位	4	5
	学士学位	4	5
	图书馆员资格认证	2	3
	无明确说明	4	5

在学科背景上，60% 的岗位要求应聘者具备图书馆学或图书情报学相关学科背景。统计结果见表 2 - 4。除学科背景外，更有多个岗位在认证方面做出要求：共有 36 个岗位要求应聘者获得 ALA 认证的学校或机构颁发的图书馆学硕士学位（Master of Library Science，MLS）或图书情报专业硕士学位（Master of Library and Information Studies，MLIS），另有 5 个岗位要求通过图书馆员资格认证。

表 2 - 4　未成年人图书馆与信息服务所需的相关学科背景统计

单位：个，%

工作单位类型	要求具备图书情报学专业背景的岗位数量	占总体比例
公共图书馆（57）	42	73.6
学校图书馆（23）	6	26
总计	48	60

综合以上招聘岗位对学历、学科背景与资格认证三方面的要求不难看出，欧美地区的未成年人服务馆员职业具有较高的专业性，从业者不仅需

要接受过高等教育，还要求具备图书情报学相关专业背景或通过相关职业资格认证，熟练掌握图书情报学方面的知识，准入门槛较高。

二 对专业知识和技能的要求

专业知识是指在特定领域的理论指导下，通过学习相应领域一系列完善的知识体系，掌握的相应学科的知识；专业技能通常指通过长时期特定的专业学习和训练后所具备的能从事特定行业的技能。

笔者对招聘信息中的专业知识与技能要求进行梳理，根据图书馆的三大要素（资源、服务和技术）来看，招聘信息中的专业知识与技能要求主要分为图书馆基础知识与技能，服务对象的相关知识，沟通能力与技巧，组织策划、推广的能力，建立公共关系的能力，馆藏资源建设等六大类（见表2-5）。

表2-5 未成年人图书馆与信息服务专业知识与技能要求统计分析

专业知识与技能类型	具体专业知识与技能	岗位数量（个）
图书馆基础知识与技能	计算机技术	30
	图书馆学与图书馆工作理论	43
	图书馆自动化系统知识与技能	10
服务对象的相关知识	儿童文学知识	8
	未成年人心理和发展需求知识	4
	图书馆未成年人服务相关知识	3
	早期教育知识	2
沟通能力与技巧	口头与书面沟通	22
	互动	1
	主动倾听	1
组织策划、推广的能力	策划图书馆活动	15
	服务/活动推广	10
建立公共关系的能力	与学校合作	7
	与其他相关组织合作	4
	与青少年合作	7

续表

专业知识与技能类型	具体专业知识与技能	岗位数量（个）
馆藏资源建设	出版简报	2
	学习资源建设	1
	青少年馆藏和读者荐购	4

（一）图书馆学与信息科学知识与技能

未成年人服务馆员，首先应具备图书馆学基础知识，以此作为工作中的理论指导。同时应学习计算机技术以适应当前图书馆的数字化、自动化趋势，并且积极将其应用与推广到日常的工作当中。

1. 图书馆学与图书馆工作理论

合格的图书馆员应了解图书馆规则、政策、步骤、方法、技巧和国家颁布的信息法规，关注现有的图书馆政策和程序，从而展现出有效解释和执行能力。此外，馆员需要了解图书馆的目标、服务与管理理念；了解馆藏发展政策与过程，包括各种文献形式的选择、采访、编目、流通、馆藏保护、资源共享和剔旧；能以快速、友好、准确的态度向公众提供服务。对此，不少图书馆会在其招聘启事中做出明确规定。如美国亚利桑那州凤凰城公共图书馆要求应聘者了解分类规则，该图书馆使用的是杜威十进分类法。科罗拉多州阿拉巴霍图书馆要求图书馆员能够演示说明信息创建、组织和交付理论等在该图书馆及附近地区的实际运用。在馆藏采访、编目方面，不莱梅公共图书馆会优先选择了解多种编目标准（如 RDA、AACR2）的应聘者；圣克拉拉公共图书馆、博卡拉顿公共图书馆等均要求馆员明了未成年人文献采访、编目、排架。

2. 图书馆自动化系统知识与技能

图书馆员在采访、编目、流通、馆际互借等业务模块中需要使用到集成图书馆系统（Integrated Library System）。编目特别是联合编目在各个业务环节中最为核心，其专业程度较强。因此部分图书馆对应聘者的图书馆自动化知识和技能提出了要求。例如美国印第安纳州不莱梅公共图书馆在其发布的招聘启事中明确提到，应聘者需熟悉一般的集成图书馆系统和在线目录，能熟练使用联机计算机图书馆中心（Online Computer

Library Center, Inc., OCLC) 的 "Connextion 软件" 和编写 MARC 记录者优先。同样地，美国田纳西州的国王学院图书馆也强调未来的图书馆员需要精通 MARC 记录来进行联机编目，其中接受过编目课程专业教育的应聘者优先。

另外，学校图书馆是学校的信息资源中心和学习资源中心，部分学校图书馆还使用虚拟学习环境（Virtual Learning Environment）协助学校的教学工作。图书馆员作为学校的媒体专家，应带领和组织图书馆资源中心为教学提供帮助，和职工、学校进行合作，为企业、权威机构和国家提供支持。

3. 计算机技术

在 80 个招聘启事中，将近一半的招聘岗位，例如奥斯汀公共图书馆、密苏里州图书馆分馆、美国阿普尔顿公共图书馆等都提及应聘者需具备基础的计算机知识，懂得如何使用基础办公软件如微软的 Office Word、Excel、Outlook 等进行文字处理与电子表格的制作。此外，部分图书馆还对计算机操作系统有所限定，如要求应聘者对微软 Windows 系统或苹果 Sierra 系统较为熟悉；要求应聘者应知道如何使用数据库和网络、搜索引擎进行数据与信息检索；要求应聘者会使用 PrintShop、PhotoShop 或其他设计软件设计图像和定制用于图书馆推广的材料如海报、标识等；要求应聘者具备程序编写的能力等。

除了计算机办公软件之外，美国弗洛伊德县图书馆还要求应聘者熟练运用各大社交媒体，利用新媒体技术开发、推广该馆的馆藏资源等；并且利用这些媒体维护与用户之间良好的关系。美国密尔顿一所学校图书馆要求馆员要根据学生的兴趣、需求，结合新媒体技术，策划、开发、推广、管理图书馆的资源和服务。

可以看出，随着计算机技术对图书馆业务的影响越来越大，无论公共图书馆，还是学校图书馆都对馆员提出了必要的技术要求。

（二）服务对象的相关知识

未成年人服务馆员的服务对象主要是儿童、青少年群体，有时还包括家长、监护人等与未成年人有紧密关系的成人群体。所以，馆员需了解的相关服务对象，既包括未成年人也包括相关成人。

在了解服务对象的相关知识方面，未成年人服务馆员应具有以下四方面的知识。①儿童文学相关知识。包括了解经典的儿童文学作品及儿童文学中的著名作者等。馆员需对儿童文学具有浓厚的兴趣，并阅读大量儿童文学作品，从中增长知识和培养较高的文学素养；通过"讲故事""演讲"等技巧将其积累的知识传授给未成年人。②未成年人心理和发展需求知识。包括教育学与心理学方面的知识、学习科学领域相关理论等。同时，了解婴幼儿、儿童、青少年等不同年龄段的未成年人的特点，并对其提供个性化的服务。③图书馆未成年人服务相关知识，其中包括对图书馆在未成年人服务方面的现状与发展趋势的知识。④早期教育知识。早期教育是指处于小学以前阶段的幼儿教育，在这一阶段中，家庭教育的角色尤为重要。馆员学习并掌握早期教育的知识，并能积极与家长交流沟通。

（三）沟通能力与技巧

未成年人服务馆员在工作中需要与同事、未成年人及其监护人、社区与各类相关组织进行沟通。因此绝大部分的岗位要求从业者具备口头与书面表达能力，以便与以上群体进行有效沟通。除具备初步的读写能力外，馆员需要面对不同的群体，清晰、得体地表达自己的想法。针对未成年人这一特殊群体，馆员需要以更加灵活的方式与其进行沟通，与他们进行互动、打成一片以便深入交流。特别是在阅读指导、阅读推广、参考咨询的时候，未成年人服务馆员的沟通能力和技巧显得尤为重要，往往会影响服务的效果。除此以外，馆员还应有主动聆听的能力，能够主动去了解并尝试理解未成年人的想法。

（四）组织策划、推广的能力

未成年人服务馆员需要策划及开展相关图书馆活动。如开展未成年读者的阅读活动，以提高未成年人的阅读兴趣，培养他们的文学鉴赏能力与文学素养；开展未成年读者的图书馆信息素养教育活动，教导他们如何更好利用图书馆的资源；开展暑期阅读推广活动，丰富未成年人的假期生活，增加他们自主学习的热情。因此，不少图书馆要求该类馆员在日常工作中组织、策划相关活动。例如，爱荷华州立图书馆需要馆员根据用户的特点，开展个性化教育服务、活动；西棕榈滩曼德尔公共图书馆要求馆员为儿童、青少年提供"故事时间"活动，帮助参与家庭更好地进行亲子阅读。

（五）建立公共关系的能力

未成年人服务馆员应积极促成本图书馆与其他图书馆、社区、学校和相关未成年人服务机构等组织的合作。通过合作，图书馆可以开展更大规模的活动，吸引更多未成年人参与其中，进一步树立、宣传图书馆的形象；图书馆可以为教学科研提供帮助，激发未成年人的学习兴趣，促进当地基础教育发展。同时，未成年人服务馆员更应促成图书馆与政府、媒体的合作，以获取更多的政策优惠、财力支持和更大的宣传效应。

（六）资料与馆藏建设

未成年人在心理、生理上与成年人存在巨大区别，未成年人服务馆员应充分考虑未成年人的阅读需求，做好未成年人馆藏建设。而且不同年龄段的未成年人之间也存在巨大差异，图书馆在馆藏资源配置时应充分考虑从婴幼儿、儿童到青少年各阶段的阅读水平与阅读需求，使处于各个年龄段的未成年人群体都能借阅到足够的、适合他们的读物。未成年人服务馆员也需关注该群体的个体差异，可以通过开展读者荐购实现青少年馆藏的多样化，满足青少年读者的特殊需求。此外，未成年人服务馆员还应肩负定期出版简报的责任，告知读者图书馆新近的活动，吸引更多读者到图书馆来。在学校图书馆，图书馆员应更重视学习资源建设，以支持学校的教学与科研活动。

三 对基本职业能力的要求

基本职业能力是指从业者从事任何一种职业都必须具备的基本能力，指的是一种跨行业、跨领域的综合能力。笔者对招聘信息中的职业基本能力要求进行统计分析，结果见表 2-6。

表 2 - 6　未成年人图书馆与信息服务的基本职业能力要求的统计分析

基本职业能力类型	基本职业能力	岗位数量（个）
人际关系能力	组织能力	15
	团队协作能力	24
	领导能力	7
个人综合能力	解决问题能力	19
	创新能力	14
	时间管理能力	6
	环境适应能力	5
	独立工作能力	4
	抗压能力	1

　　图书馆员基本职业能力可分为人际关系能力和个人综合能力两类。

　　人际关系，是指人与人在相互交往过程中所形成的心理关系。人与人交往关系包括亲属关系、朋友关系、同学关系、师生关系、雇佣关系、战友关系、同事关系及领导与被领导关系等。图书馆员在工作中涉及的人际交往对象包括同事、读者及其他机构等。人际交往关系存在多样性，馆员也因此需具备多种人际关系能力。口头/书面表达能力最为基础，能使图书馆员与同事及读者有效沟通。而拥有组织能力、团队协作能力和领导能力能使他们更好地处理同事间的合作、领导与被领导关系，使图书馆高效运转。作为未成年人服务馆员，图书馆的服务主要是以团队合作为基础，通过交流沟通的方式来实现的。80 个图书馆中有 24 个岗位要求馆员具备良好的团队协作能力或者合作精神，因此可以看出，良好的团队合作能力、有效的沟通能力是一名未成年人服务馆员应该具备的基本能力。

　　个人综合能力是指不涉及人际交往、个人具备的可使其胜任某项工作的基本能力，包括解决问题的能力、创新能力、时间管理能力等。解决问题的能力，是指图书馆员能够在工作中利用信息和经验预见有可能出现的问题，在面对复杂、多变的状况时迅速、准确地做出判断和决策，并高效地执行解决方案，尽可能地降低影响与减少损失。创新能力体现在图书馆员能使用新方法、新思维解决问题，并能策划和开展具有新颖内容和形式的图书馆活动。图书馆员也应掌握时间管理的方法，在同时面对多变的情况时能够组织和解决多项任务，设定优先级，并能在要求的时间内完成布置好的任务。另外，在图书馆日常工作中，图书馆员有可能需要在不同的地方或不同的部门工作，所以环境适应能力对馆员来说也是非常必要的。此外，独立工作能力、抗压能力也是图书馆职业活动中不可缺少的能力。

四　其他要求

工作接触人群的特殊性、工作性质的特殊性、工作时间与地点的特殊性要求未成年人服务馆员除需具备各种专业和一般知识与技能外，还需在性格、工作经验、工作要求等方面符合一定的要求，统计结果见表 2-7。

表 2-7　对专业人员的其他要求统计分析

其他要求类别	具体要求	岗位数量（个）
性格	创新	10
	友好	4
	热情	10
	灵活	2
	活力	7
	注重细节	3
	包容	2
	幽默感	1
	耐心	1
工作经验	图书馆或相关工作经验	38
	监督管理经验	13
	图书馆儿童/青少年服务经验	12
	教育经验	7
	儿童/青少年工作经验	2
工作要求	特殊的工作时间	21
	体力劳动	9
背景要求	岗前背景审查	9
	特定组织成员	3
语言要求	外语	6
特殊技能要求	驾驶	6

（一）性格

由于未成年人这一群体具有特殊性，他们敏感又脆弱。同时相较于成年人而言，他们更加亲近同龄人。因此，未成年人服务馆员在与未成年人进行沟通时应怀着理解和包容的心态。幽默感和活力会更容易消除代沟与距离感，更容易与他们沟通交流。无论是学校图书馆还是公共图书馆，图书馆员都有向未成年人提供参考咨询服务或是阅读与学习辅导的职责。这些职责要求馆员必须与未成年人直接接触，并进行思想沟通和知识沟通。这也就要求馆员必须具备友好、热情、耐心的性格。此外，创新及注重细节等性格会对策划和开展活动大有裨益，而有新意且精致的活动在很大程度上会吸引更多的未成年人参与到图书馆活动中来。

（二）工作经验

未成年人服务馆员的岗位职责主要涉及图书馆业务及行政管理两方面。新入职的馆员如果具备一定的工作经验，能有力保障图书馆工作正常、高效运转。因此，在招聘馆员时，欧美图书馆把工作经验列为未成年人服务馆员的必要条件之一。从调研的岗位来看，它们均要求具备一定的工作经验，并且大多数都要求应聘者工作经验至少在一年以上。其中要求具备图书馆或相关服务经验的岗位最多，但对之前的工作部门没有具体的限定。由于未成年人服务馆员一部分是图书馆的管理人员，另有一部分专职服务未成年人的馆员也需担负行政职责，所以要求具备行政监督或管理经验的岗位也较多。另外，还有相当一部分岗位要求从业者具备从事儿童、青少年工作的相关经验，包括图书馆中的儿童/青少年服务经验或其他组织中的儿童/青少年工作经验。这些类似的工作经验可使他们更加了解与未成年人沟通的方法和技巧，能够更加熟练地应对工作中的突发状况。此外，学校图书馆中馆员的职责较为特殊，馆员同时作为学习资源部的成员和学校的职员，为学生的日常学习提供支持与指导，因此需具备教育行业的相关工作经验。

（三）工作要求

各图书馆的开放时间并无确切标准。对于公共图书馆而言，其作为公共服务机构的性质要求其必须方便读者利用，这在开放时间上的具体体现包括闭馆日尽量避免在节假日或周末，平日不过早开闭馆等。这些要求也表明了馆员的工作时段，尽管工作时长已有限制，但他们不仅需要在工作日的白天工作，晚上和周末也可能需要上班。美国劳动法《公平劳动标准法案》（*Fair Labor Standards Act*）和各国劳动法规定的工作时间是每周 40 个小时，这些劳动法规对工作时长做出了规定，图书馆员这一职业也遵守每周 40 个小时的工作时长，但工作时段不定。对于学校图书馆馆员而言，他们享有更多的假期和更为"正常"的工作时间。英国多个学校图书馆如位于英格兰的布拉福商业专科学校、坎皮恩中学等都保证了图书馆员的工作时间是从早上 8：00 到下午 17：00。其中坎皮恩中学的图书馆员还采用学期制的工作模式，即与学校师生一起享有寒暑假等假期。这种规律的上班时间和更长的假期可以大大提高图书馆员的幸福感。

此外，还有一部分招聘启事中明确规定应聘者需要具备相应的体力劳动能力。这些体力劳动包括弯腰、下蹲、长时间站立等，还包括搬运重物等。这些要求在兼职工作中较为常见。兼职人员作为非专业馆员，协助专业馆员进行图书的流通上架工作。而在流通服务部工作的专业馆员需负责书籍的上架、错架整理等工作，这些工作往往也需要耗费大量的体力。

（四）背景要求

正如前文所提及的未成年人脆弱、易受伤害，对于公共图书馆或学校图书馆，馆员都会直接接触未成年人。因此对于应聘者，一般需要接受一定的岗前审查，如上岗前的背景/犯罪历史检查等。确定应聘者没有前科方可上岗，以此来保护未成年人。在英国，儿童安全检查服务（The Disclosure and Barring Service，DBS）和弱势群体保护组织（Protection of Vulnerable Groups Scheme，PVG Scotland）等相关组织提供岗前审查服务。DBS 是英国政府于 2012 年 10 月，为保护包括儿童等易受伤害的群体而设立的组织，用以代替之前的犯罪记录局（Criminal Records Bureau）和英国内政部独立保安局（Independent Safeguarding Authority）。检查结果和 DBS

资格证书能使用人单位做出更加安全的雇佣决定。① PVG Scotland，是英国政府对苏格兰地区从事涉及未成年人工作的相关职业人员进行最基本的职业要求及资格审查的组织，目的是保护未成年人这一群体人员的权益。

除此以外，一些学校和机构还要求应聘人员加入特定组织，这些组织包括教师资格认证服务（Teacher Qualification Service，TQS）和教师监理会等，借由相关资格审查进一步确认应聘者背景对未成年人无害，从而对未成年人进行保护。TQS 成立于 1969 年，由加拿大英属哥伦比亚地区学校信托组织和英属哥伦比亚教师联盟联合支持。TQS 的基本功能是协助教师和招聘学校建立基于薪酬目标的资格认证，目前此项服务只在公立学校系统内实行。②

由上可见，欧美地区对从事未成年人相关职业的人员在背景审查方面的高度重视，特别是犯罪记录等；由于工作方面还会涉及与学校的合作、举办的活动也有可能与教育有关，因此部分图书馆也需要应聘者提供相应的教师资格认证。

（五）语言要求

美国部分地区的图书馆需要未成年人服务馆员掌握外语，在 80 条招聘信息中，西班牙语被提及最多的，而英国、加拿大则没有对外语能力做出要求。美国奥斯汀公共图书馆、盐湖城公共图书馆、美国罗斯堡公共图书馆等都明确对掌握西班牙语的应聘者优先录用。由于美国的历史、社会、移民等种种因素，有些地区的居民除了英语，还会以西班牙语作为日常沟通的语言，因此，馆员掌握非英语的语言技能，可以在一定程度上减少工作推进、服务推广过程中的障碍。

第五节　中国情况

为了解中国的未成年人图书馆与信息服务人员情况，笔者采用了三组

---

① Disclosure and Barring Service . Disclosure and Barring Service-GOV. UK ［EB/OL］. ［2016 – 05 – 10］. https：//www. gov. uk/government/organisations/disclosure-and-barring-service.

② Teacher Qualification Service Organization. Teacher Qualification Service ［EB/OL］. ［2016 – 05 – 10］. http：//www. tqs. bc. ca.

调查数据。第一组数据来自笔者专门针对国内九家独立建制的少年儿童图书馆人力资源情况所做的调查。第二组数据来自笔者此前完成的"广州市公共图书馆服务体系人力资源现状调查"①。第三组数据来自笔者借广州市图书馆学会 2018 年 5 月中小学图书馆员继续教育培训的机会所做的广州市中小学图书馆人力资源的情况调查。

一 九家独立建制的少年儿童图书馆人力资源情况

该调查选取的九家独立建制的少年儿童图书馆（以下简称"少儿馆"），包括东部、西部地区，涉及省级、地级市的图书馆，分别是：福建省少年儿童图书馆、河南省少年儿童图书馆，长春市少年儿童图书馆、厦门市少年儿童图书馆、大连市少年儿童图书馆、深圳市少年儿童图书馆，兰州市少年儿童图书馆、扬州市少年儿童图书馆、武汉市少年儿童图书馆。此次人力资源调查将从岗位类型、学历情况、学科背景三个方面分析上述少儿馆人力资源现状。

（一）岗位类型

九家少儿馆的岗位类型可以分为管理岗与非管理岗。少儿馆主要岗位类型为参考咨询馆员、流通服务馆员、编目馆员、多媒体服务馆员、信息技术馆员和其他岗位，部分②图书馆具体岗位设置情况见表 2 - 8。

表 2 - 8 部分独立建制的少年儿童图书馆岗位在职人员人数统计

岗位类型	图书馆名称	福建省少儿馆	长春市少儿馆	厦门市少儿馆	扬州市少儿馆	武汉市少儿馆
管理岗	正副馆长	3	2	3	3	5
	部门主管	10	6	6	6	10
非管理岗	参考咨询馆员	1	1	2	6	2
	流通服务馆员	27	7	25	22	8

① 张靖、徐晓莹、谭丽琼、李思雨、陈深贵、陈丽纳、方家忠：《现代公共图书馆服务体系人力资源保障研究（一）：现状调查》，《图书馆论坛》2019 年第 1 期。
② 仅统计有相关数据者。

续表

岗位类型	图书馆名称	福建省 少儿馆	长春市 少儿馆	厦门市 少儿馆	扬州市 少儿馆	武汉市 少儿馆
非管理岗	编目馆员	4	3	5	4	2
	多媒体服务馆员	2	2	1	2	2
	信息技术馆员	7	0	4	2	3
	其他岗位	12	10	8	6	6

由表 2-8 可以得出，各少年儿童图书馆的管理岗位与非管理岗位在职人员数量比分别约为 1:4、1:3、1:6、1:5、1:2。

（二）学历情况

笔者还对各少儿馆的在职人员进行学历情况统计。目前九家所调查的少年儿童图书馆均无博士研究生学历的在职馆员，九家少儿馆均以本科学历的馆员为主，具体情况如表 2-9。如长春市少年儿童图书馆其他学历馆员占比 58%；深圳市少年儿童图书馆其他学历馆员占比 48%；兰州市少年儿童图书馆其他学历馆员占比 65%。随着图书馆招聘对于学历要求的提高，在未来研究生学历比例会稳步提高。

表 2-9   9 家独立建制的少年儿童图书馆岗位在职人员学历统计

图书馆名称 \ 馆员学历	博士研究生	硕士研究生	本科	其他学历
福建省少年儿童图书馆	0	6	34	26
河南省少年儿童图书馆	0	3	29	6
长春市少年儿童图书馆	0	5	8	18
厦门市少年儿童图书馆	0	6	26	20
大连市少年儿童图书馆	0	6	20	16
兰州市少年儿童图书馆	0	1	7	15
深圳市少年儿童图书馆	0	8	51	55
扬州市少年儿童图书馆	0	4	26	21
武汉市少年儿童图书馆	0	5	21	12

(三) 学科背景

因少儿服务的复杂性,少儿馆馆员的学科背景来源丰富,部分[1]图书馆具体情况如表 2-10 所示。未成年人图书馆与信息专业性提升需要跨学科整合,笔者将与未成年人图书馆服务相关专业列入调查,结果显示除图书馆学或信息科学外,计算机专业、文学或儿童文学、心理及教育专业人数比例较低。

总体而言,调查中的独立建制的少年儿童图书馆馆员的学科背景相关性较低,专业人员的职业规划以及继续教育是未来发展的难点与重点。

表 2-10 部分独立建制的少年儿童图书馆岗位在职人员学科背景统计

馆员学科背景 / 图书馆名称	福建省少儿馆	长春市少儿馆	厦门市少儿馆	大连市少儿馆	深圳市少儿馆	兰州市少儿馆	扬州市少儿馆	武汉市少儿馆
图书馆学或信息科学	9	11	11	4	14	5	6	8
计算机	8	1	4	5	6	2	2	2
多媒体应用	0	0	4	0	0	0	0	0
文学或儿童文学	3	3	4	1	2	4	2	6
心理及教育	3	1	4	0	2	1	1	1
美术	0	0	0	0	2	3	2	0
活动策划	0	0	1	0	0	0	0	0
编辑出版	0	0	0	0	0	0	0	1
其他专业	43	15	24	22	88	8	38	20

二 广州市区两级公共图书馆少儿服务人力资源情况

(一) 基本情况

该调查全面调查广州市 12 家公共图书馆少儿服务部与 1 家少年儿童图书馆:广州图书馆、广州少年儿童图书馆、越秀区图书馆,荔湾区少年儿童图书馆、海珠区图书馆、白云区图书馆、天河区图书馆、黄埔区图书

---

[1] 仅统计有相关数据者。

馆、番禺区图书馆、花都区图书馆、增城区图书馆、从化区图书馆与南沙区图书馆。此次人力资源调查从人员结构、学历情况、学科背景三个方面分析上述少儿馆人力资源现状。

关于专业馆员的配备,《中华人民共和国公共图书馆法》明确规定:"根据少年儿童的特点配备相应的专业人员,开展面向少年儿童的阅读指导和社会教育活动。"[1] 关于少儿服务,现有法律政策等未有关于最低人力资源保障工作人员数量的标准,但是根据表 2-11 可以窥见在未成年人图书馆与信息服务方面,人员缺口现象较为严重,南沙区图书馆与番禺区图书馆均未配备专业人员。

表 2-11　广州市区未成年人图书馆服务岗位的在职人员基本情况

图书馆	在编人数	非编制人数
广州图书馆	18	0
广州少年儿童图书馆	74	55
越秀区图书馆	12	8
荔湾区图书馆	6	0
海珠区图书馆	2	6
白云区图书馆	2	2
天河区图书馆	2	16
黄埔区图书馆	1	4
番禺区图书馆	0	0
花都区图书馆	2	6
增城区图书馆	1	4
从化区图书馆	4	11
南沙区图书馆	0	4
全市合计	124	116

广州市区未成年人图书馆服务馆员的性别、年龄结构如表 2-12 所示。

---

[1] 《中华人民共和国公共图书馆法》,http://www.npc.gov.cn/npc/xinwen/2017-11/04/content_2031427.htm。

表 2 - 12 广州市区未成年人图书馆服务馆员的性别、年龄结构

图书馆	性别		35 岁及以下	36 ~ 45 岁	46 ~ 55 岁	56 岁及以上
	男	女				
广州图书馆	3	15	12	4	2	0
广州少年儿童图书馆	24	105	49	52	27	1
越秀区图书馆	4	16	6	7	3	4
荔湾区图书馆	0	6	2	4	0	0
海珠区图书馆	1	7	6	2	0	0
白云区图书馆	2	2	3	0	1	0
天河区图书馆	1	17	9	6	3	0
黄埔区图书馆	0	5	4	0	1	0
番禺区图书馆	0	0	0	0	0	0
花都区图书馆	1	7	4	3	1	0
增城区图书馆	0	5	3	1	1	0
从化区图书馆	1	14	7	5	3	0
南沙区图书馆	0	4	4	0	0	0
全市合计	37	203	109	84	42	5

由表 2 - 12 可以看出，广州市区未成年人服务馆员主要为女性，且年龄主要集中在 35 岁以下。具体如图 2 - 3、图 2 - 4 所示。

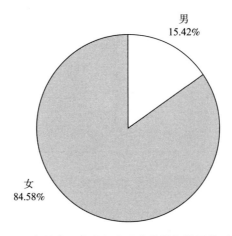

男
15.42%

女
84.58%

图 2 - 3 广州市区未成年人图书馆服务馆员性别分布

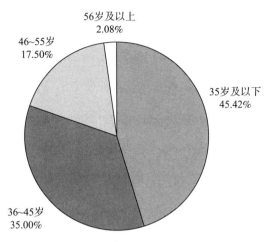

图 2 – 4　广州市区未成年人图书馆服务馆员年龄分布

（二）学历情况

在对广州市区未成年人图书馆服务馆员学历情况调查时发现，所调查的图书馆均无博士研究生学历的在职馆员，均以本科学历的馆员为主，具体情况如表 2 – 13 所示。

表 2 – 13　广州市区未成年人图书馆服务馆员的学历统计

图书馆	博士研究生	硕士研究生	本科	大专	未接受高等教育
广州图书馆	0	4	13	1	0
广州少年儿童图书馆	0	11	62	20	36
越秀区图书馆	0	0	11	4	5
荔湾区图书馆	0	0	5	1	0
海珠区图书馆	0	0	8	0	0
白云区图书馆	0	0	3	1	0
天河区图书馆	0	0	9	4	5
黄埔区图书馆	0	0	1	4	0
番禺区图书馆	0	0	0	0	0
花都区图书馆	0	0	1	3	4
增城区图书馆	0	0	4	1	0
从化区图书馆	0	0	3	4	8
南沙区图书馆	0	0	0	4	0
全市合计	0	15	120	47	58

由表 2 - 13 可以看出，目前广州市区少儿服务馆员资质方面，未接受高等教育群体占有一定比例，表明专业人员的配备不足，服务需求缺口较大；研究生学历占比极低，表现在未成年人图书馆与信息服务领域实践业务的专业研究能力有待进一步提高。具体如图 2 - 5 所示。

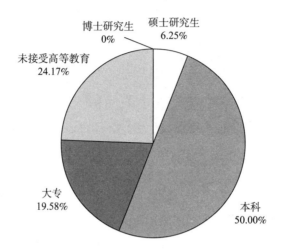

图 2 - 5 广州市区未成年人图书馆服务馆员的学历分布

（三）学科背景

笔者对未成年人图书馆与信息服务人员最高学历专业进行调查，主要分为人文社会科学、医科与理工科三大类，并着重调查未成年人服务馆员中具有教育学或心理学学科背景的人数与未成年人服务馆员中具有图书情报与档案管理学科背景的人数，具体情况如表 2 - 14 所示，未成年人服务馆员最高学历的专业主要集中于人文社会科学。其中，具有图书情报与档案管理学科背景的馆员占 10.4%，具有教育学或心理学学科背景的馆员占 8.8%。整体而言，专业馆员的人数比例偏低，专业馆员资质有待提高。

表 2 - 14 广州地区未成年人图书馆服务馆员的学科背景

图书馆	最高学历的专业背景情况			具有图书情报与档案管理学科背景的人数	具有教育学或心理学学科背景的人数
	人文社会科学	理工科	医科		
广州图书馆	16	2	0	3	4
广州少年儿童图书馆	28	22	0	10	3

图书馆	最高学历的专业背景情况			具有图书情报与档案管理学科背景的人数	具有教育学或心理学学科背景的人数
	人文社会科学	理工科	医科		
越秀区图书馆	13	2	0	1	1
荔湾区图书馆	5	0	0	2	0
海珠区图书馆	8	0	0	0	0
白云区图书馆	4	0	0	0	0
天河区图书馆	13	5	0	2	3
黄埔区图书馆	4	0	0	0	1
番禺区图书馆	0	0	0	0	0
花都区图书馆	1	0	0	0	1
增城区图书馆	4	0	0	0	1
从化区图书馆	15	0	0	1	1
南沙区图书馆	2	2	0	0	1
全市合计	113	33	0	19	16

三 中小学图书馆人力资源情况

近年来，国家对未成年人图书馆与信息服务越来越重视。2015年颁布的《关于加强新时期中小学图书馆建设与应用工作的意见》[①] 中强调，"强化队伍建设，有条件的地方或学校要配备专职管理人员。通过多种方式吸纳优秀人才进入中小学图书馆管理人员队伍，并对从事图书馆工作的兼职教师进行图书馆业务培训，在职务（称）评聘、晋升、评优评先、待遇等方面，给予图书馆管理人员与教师同等机会"。法律法规强调未成年人服务馆员的重要性、必要性，反映出国家对专业、高素质馆员的需求。

课题组借助广州市图书馆学会于2018年5月组织的中小学图书馆员继续教育培训的机会，对广州市中小学图书馆人力资源的情况进行问卷与半结构化访谈调查。参与调查的馆员共有117名，这些调查对象来自广州市

---

① 教育部、文化和旅游部、国家新闻出版广电总局：《关于加强新时期中小学图书馆建设与应用工作的意见》，http://www.moe.edu.cn/publicfiles/business/htmlfiles/moe/moe_1793/201505/188172.html。

各级各类的中小学图书馆，其中 1.83% 为中学与小学一体化的图书馆员。在专业教育背景方面，35.04% 的馆员具备图书馆学及相关学科背景，25.64% 的馆员具备教育学的专业背景，其余 39.32% 为其他学科背景（如汉语言文学、计算机科学、数学等）。值得关注的是，笔者发现定期参与广州市图书馆学会继续教育培训的相关人员中，兼职馆员占较大比例。由此可以窥见，中小学图书馆专业馆员存在较大人才缺口。

同时，通过与参与继续教育培训的中小学图书馆服务馆员进行沟通与交流，笔者了解到：中小学校图书馆方面，馆员的组成分以下几种：第一，受过图书馆学或信息学高等教育的本科以上毕业生，通常以本科为多数；第二，教师岗位转岗到图书馆工作的教师技术系列人员；第三，临聘人员；第四，其他岗位兼职教师，一人多岗。整体而言，中小学图书馆专业馆员极为稀缺。

从上述调查结果可以发现，目前国内的未成年人服务馆员学历总体偏低，图书馆学、儿童文学、心理学及教育学等相关学科的从业人员极为稀缺。

第六节　关于人员资质专业性的讨论

关于未成年人服务馆员的资质专业性，笔者从两份国际标准——IFLA《学校图书馆指南（第二版）》[①]、IFLA《0—18 岁儿童图书馆服务指南》[②] 的使命及目的、教育背景要求、能力要求、工作职责四个方面进行探讨。

《学校图书馆指南（第二版）》是 IFLA 于 2015 年在第一版的基础上进行修订颁布的。该指南条款旨在协助学校图书馆专业人员和教育决策者致力于保障所有师生都能受惠于由符合资质的学校图书馆工作人员所提供

---

① IFLA. School Library Guidelines, 2nd edition [EB/OL]. [2018 - 08 - 05]. https://www.ifla.org/publications/node/9512.

② IFLA Guidelines for Library Services to Children aged 0 - 18 [EB/OL]. [2018 - 08 - 05]. https://www.ifla.org/publications/node/67343.

的、有效的学校图书馆活动和服务。① 该条款包括学校图书馆的使命与目的、法律和经济框架、人力资源、实体和数字资源、学校图书馆活动、学校图书馆评估和公共关系等内容组成。

《0—18 岁儿童图书馆服务指南》由 IFLA 儿童和青少年部在其 2003 版指南的基础上修订完成。该指南目的是帮助公共图书馆在数字时代提供高质量的儿童服务,并且作为战略性规划,为儿童图书馆服务人员提供最新智识和专业见解。因此该指南可用于支持世界各地儿童图书馆服务的发展和改善。该指南涉及 0~18 岁人群,其中包括婴儿、幼儿、儿童和年轻人的服务和资源。需要注意的是,儿童图书馆与学校图书馆因其使命和目标的不同而有所差异,但它们共同的目的是为未成年人提供图书馆服务以及培养终身学习的习惯。《0—18 岁儿童图书馆服务指南》主要包括儿童图书馆的使命与目的、人力资源、道德标准与价值观、资金与财政管理、伙伴关系与合作、馆藏建设、实体与数字资源、儿童图书馆技术、社区活动等内容。

一　使命与目的

学校图书馆是学生在生活、教育过程中的重要组成部分,学校图书馆的核心功能是提供信息以及智识获取。② 而儿童图书馆,作为面向未成年人群体的公共图书馆,需要为儿童、家长、监护人等提供服务。学校图书馆以及儿童图书馆的使命及目的如表 2 – 15。

表 2 – 15　学校图书馆、儿童图书馆使命及目的

	《学校图书馆指南》	《0—18 岁儿童图书馆服务指南》
使命	学校图书馆提供学习服务、书籍和资源,使学校社群所有成员都能成为批判性思考者以及各种格式和媒体信息的有效利用者	儿童图书馆的使命是作为一个信息、学习和文化中心,为儿童及其家庭和儿童的多元文化社区提供多元化信息、计划和服务。核心是帮助儿童识字、学习和阅读

① IFLA. School Library Guidelines, 2nd edition [EB/OL]. [2018 – 08 – 05]. https://www.ifla.org/publications/node/9512.

② IFLA. School Library Guidelines, 2nd edition [EB/OL]. [2018 – 08 – 05]. https://www.ifla.org/publications/node/9512.

续表

	《学校图书馆指南》	《0—18 岁儿童图书馆服务指南》
目的	培养具备信息素养，并以负责任和有道德的方式参与社会的学生	在各种媒体上提供资源和服务，满足所有年龄和能力的儿童的教育、信息和个人发展需求，包括娱乐和休闲，也支持儿童的健康和福祉

虽然两份指南指向的是不同的图书馆类型，但面向的是相似的服务人群。从使命和目的来看，无论是学校图书馆，还是儿童图书馆，都需要为儿童、青少年等群体提供满足其需求的信息、服务，并且培养他们的信息素养。因此，未成年人服务馆员需要具备一定的专业知识、技能，才能为未成年人提供满足其需求的服务，在策划、管理活动及服务的过程中，应充分考虑这类群体的特点。

二 教育背景

《学校图书馆指南（第二版）》提出学校图书馆活动的丰富与否以及质量的高低主要取决于学校图书馆内外可获得的人力资源的多少；在儿童图书馆方面，儿童图书馆服务的质量和有效性取决于应该不断发展知识和更新技能的工作人员专业性。可以看出，主要面向未成年人服务群体的图书馆需要馆员具备一定的专业知识，从而应对工作、业务上的问题。

两份指南在馆员教育背景上的要求可以帮助我们更为直观地考察未成年人服务馆员资质的特点。在学校图书馆方面，《学校图书馆指南（第二版）》明确说明学校图书馆员需要接受学校图书馆学和课堂教学的正规教育，以培养专业能力，胜任涵盖教导、阅读及基本素养培养、学校图书馆管理、与教职人员协作、教育社群参与等方面的复杂角色。在儿童图书馆方面，IFLA《0—18 岁儿童图书馆服务指南》指出儿童图书馆员需要一系列技能和素质，包括儿童服务方面的知识、儿童发展和心理学理论，以及人际关系技巧、合作能力等。未成年人服务馆员需要具备相关的图书馆学基础理论知识，这是开展工作、活动、服务的基础。此外，学校图书馆员更偏向于辅助学校课堂教学，因此还需要与学校领导、教职工、教育社群、家长等群体合作，促进课堂教学，满足学生需求。而儿童图书馆员更为注重儿童的多元化服务，促进儿童健康发展，因此还需要具备良好的沟通、团队合作能力，与社区相关的组织共同开展各类服务、活动。

从上述 80 条招聘要求来看，大多数的图书馆对应聘者的教育背景有明确要求，并且也符合标准的规定。多数公共图书馆、学校图书馆都需要应聘者有 MLS 或者 MLIS 的学位，以及相关的学科背景，并且掌握一定的图书馆学基础理论知识，例如有 43 个岗位要求馆员具备图书馆学与图书馆工作理论知识；有 8 个岗位要求馆员具备儿童文学知识，4 个岗位要求馆员具备未成年人心理和发展需求知识。但是国内 9 家少儿馆，大部分馆员是本科及以下的学历，无论是学历结构，还是专业知识储备，都与国际标准有明显的差距。

三　资质要求

未成年人服务馆员不仅要处理图书馆基本运营的业务，还需要与其他人员、组织机构合作，开展相关的服务和活动等多种能力。笔者将两份指南涉及馆员的能力要求分为图书馆基本业务、服务对象专业知识、沟通合作、媒体技术、规划组织能力、社会责任等类别。其中，图书馆基本业务包括图书馆馆藏建设，信息素养培育等方面。笔者将两份指南的内容进行整理，梳理出学校图书馆与公共图书馆馆员需要具备的资质要求，如表 2 – 16 所示。

表 2 – 16　学校图书馆与公共图书馆馆员资质要求

	学校图书馆	公共图书馆
图书馆基本业务	1. 馆藏建设、存储、组织、检索 2. 信息加工与行为——基本素养、信息素养、数字素养 3. 阅读参与	1. 为儿童及其家庭营造良好的信息资源环境 2. 设定目标，制订儿童图书馆服务计划及相关事项
服务对象专业知识	1. 关于儿童和青少年文学知识 2. 关于阅读障碍方面的知识 3. 教与学、课程体系、教导设计和实施	1. 理解儿童发展和心理学理论，包括沟通、语言和读写能力，以及它们对图书馆服务的影响 2. 掌握儿童文化的知识和管理

续表

	学校图书馆	公共图书馆
沟通合作	1. 沟通和协作技能	1. 促进社区参与和建立伙伴关系 2. 与社区内为儿童及其家庭服务的其他组织合作 3. 与儿童及其家人进行有效沟通 4. 与同事有效合作
媒体技术	1. 数字和媒体技能	1. 利用既定技术了解当地社区所有儿童及其家庭的需求 2. 了解新兴技术，数字世界和社交媒体的趋势及其对儿童图书馆服务的影响
社会责任	1. 道德和社会责任 2. 为公益服务——为公众/社会负责 3. 学校图书馆事业社会化，学校图书馆的历史价值观社会化	/
规划组织	1. 活动管理——计划、发展/设计、实施、评估/改进	1. 组织和评估各种有趣的计划和活动，满足当地社区所有儿童的需求
其他	1. 终身学习的承诺，持续的专业发展	1. 计划、管理、控制和评估可用的预算资源 2. 实践自我评估

两份指南关于未成年人服务的能力要求与其使命目的、教育要求与国际调查的结果基本相适应，基本上覆盖了上述的专业知识、沟通合作、组织策划的教育背景要求。此外，调查的岗位中，有15个岗位要求馆员具备组织能力；10个岗位具备服务/活动、推广能力，这符合指南中的活动规划、组织、管理的规定。18个岗位要求馆员具备的建立公共关系的能力，符合《0—18岁儿童图书馆服务指南》中与社区其他组织合作、建立伙伴关系的规定。所以，目前欧美地区未成年人服务馆员的招聘要求基本与指南的规定相一致。

四 工作职责

课题组在2016~2017年对《学校图书馆指南（第二版）》（以下称《指南》）展开了中国适用性调查，发现了相关建议与标准在实际发展的不相适应之处。例如："《指南》提出建议8：应当明确界定专业的学校图书馆员的职责;其职责包括:教育职责,管理职责,学校层面的领导和协调职责,社区参与职责以及服务提升职责。由于小学图书馆没有配备专业馆员,所以该建议在小学馆不适用。中学馆方面,馆长们均认为应当明确界定专业馆员的职责;但在职责的范围、具体的教育职责、具体的管理职责、具体的在学校层面的领导和协调职责、具体的社区参与职责、具体的服务提升职责等方面,大家则表示部分适用或不适用。而关于公共图书馆合作,各馆反馈最为困难。"①

但是,"与当前情况相比,课题组认为《指南》更适用于未来指导。《指南》之体例,已经说明这一标准本虽然未必全然反映中小学图书馆立志达到的目标,但至少指出了合理期望实现的目标"②。

此外,《0—18 岁儿童图书馆服务指南》没有对未成年人馆员的工作职责进行说明,但是从其规定的能力要求来看,与学校图书馆员需要履行的工作职责类似。馆员工作能力水平高低与否,影响图书馆日常的工作开展;而馆员工作能力的培养很大程度上取决于教育、实践的专业性。两份指南文本内容都充分说明未成年人服务馆员,需要具备相关的专业知识、教育背景。不管是以国际视野的角度,抑或以国内现状的角度解读人员资质,专业性都是成为合格的、优秀的未成年人服务馆员的充分必要条件。因而,笔者将《指南》文本中相关工作职责与能力要求做比照,挖掘学校图书馆员需要的专业资质及能力,具体如表 2 – 17 所示,以期为未成年人图书馆与信息服务实践提供参考。

表 2 – 17 　《学校图书馆指南（第二版）》工作要求

	工作职责	能力要求
教导的职责	基本素养和阅读推广	图书馆业务
	信息素养	图书馆业务
	探究性学习	其他

---

① 张靖、林琳、张盈:《IFLA 国际标准的中国适用性调查——以〈学校图书馆指南〉为例》,《图书情报知识》2017 年第 1 期。

② 张靖、林琳、张盈:《IFLA 国际标准的中国适用性调查——以〈学校图书馆指南〉为例》,《图书情报知识》2017 年第 1 期。

续表

	工作职责	能力要求
教导的职责	技术集成	媒体技术
	教师专业发展	其他
管理的职责	组织学校图书馆文献系统和流程	图书馆业务
领导和协作的职责	与学校行政管理者和教师合作	沟通合作
	与其他学校图书馆员合作	沟通合作
社群参与的职责	吸引多元群体使用图书馆	沟通合作
	与公共图书馆和图书馆协会合作	沟通合作
推广图书馆活动和服务的职责	积极推广活动、服务和设施	组织规划

| 第三章 |

专业性之知识体系[*]

上一章从"专业性职业"的第一大特征——由掌握和运用高深专业知识和技能的专家组成——探讨了未成年人图书馆与信息服务的专业性。这里的核心"高深专业知识和技能"正是"专业性职业"的第二大特征：拥有比较系统的专业知识体系。国际图书馆界未成年人服务专业性建设以及专业知识体系的形成，在一定程度上是由专业教材、专著和学术期刊论文推进完成的，本章将从这些相关教材、专著和学术期刊论文出发，梳理未成年人图书馆与信息服务的专业知识体系。

第一节　研究设计

一　整体思路

笔者将在收集整理代表性教材、专著和学术期刊论文的基础之上，通过结构分析，梳理未成年人图书馆与信息服务的专业知识范畴，提炼构成知识体系的部分或层次；进而通过内容分析，明确各个部分或层次内部间相互制约和相互依赖的关系，以及各部分之间相互作用的机制，进而搭建较为系统、全面的专业知识体系理论框架。如果说教材专著可以反映较为

[*] 中山大学图书情报专业硕士杨月在导师张靖的指导下撰写了硕士学位论文《图书馆未成年人服务专业知识分析：以学术专著和期刊为中心》，本章经导师和学生同意，在该学位论文的基础上由本书作者进行补充和修改。

系统、较为成熟的知识体系，是观察专业知识体系的主要视角，那么更具时效性的学术期刊论文，可以作为辅助视角，特别可以了解未成年人图书馆与信息服务对于其专业知识体系的持续建构。

二　资料收集

根据作者的阅读积累，首先整理出八大图书馆与信息服务教材专著出版系列，分别是：（1）Libraries Unlimited 的 Library and Information Science Text Series；（2）Libraries Unlimited 的 Library & Information Science Series；（3）Scarecrow Press 的 Library Basics；（4）Neal-Shuman 的 How-to-Do-It Manuals for Librarian；（5）ALA 的 PLA Results Series；（6）Chandos 的 Chandos Information Professional Series；（7）Libraries Unlimited 的 Beta Phi Mu Monograph Series；（8）Libraries Unlimited 的 Crash Coursh Series。这八大教材专著出版系列在图书馆与信息服务领域具有较高的威望，内容涉及范围广且新颖独到，较全面地涵盖了未成年人图书馆与信息服务各方面的知识。此外，在上述系列教材专著的基础之上，Virginia A. Walter、Carolynn Rankin 等本领域重要专家的著述亦是不可绕过的重要研究对象。

除了专业教材和专著外，国际上还有关注未成年人图书馆与信息服务的专门期刊，重要者有：《儿童和图书馆》（*Children & Libraries*）；《青少年图书馆服务》（*Young Adult Library Services*）以及《儿童文学与图书馆学的新评论》（*New Review of Children's Literature & Librarianship*）。

三　资料整体情况

笔者以上文所列的八大专著出版系列为基础在读秀学术搜索和亚马逊（美国）官网上进行检索，然后对系统检索结果进行人工逐条筛选，得到未成年人图书馆与信息服务相关教材专著共 21 种。另检索 Virginia A. Walter、Carolynn Rankin 等专家的著述，补充教材专著 8 种。确定研究对象 29 个，分别由 Libraries Unlimited、Neal Schuman Pub、Greenwood、ALA Neal-Schuman 等出版社出版，集中来自 Libraries Unlimited Professional Guides for Young Adult Librarians Series（以下简称 LU 专业指南系列）和

How to Do It Manuals for Librarians（以下简称 NS 如何做手册系列）两大系列，出版时间为 1995 至 2014 年，如表 3 - 1 所示。

表 3 - 1　未成年人图书馆与信息服务相关教材专著

编号	题名	作者	出版社	出版时间
系列一：Libraries Unlimited Professional Guides for Young Adult Librarians Series（简称 LU 专业指南系列）				
LU - 1	Serving Young Teens and Tweens 为青少年服务	Sheila B. Anderson	Libraries Unlimited	2009/6/30
LU - 2	Teen Library Events：A Month-by-Month Guide 青少年图书馆事件：逐月指南	Kirsten Edwards	Greenwood	2001/10/30
LU - 3	Extreme Teens：Library Services to Nontraditional Young Adults 极端青少年：图书馆为非传统青少年服务	Sheila B. Anderson	Libraries Unlimited	2005/10/30
LU - 4	Serving Older Teens 为大龄的青少年服务	Sheila Mikkelson	Libraries Unlimited	2003/12/30
LU - 5	Better Serving Teens through School Library-Public Library Collaborations 通过学校图书馆更好的服务青少年：公共图书馆合作	Cherie P. Pandora Stacey Hayman	Libraries Unlimited	2013/8/15
LU - 6	Serving Urban Teens 服务城市青少年	Paula Brehm-Heeger	Libraries Unlimited	2008/3/30
LU - 7	Serving Latino Teens 服务拉丁裔青少年	Salvador Avila	Libraries Unlimited	2012/5/31
LU - 8	Make Room for Teens！：Reflections on Developing Teen Spaces in Libraries 为青少年腾出空间！：图书馆发展青少年空间的思考	Michael Garrett Farrelly	Libraries Unlimited	2011/2/18
LU - 9	Teens，Libraries，and Social Networking：What Librarians Need to Know 青少年、图书馆和社交网络：图书馆员	Denise E. Agosto，June Abbas	Libraries Unlimited	2011/5/18
LU - 10	Teen-Centered Library Service：Putting Youth Participation into Practice 以青少年为中心的图书馆服务：青少年参与实践	Diane P. Tuccillo	Libraries Unlimited	2009/12/21
LU - 11	Serving Homeschooled Teens and Their Parents 服务于家庭学校的青少年和他们的父母	Maureen T. Lerch，Janet Welch	Libraries Unlimited	2004/5/30

续表

编号	题名	作者	出版社	出版时间
	系列二：How to Do It Manuals for Librarians （简称 NS 如何做手册系列）			
NS - 1	*Library Programming for Families With Young Children*：*A How-To-Do-It Manual* 幼儿家庭图书馆设计：指引手册	Sue McCleaf Nespeca	Neal Schuman Pub	1995/1/1
NS - 2	*Connecting Fathers, Children and Reading*：*A How-To-Do-It Manual for Librarians* 连接父亲、孩子和阅读：图书馆员的指引手册	Steven Herb, Sara Willoughby-Herb	Neal Schuman Pub	2002/7
NS - 3	*Running a Parent/Child Workshop*：*A How-To-Do-It Manual for Librarians* 家长/儿童工作坊的运行：图书馆员的指引手册	Sandra Feinberg, Kathleen Deerr	Neal Schuman Pub	1995/3/1
NS - 4	*Programming With Latino Children's Materials*：*A How-To-Do-It Manual for Librarians* 设计拉丁裔儿童材料：图书馆员的指引手册	Tim Wadham	Neal Schuman Pub	1999/1
NS - 5	*Lapsit Services for the Very Young*：*A How-To-Do-It Manual* 给婴幼儿的亲子故事活动服务：指导手册	Linda L. Ernst	Neal Schuman Pub	1995/5
NS - 6	*Lapsit Services for the Very Young II*：*A How-To-Do-It Manual* 给婴幼儿的亲子故事活动服务（二）：指导手册	Linda L. Ernst	Neal Schuman Pub	2000/11
NS - 7	*Connecting Young Adults and Libraries*：*A How-To-Do-It Manual* 连接青少年与图书馆：指导手册	Michele Gorman, Tricia Suellentrop	Neal Schuman Pub	2009/6/30
	其他教材专著			
其他 - 1	*Crash Course in Children's Services, 2nd Edition* 儿童服务速成课程，第二版	Penny Peck	Libraries Unlimited	2014/9/26
其他 - 2	*Serving Lesbian, Gay, Bisexual, Transgender, and Questioning Teens*：*A How-To-Do-It Manual for Librarians* 服务同性恋、双性恋、变性，以及问题青少年：图书馆员的操作手册	Hillias J. Martin Jr., James R. Murdock	Neal Schuman Pub	2007/1/29

续表

编号	题名	作者	出版社	出版时间
其他-3	*Including Families of Children with Special Needs：A How-To-Do-It Manual for Librarians* 有特殊需要的孩子的家庭：图书馆员的操作手册	Carrie Banks, Barbara Jordan, Sandra Feinberg, Kathleen Deerr, Michelle A. Langa	ALA Neal-Schuman；Revised Editions	2013/9/17
其他-4	*Library Services for Children and Young Adults：Challenges and Opportunities in the Digital Age* 儿童和青少年图书馆服务：数字时代的挑战和机遇	Carolynn Rankin, Avril Brock	Facet Publishing	2012/12/31
其他-5	*Library Services from Birth to Five：Delivering the Best Start* 一岁到五岁的图书馆服务：提供最好的开始	Carolynn Rankin and Avril Brock	Facet Publishing	2014/12/23
其他-6	*Delivering the Best Start：A Guide to Early Years Libraries* 提供最好的开始：早期的图书馆指南	Carolynn Rankin and Avril Brock	Facet Publishing	2008/12/30
其他-7	*Outstanding Library Service To Children* 优秀儿童图书馆服务	Rosanne Cerny, Penny Markey	Amer Library Assn Editions	2009/1/30
其他-8	*Children & Libraries：Getting It Right* 儿童与图书馆：正确道路	Virginia A. Walter	Amer Library Assn Editions	2000/11/09
其他-9	*Teens & Libraries：Getting It Right* 青少年与图书馆：正确道路	Virginia A. Walter, Elaine Meyers	Amer Library Assn Editions	2003/7/1
其他-10	*Twenty-First-Century Kids，Twenty-First-Century Librarians* 二十一世纪儿童与二十一世纪图书馆员	Virginia A. Walter	Amer Library Assn Editions	2009/9/30
其他-11	*Output Measures and More：Planning and Evaluating Public Library Services for Young Adults：Part of the Public Library Development Program* 采取的措施及后续：规划与评估公共图书馆对青少年的服务：公共图书馆的发展计划部分	Virginia A. Walter	Amer Library Assn	1995/1

学术期刊方面，如表3-2所示。

表 3 - 2　未成年人图书馆与信息服务相关期刊

编号	题名	ISSN	出版者	书目记录
期刊 - 1	*Children & Libraries*：*The Journal of the Association for Library Service to Children* 儿童与图书馆：儿童图书馆服务协会期刊	1542 - 9806	ALA	2003/9/1 至今
期刊 - 2	*Young Adult Library Services* 青少年图书馆服务研究	1541 - 4302	ALA	2004/4/1 至今
期刊 - 3	*New Review of Children's Literature & Librarianship* 儿童文学与图书馆事业新评论	1361 - 4541	Routledge	2013/12/1 至今

四　29 种教材专著概括介绍

下面将分别对 LU 专业指南系列、NS 如何做手册系列和其他教材专著进行概括介绍。

(一) LU 专业指南系列

该系列由 Libraries Unlimited 出版社出版，包括未成年人图书馆与信息服务相关教材专著 11 种。

Libraries Unlimited（LU）出版社是 1964 年由丹佛大学图书馆科学学院前教授 Bohdan S. Wynar 创立的。2008 年，该出版社成为 ABC-CLIO 期刊①出版公司的一部分。Libraries Unlimited（LU）通过出版图书馆学教材、参考书籍、实践手册以及专业指导书籍服务于各大学术图书馆、公共图书馆以及特殊图书馆，并通过出版这些书籍持续建立图书馆员、档案馆员以及信息专家的学习社区。②此次调查的 11 种由 LU 出版社出版的未成年人图书馆与信息服务相关教材内容涉及对不同年龄层未成年人所进行的图书馆服务、对不同地区的未成年人所进行的图书馆服务、针对图书馆员的未成年人图书馆服务实践指导以及公共图书馆与学校图书馆间的合作等。

在 LU 专业指南系列中，LU - 2 为新进或是经验不足的年轻图书馆员提供了多种方案来设计青少年相关的活动。书中选取了受青少年欢迎的活

---

① ABC-CLIO 是一家出版学术刊物的公司，主要出版教育以及公共图书馆领域的期刊。

② History and Mission ［EB/OL］. ［2018 - 08 - 12］. https://www.abc-clio.com/LibrariesUnlimited/About/AboutLU.aspx? section = awards#awards-lu.

动并对其进行详细的、分步骤的介绍,包括广告宣传、活动设置和演示文稿制作等。通过这些活动,新手图书馆员可以在他们付出较小精力的同时完善图书馆青少年服务。① 从年龄阶段来说,LU - 1 探讨了介于 11 ~ 14 岁青少年的服务需求,这一年龄段的青少年容易出现停止使用图书馆和失去阅读兴趣的现象。著名的青少年专家和世界一流的图书馆从业者在本书中解释了图书馆服务对于 11 ~ 14 岁青少年的重要性,并强调了培养图书馆员利用馆藏资源的能力和服务意识的必要性。该书的主题范围涉及青少年的信息需求和信息资源建设、图书馆员利用馆藏资源的能力提升以及青少年创新项目等②;LU - 4 针对 16 ~ 19 岁较大龄的青少年的信息需求为他们提供多样化的图书馆信息资源,比如图书馆可以为他们提供考取大学、找工作、建构社会关系、享受休闲生活等方面的信息。③

　　另外,LU - 11 指出,在家中接受教育的未成年人群体同样需要图书馆提供的服务与帮助,这部分人是不可忽视的群体,图书馆需要完善针对此类人群的特殊馆藏以及针对他们父母的服务。④ Sheila B. Anderson 在 LU - 3 中提到未成年人图书馆服务应照顾在家接受教育的青少年、怀孕的少女、移民者、未成年犯管教者、无家可归的青少年等特殊群体。⑤ ALA 主张打破成见,自定义图书馆服务,以适应不同青少年的需要。而 LU - 6 和 LU - 7 主要针对生活在城市的青少年和拉丁裔青少年,书中对如何为这两个群体寻找最佳的服务方式提供了针对性的指导和建议。⑥⑦ LU - 10 结合未成年人发展与教育相关事例,鼓励学校和公共图书馆馆员带动青少年参与到图书馆活动中去,以此促进青少年的身心健康发展。LU - 8 基于现代信息技

① Edwards K. Teen Library Events: A Month-by-Month Guide [M]. Westport: Greenwood Press, 2002: 1 - 166.
② Anderson S. B. Serving Young Teens and Tweens [M]. Westport: Libraries Unlimited, 2006: 1 - 188.
③ Mikkelson S. Serving Older Teens [M]. Westport: Libraries Unlimited, 2003: 1 - 264.
④ T. Lerch M. et al. Serving Homeschooled Teens and Their Parents [M]. Westport: Libraries Unlimited, 2004: 1 - 2004.
⑤ Anderson S. B Extreme Teens: Library Services to Nontraditional Young Adults [M]. Westport: Libraries Unlimited, 2005: 1 - 200.
⑥ Brehm-Heeger P. Serving Urban Teens [M]. Westport: Libraries Unlimited, 2008: 1 - 248.
⑦ Avila S. Serving Latino Teens [M]. Westport: Libraries Unlimited, 2012: 1 - 127.

术，讨论了图书馆的发展趋势以及为年轻人创造有活力的、高效的、令人愉快的阅读空间的最佳方法。① LU - 9 一书根据有关公共图书馆员和技术管理者的全国调查展示了图书馆员在其工作中是如何利用社交网络与青少年互动，以及所使用的特殊技术的类型。在此基础上，LU - 9 从社交网络层面为图书馆未成年人服务提出了一系列建议，还提供了一份有关"青少年图书馆社交网络研究"的书单。② LU - 5 这本实用指南为公共图书馆和学校图书馆之间开展合作交流提供了详细的指导，并在共享资源、经费管理、功能共建等方面提供了有效建议，同时列举了成功的案例作为示范。③

（二）NS 如何做手册系列

该系列由 Neal Schuman Pub 出版社出版，包括未成年人图书馆与信息服务相关教材专著 7 种。

Neal-Schuman Publisher 成立于 1976 年，它在 2011 年成为 ALA 附属的出版社，它主要为档案学专家、知识管理专家和图书馆员提供服务。NS 系列关于图书馆界未成年人服务的相关专著和教材共 7 种，集中在 1995 年至2002 年出版，内容涉及图书馆对青少年及其父母提供指导和帮助、特殊儿童家庭信息服务、幼儿服务实践指导、拉丁裔青少年学习材料等。NS 系列专著与教材更专注于"如何做"（How-To-Do-It）手把手的实践教学，注重家长与未成年人的沟通与彼此间的关系。

NS - 1 强调家庭应参与图书馆活动以促进幼儿的新兴文化素养培养，主要内容涵盖阅读活动对幼儿的个性发展的促进作用、家庭成员阅读习惯对孩子的影响等。④ NS - 3 收集了实用的育儿文章，为图书馆员如何在馆

---

① Farrelly. M. G. Make Room for Teens！Reflections on Developing Teen Spaces in Libraries ［M］. Westport：Libraries Unlimited，2011：1 - 102.

② Agosto D. E. Teens，Libraries，and Social Networking：What Librarians Need to Know ［M］. Westport：Libraries Unlimited，2011：1 - 184

③ Pandora C. P. Better Serving Teens through School Library-Public Library Collaborations ［M］. Westport：Libraries Unlimited，2013：1 - 253.

④ Banks C. S. et al. Library Programming for Families with Young Children：A How-To-Do-It Manual ［M］. New York：Neal Schuman Pub，1994.

内开展亲子讲习班提供方法，使儿童和与家庭相关的机构从中获益。① Ernst L. 编写了 NS－5 一书，时隔 5 年又出版了第二版 NS－6。此书是一本概述图书馆婴幼儿服务的实用指南，提供了信息素材、样本方案、核心书单和一些创意想法。第二版则在第一版的基础上加以补充，为 12～24 个月的婴幼儿家长提供育儿方案和指导，为图书馆员在婴幼儿服务上提供资料以及具体化的活动指导。②③ NS－4 一书以拉丁文化和拉丁文学为背景，提供相关的民间故事和录音材料，包括 100 首童谣和儿歌。其中还有双语木偶剧的活动案例，公共图书馆和学校图书馆可以加以借鉴。④ NS－2 着重关注如何指导父亲通过利用图书馆对儿童进行语言和文学方面的辅导。⑤ NS－7 一书主要关注青少年的信息素养教育，阐述了图书馆青少年服务的最新趋势和最佳做法，内容包含编程、营销和推广等。随书光盘包含核心文档、示例表单、调查和其他规划工具，使读者可以依据自身需求利用。⑥

（三）其他教材专著

其他教材专著主要有《儿童服务速成课程》（第二版）《儿童和青少年图书馆服务：数字时代的挑战和机遇》《一岁到五岁的图书馆服务：提供最好的开始》等共 11 本，出版时间由 1995 年到 2014 年，内容主要包括对特殊未成年人群体的图书馆服务操作指导、数字时代背景下针对未成年人的图书馆服务等。

其中 Carolynn Rankin 和 Avril Brock 共同出版了三本有关未成年人图书馆服务的书籍。"其他－6"一书写到学龄前儿童在识字以及相关技能发展

① Feinberg S., Deerr K. Running a Parent/Child Workshop：A How-To-Do-It Manual for Librarians [M]. New York：Neal Schuman Pub, 1995.
② Ernst L. L. Lapsit Services for the Very Young：A How-To-Do-It Manual [M]. New York：Neal Schuman Pub, 1995.
③ Ernst L. L. Lapsit Services for the Very Young II：A How-To-Do-It Manual [M]. New York：Neal Schuman Pub, 2000.
④ Wadham T. Programming with Latino Children's Materials：A How-To-Do-It Manual for Librarians [M]. New York：Neal Schuman Pub, 1999.
⑤ Herb S., Willoughby-Herb S. Connecting Fathers, Children and Reading：A How-To-Do-It Manual for Librarians [M]. New York：Neal Schuman Pub, 2002.
⑥ Gorman M., Suellentrop T. Connecting Young Adults and Libraries：A How-To-Do-It Manual [M]. New York：Neal Schuman Pub, 2009.

上，图书馆具有至关重要的独特地位。这本书详细讲述了图书馆的早期服务，是提供给图书馆和信息专业人员就如何可以使儿童在成长过程中体验令人愉快和有意义的学习经历的一本实用指南。[1] 2014 年 12 月出版的"其他 - 5"继续对 2008 年的"其他 - 6"一书的内容进行研究，书中提及：越来越多的人认识到生命中的第一个五年对智力、社会、感情发展的重大意义。此书关注的重点为幼儿的父母及其监护人，同时重视幼儿的文化、语言和社区环境。[2] "其他 - 4"一书概述了未来十年在图书馆儿童和青少年服务上的设想，为将面对机遇与挑战的儿童与青少年图书馆员、政策制定者提供指导。其内容还涉及新技术工具的使用；儿童和青年服务空间的设计；服务评价和宣传的重要性等。[3]

就职于 ALA 研究基金的儿童图书馆专家 Virginia Walter 教授在"其他 - 8"一书中对图书馆服务儿童提出的实用性建议，主要内容包括在图书馆中创建多彩的儿童空间；结合数字信息技术提供互联网服务和家庭作业的援助；通过参考全国各地的顶尖儿童图书馆项目来调整战略。[4] Walter 教授还在"其他 - 9"一书提供了众多成功的倡导青少年参与规划并执行的年轻人服务项目的范例，并从阅读材料、空间指示标志、展示等多方面提供了切实可行的建议。[5] 作者受新一代图书馆员和儿童发展的启发，在"其他 - 11"中通过反思儿童服务家长方面的问题，对新形势下教育理念的变化和信息技术带来的新挑战提出了自己的看法，该书的目的是帮助图书馆馆员服务青少年，其内容涉及规划、角色设置过程、图书馆服务评估与输出的措施等。[6]

---

[1] Rankin C. , Brock A. Delivering the Best Start：A Guide to Early Years Libraries ［M］. London：Facet Publishing, 2008.

[2] Rankin C. , Brock A. Library Services from Birth to Five：Delivering the Best Start ［M］. London：Facet Publishing, 2014.

[3] Rankin C. , Brock A. Library Services for Children and Young Adults：Challenges and Opportunities in the Digital Age ［M］. London：Facet Publishing, 2012.

[4] Walter V. A. Children & Libraries：Getting It Right ［M］. Chicago：Amer Library Assn, 2000.

[5] Walter V. A. , Meyers E. Teens & Libraries：Getting It Right ［M］. Chicago：Amer Library Assn, 2003.

[6] Walter V. A. Output Measures and More：Planning and Evaluating Public Library Services for Young Adults：Part of the Public Library Development Program ［M］. Chicago：Amer Library Assn, 1995.

"其他－2"为未成年人服务领域做了新的补充，它把视角放在同性恋、双性恋、变性人和问题青少年身上，为他们创造了一个更具包容性的环境，图书馆员可利用书中的素材和资料为他们解决问题、加以帮助等。[1] "其他－3"一书提到在美国有超过650万名儿童接受特殊教育服务，该书整合了教育工作者、医生和心理咨询师、社会工作者和图书馆员等方面的资源，此版还加入了西班牙语残疾儿童的资源需要，以真实案例为基础，为残疾儿童、家长、儿童护理人员、图书馆员、特殊教育工作者的工作提供参考和指导。[2] "其他－1"为新人和有经验的未成年人服务馆员提供了易于执行的操作指导，除了传统领域的儿童服务外还涵盖了新技术和共同核心标准。[3] "其他－7"概述了七个核心能力技巧和最佳做法，分别是客户端的知识、行政和管理、通信、馆藏发展、编程、宣传、公共关系和网络，是一本提供给图书馆儿童服务馆员的实用指南。[4]

五 3 种期刊概括介绍

除了专业教材和专著外，国际上还有专门探讨图书馆未成年人服务的学术期刊。经检索，笔者搜集整理得到以下3本（见表3－2）：《儿童与图书馆：儿童图书馆服务协会期刊》《青少年图书馆服务研究》《儿童文学与图书馆事业新评论》。学术期刊往往紧跟学术前沿，聚焦领域内的重要话题，因此对领域专业知识的补充有着重要作用。

《儿童与图书馆：儿童图书馆服务协会期刊》是 ALA 下属儿童图书馆服务协会（Association for Library Service to Children）的官方期刊，2003 年至 2013 年每年出版 3 期，分别是春季刊、夏秋季刊和冬季刊，2014 年至 2016 年每年出版 4 期，分别是春季刊、夏季刊、秋季刊和冬季刊。它主要

---

[1]　Martin Jr. H. J., Murdock J. R. Serving Lesbian, Gay, Bisexual, Transgender, and Questioning Teens: A How-To-Do-It Manual for Librarians [M]. New York: Neal Schuman Pub, 2007.

[2]　Banks C., Feinberg S. et al. Including Families of Children with Special Needs: A How-To-Do-It Manual for Librarians [M]. New York: Neal Schuman Pub, 2013.

[3]　Peck P. Crash Course in Children's Services, 2nd Edition [M]. Westport: Libraries Unlimited, 2014.

[4]　Cerny R., Markey P. Outstanding Library Service To Children [M]. Chicago: Amer Library Assn, 2009.

作为儿童图书馆员继续教育的工具，展示了当前儿童图书馆服务的学术研究和实践情况，以及协会的重要活动和倡议。

《青少年图书馆服务研究》是由 ALA 下属青少年图书馆服务协会（Young Adult Library Services Association）出版的季刊。该杂志作为继续教育领域的期刊服务于为青少年（12~18 岁）工作的图书馆员，在获取期刊内容时，可以通过青少年图书馆服务协会网站向订阅者和成员提供《青少年图书馆服务研究》的印刷版和电子版，内容包括领域内的最新报道、最佳实践展示，以及相关领域的新闻，还聚焦于青少年图书馆服务协会的重要事件，并提供专业文献的深入评论。秋季刊包含年度最佳图书奖的获奖名单，获奖作家的演讲和书籍背景信息。期刊发表的文章涉及青少年的习惯、读写能力以及兴趣。此外，它也作为协会成员的一种沟通模式和组织记录而存在。

《儿童文学与图书馆事业新评论》是由 Taylor & Francis 出版商出版的半年刊，在每年 4 月和 11 月发行。期刊涉及多学科领域，为"纯粹的"儿童文学讨论提供了机会，旨在为未成年人在何处寻找文献资源的问题予以帮助。因此，期刊为文章作者与儿童文学研究者相互交流想法提供了平台，期刊文章涵盖儿童和青少年的图书馆服务管理、教育问题对图书馆服务的影响、用户教育与服务的提升、员工教育和培训、文献开发和管理、儿童和青少年文学关键评估、书籍与媒体的选择以及有关儿童和青少年图书馆服务的研究等。该期刊接受实验和理论性质的原创论文，从而为公共图书馆和学校图书馆员以及世界各地的儿童文学评论家和教师提供广泛的意见和建议。

六　知识体系梳理思路

阅读分析 LU 专业指南系列、NS 如何做手册系列、其他教材专著以及 3 种期刊中所刊载的论文，作者认为其中所反映的未成年人图书馆与信息服务专业知识体系可以分为理论知识和应用知识两个部分。

（一）理论知识

Thomas 在其 1982 年发表的博士论文《美国公共图书馆未成年人服务

发展起源：1875—1906》中对公共图书馆未成年人服务进行了系统的总结，梳理了从 19 世纪末到 20 世纪初美国图书馆未成年人服务的诞生及发展历史，提出了儿童图书馆服务由专门馆藏、专门空间、专业人员、针对少年儿童的服务与活动、合作网络五个要素组成。[①] 后来，这五个要素被很多开展未成年人服务的公共图书馆认为是不可缺少的要素，也是他们衡量自身服务走向专业化的一个标准。因此，从五要素着手来初步分析图书馆未成年人服务的理论层知识体系是十分有必要的。

笔者认为，基于以上五要素，在未成年人图书馆服务的理论层面，首先应包括关于图书馆未成年人服务对象的理论知识，此处的"未成年人服务对象"包括未成年人以及与未成年人有关的人员；其次包括关于图书馆未成年人服务主体即提供者的理论知识，"提供者"指的是公共图书馆的少儿服务部门、少年儿童图书馆、学校图书馆等；还包括关于图书馆未成年人服务专门馆藏的理论知识，如专门馆藏的种类与数量、专门馆藏资源建设等；另外，关于图书馆未成年人服务内容和方式的理论知识以及针对未成年人的服务空间设计和服务管理方面的理论知识也包括在内，不同年龄段的未成年人在具体的服务中应该有不同的体现。

（二）应用知识

理论知识是指导实践的基石，经过实践经验的不断累积，逐渐形成应用知识。在应用层面，需要考虑到图书馆未成年人服务活动及其合作网络的相关知识以及围绕图书馆未成年人服务最佳案例的相关知识与分析。丰富多彩的服务活动作为图书馆为未成年人提供专业性服务的重要内容，有必要对其进行全面、系统的了解和梳理，如活动的类型、活动的内容和方式、活动的项目流程等知识。图书馆围绕未成年人举办的活动离不开社会各界的支持，因此，图书馆应该在合作网络上建立并重视与家庭、学校、社区、政府部门、医疗机构以及传播媒体之间的合作，共同为未成年人提供优质的服务。因此，本书将选取起步较早、运作较

---

① Thomas F. H. The genesis of children's services in the American public library, 1875 – 1906 [D]. Madison：University of Wisconsin-Madison, 1982.

为成熟、成效显著,且在世界范围内较有影响力的英国"阅读起跑线"(Bookstart)项目作为经典案例,详细分析其在活动执行与合作网络方面是如何开展实践的。

第二节 未成年人图书馆与信息服务理论知识体系梳理

一 关于服务对象的理论知识

(一)服务对象之未成年人

未成年人又可分为普通未成年人和有特殊需求的未成年人。

1. 普通未成年人

在不同的国家,对未成年人年龄的界定不尽相同。法律上,美国规定未满 18 周岁的人为未成年人;日本规定未满 20 周岁的人为未成年人;印度规定男性未满 16 周岁、女性未满 18 周岁的为未成年人;在我国,未成年人一般是指未满 18 周岁的青少年。在国外,图书馆的未成年人服务对于未成年人年龄的划分十分细致,分为从出生到一岁半左右的婴幼儿;一岁半到 3 岁的学步儿童;3 岁到 5 岁的学龄前儿童;6 岁到 8 岁的上小学前的过渡时期的儿童;8 岁到 14 岁的青少年以及 12 或 14 岁到 18 岁的年轻人。下面将详细介绍每个年龄段儿童的特点。

(1)婴幼儿与学步儿童。目前我国图书馆的未成年人服务还没有延伸至婴幼儿和学步儿童,主要是面向 3 岁及 3 岁以上的孩子。在国外,图书馆的未成年人服务已经将婴幼儿和学步儿童包含在内,有专门研究婴幼儿服务领域的专家。出生到一岁半正是婴幼儿大脑开始发育的时期,此时婴幼儿能够对声音、节奏、颜色和触摸等刺激做出反应。对其来说硬纸板制作成的硬板书或书页上带有凹凸纹理的能够触摸的图书是最适合的书籍。一岁左右的婴幼儿具有好动的天性,针对这一群体 Thomas J. 为图书馆员提供了一套发展方案和建议,内容包含一个典型的婴幼儿"故事时间"活动案例,对婴幼儿在认知字母表、形状、颜色,以及计数、拍手和唱歌等行为进行考察。该文章还包括父母对活动的反馈意见,如他们的孩子从此活动中学到了什么等。① 《有特殊需要的孩子的家庭：图书馆员的操作手册》指出，针对婴幼儿的活动方式主要是类似"坐在腿上的宝宝"（baby lap-sit program）这种亲子互动的形式。② 家长多半是抱着孩子，使他坐在大腿上，讲故事给孩子听，以此来分享图书。一岁半到 3 岁的学步儿童开始懂得与家长以外的人进行互动，探索周围的世界。图书馆员会为学步儿童提供语言丰富的环境，给他们讲故事，选择适合他们的书籍如简单的图画书，利用图画书和押韵的儿歌来勾起孩子的兴趣，鼓励他们与家长或其他同龄的孩子交流。

（2）学龄前儿童与上小学前的过渡时期的儿童。学龄前儿童指的是还没有达到入学年龄、大概为 3~6 岁的儿童；上小学前的过渡时期的儿童指 6~8 岁的儿童。这类群体通常是馆员接触较多、比较熟悉的群体。由于这类人群年龄较小，通常需要家长或监护人带领来图书馆，所以，对于这类人群的图书馆服务主要是针对他们的家长及监护人等。此年龄段的儿童开始从被动的语言接受逐渐转向独立阅读。书籍对于他们来说不再是只有语言价值，他们不再只是倾听故事，阅读已经变成他们可以掌握的一项技能。他们更加适合内容丰富和复杂一些的图画书，故事主线清晰的童话故事以及民间故事等。Mouly F. 提到图书馆、博物馆和学校越来越接受图画小说和漫画，馆员可以通过图画小说和漫画鼓励孩子们分享他们喜爱的图书，帮助他们发现阅读的魅力。③ 同时，他们可以使用每页只有少数文字、内容简单的书来逐渐尝试独立阅读。图书馆员不再是朗读者和看护者的角色，而是老师和引导者。公共图书馆的责任之一就是提醒这些孩子和家长，阅读是一种乐趣，在这些年轻的生命里阅读将第一次起作用。因此，图书馆的活动和展示应该着重强调阅读兴趣，向此年龄段的孩子推荐笑话书、字母入门书籍和一些其他的书。

---

① Thomas J. Wonderful "Ones" [J]. Children & Libraries：The Journal Of The Association For Library Service To Children, 2008, 6 (1)：23–27.

② Ernst L. L. Lapsit Services for the Very Young：A How-To-Do-It Manual [M]. New York：Neal Schuman Pub, 1995.

③ Mouly F. Visual Literacy [J]. Children & Libraries：The Journal Of The Association For Library Service To Children, 2011, 9 (1)：12–14.

（3）青少年

Anderson S. 在 LU – 1 中提到青少年与年轻人从年龄范围上很难得到清晰的界定，由于个体的不同，这个阶段的未成年人在认知、生理、情感和社会关联上会有时间节点上的差异，而这些发展阶段的多样性和具体年龄的不确定性也反映在图书馆青少年服务组织的结构中。① 这一群体为 8 岁到 18 岁的青少年。青少年正处于学龄阶段和青春期，处在儿童向成年人的过渡阶段，这一群体通常被出版商和馆员叫作"中级读者"（middle grade readers），也被称为过渡期读者。他们不希望别人把他们看作孩子，通常比较叛逆，有自己的想法和见解，开始独立，试着与同龄人、书籍、世界建立自己的关系网。这是一个全新的经历，会有恐惧和不安，他们希望通过自己去认识事物本来的样子，因此图书馆应该努力将他们纳入图书馆的活动中去，具体实现方式包括让他们做图书管理员或志愿者，发挥他们的创造力和积极性。一般来说，青少年已具备独立阅读的能力，他们开始喜欢一些内容和故事情节较复杂的书，会阅读传记类、地理类、科学类等非小说。虽然他们可以独立完成阅读，但馆员也要意识到他们仍然是需要被关注的群体，有些青少年会在拥有他们美好记忆的儿童图书馆中寻找令他们感到舒适的亲切的环境，还有些阅读能力较弱的青少年需要相应的阅读指导和培养。

2. 有特殊需求的未成年人

除了普通的未成年人读者外，还有一些有特殊需求的儿童需要图书馆为他们提供特殊的服务。此类人群包括在心理、生理方面有某种缺陷的儿童、智力超常发挥和有读写障碍的儿童以及一些未成年的亚群体，如拉丁裔青少年、接受家庭教育的儿童、同性恋、双性恋、变性人和问题青少年等。NS – 4 介绍了拉丁裔的文化，并提供了许多适用于拉丁裔未成年人的服务案例，最常用的包括手指游戏、短诗和书籍建议，每一个案例都提供西班牙语和英语版本以供图书馆员参考。LU – 7 指出，在拉丁裔青少年群体中，怀孕率和辍学率很高，同时入学率很低。拉丁裔

---

① Anderson S. B. Serving Young Teens and Tweens [M]. Westport：Libraries Unlimited, 2006：1 – 18.

青少年也面临着移民问题和双语教育的困难，图书馆需要根据他们的需要给予适当的鼓励和帮助。① "其他 - 2" 的作者 Hillias J. Martin Jr.，James R. Murdock 意识到社会中不同的人可能对 "问题青少年" 有着不同的看法，认为在图书馆中应该分区对不同人群提供涉及同性恋话题程度不同的书籍。

图书馆要尽量为这些特殊群体提供适合他们的图书资源和服务。如针对视力有障碍的儿童，图书馆要为这类群体提供有声图书或触摸图书，并配套提供朗读或讲故事的服务。② 对残障儿童应该设有无障碍通道，专用电梯，书架的位置也应考虑到他们的需求。Adkins D. 和 Bushman B. 对面向自闭症儿童、残障儿童图书馆应扮演的角色进行了研究。美国公共图书馆为他们提供除一般服务之外的特殊服务，如特殊的故事讲述、工艺品设计和游戏设计。③ 对于一些未成年人亚群体，图书馆员应给与特殊的关爱，提供符合他们需求的阅读资料、制定特殊的阅读活动和方案。对拉丁裔青少年，图书馆员应考虑到他们的语言问题（英语或西班牙语）、阅读材料的空间分配问题，为他们提供适合的青少年图书、杂志、音乐、电视节目、电影和在线书单等。对于在家中接受教育的儿童，图书馆应为他们提供与教学进程相关主题的图书。在国外，会有 "教师借记卡" "学习屋" "博物馆通行证" 等为他们量身定制的服务项目。但通常这类服务开展难度较大，主要原因是开展家庭教育的父母通常不信任公共教育，可能会较排斥图书馆这种大众教育的辅助场所。

（二）其他服务对象

其他服务对象包括儿童的家长及监护人、教师与学校图书馆员、儿童读物的作家、出版者、研究者以及其他从事儿童工作的人。

1. 家长及监护人

在过去十年里，馆员与家长之间有一种矛盾的关系，馆员期望家长对

---

① Avila S. Serving Latino Teens [M]. Westport：Libraries Unlimited，2012：13.

② 张婕、周宽华：《公共图书馆引入助盲志愿者服务机制——以金陵图书馆为例》，《新世纪图书馆》2016 年第 10 期。

③ Adkins D.，Bushman B. A Special Needs Approach [J]. Children & Libraries：The Journal Of The Association For Library Service To Children，2015，13（3）：28 - 33.

儿童阅读感兴趣并鼓励他们带孩子来图书馆，但要求他们在馆员开展活动的时候在空间外面等待。馆员要求家长监督孩子返还他们所借的书籍，但通常更希望他们与孩子一同选择书籍。近些年发生了巨大的改变，馆员开始重视面向家长的服务，家长逐渐成为未成年人图书馆服务中重要的一员。NS-3 建议在图书馆中建立专门的父母—孩子工作坊，并告诉图书馆员如何开发有用的育儿系列书籍。

儿童接受图书馆服务，需要家长及监护人的参与与配合，尤其是年龄较小的孩子和特殊儿童的图书馆服务，家长及监护人是主要参与者之一。家长具有的图书馆意识可以影响年龄较小的孩子对图书馆的了解与认知，激发孩子对图书馆的兴趣，带动孩子从小使用图书馆的积极性。同时，家长给孩子讲故事、在图书馆陪孩子一起看书、选书的这种亲子互动的行为对孩子的成长也很有帮助。因此，图书馆早期阅读及相关活动推广直接面向家长可能更为有效，可以设立家长阅读专区、家长俱乐部等。馆员也应关注家长与孩子之间对于书籍的讨论，希望双方通过书籍有更多的交流，尽管青少年已有独立的阅读能力，但仍然提倡孩子与家长的共同阅读。一些儿童图书馆有教育专区，资料是为家长准备的，方便家长在陪伴孩子的同时查找自己所需的资料。

2. 教师与学校图书馆员

教师是与未成年人关系密切的一类人群，教师与学校图书馆员同学龄儿童有着直接关系，他们也会像家长一样带孩子来图书馆，参观图书馆或参与图书馆活动。因此，教师与学校图书馆员对图书馆的态度会影响到学生对图书馆的态度，也可能影响到学生对图书馆的利用情况。教师被作为图书馆未成年人的服务对象主要有三个原因：一是教师为了更好地了解孩子会主动去阅读儿童图书；二是在教师备课时，公共图书馆可以为他们提供教学参考资料；三是公共图书馆员可以与教师合作，了解课程进度，开展相似主题的活动等。

学校图书馆员比公共图书馆员与学生的关系更密切，他们可能是学校的工作人员或者老师，他们与授课教师有着相似的需求。因此，教师与学校图书馆员是未成年人图书馆服务中必不可少的参与者和支持者。

3. 儿童读物的作家、出版者、研究者以及其他从事儿童工作的人

儿童读物的作家和出版者都是与儿童有间接关系的人,他们需要了解孩子的阅读兴趣与特点,掌握出版物的最新动态和发展趋势,这样作家才会写出适合儿童阅读的书籍,出版者也可以及时抓住出版、销售的商机。公共图书馆有时也会邀请儿童读物的作家来与孩子们交流、互动,从而激发孩子们的阅读兴趣与热情。

儿童文学专业和儿童图书馆学专业的研究者以儿童读物为主要研究对象,熟悉、了解儿童读物是该专业研究者的基本素养之一,出于研究的需要他们会经常光顾儿童图书馆,因此,这两类人群也成了图书馆未成年人服务的对象之一。

其他从事儿童工作的人因工作需要,也会主动使用儿童图书馆、阅读儿童读物、参与图书馆活动等,所以,他们也是图书馆未成年人服务应该关注的群体。

4. 其他对儿童读物感兴趣的人

儿童读物不仅限于儿童阅读,因其具有简单易懂,图文并茂的特点,也深受许多成年人和老年人的喜爱,一些优秀的儿童读物也同样会揭示出深刻的社会主题,从而引发读者的思考。儿童读物多情节简单、篇幅短小,也适合一些识字较少、读写能力较弱的人群阅读。因此,图书馆未成年人服务还应考虑到此类人群的需求。

二　关于服务主体的理论知识

从事未成年人服务的主体主要有少年儿童图书馆、公共图书馆的少儿服务部门、社区图书馆、学校图书馆和民间图书馆等。

(一) 公共图书馆的少儿服务部门

各级公共图书馆所设立的儿童分馆、儿童阅览室等是公共图书馆未成年人服务的普遍形式,美国没有独立建制的少年儿童图书馆,他们所谓的少儿图书馆实际上就是指公共图书馆中的少儿服务部门。一般而言,在公共图书馆中会有专门的空间和馆藏,还会有专业馆员能够为不同年龄段的未成年人服务,为他们提供适合其生活成长、符合其兴趣爱好的各种图书

资源，有的图书馆还会把儿童和青少年的阅览室分开。在国外，公共图书馆非常重视对婴幼儿和学龄前儿童的服务，因为他们较学龄儿童有更多的时间来公共图书馆，所以部分图书馆还会配备适合他们的玩具阅览室。"其他－11"书中建议在公共图书馆中建立规范的评估、衡量、规划体系，改善公共图书馆少儿服务部门的效率。

公共图书馆的服务更强调对孩子阅读兴趣和信息能力的培养，强调快乐阅读。公共图书馆会采取各种措施让孩子尽早接触图书馆，包括对其家长和监护人的引导，从小培养孩子的阅读兴趣，为孩子的终身学习和自主学习打下基础。

（二）少儿图书馆

狭义的少儿图书馆是指具有独立建制的少儿图书馆，如广州少年儿童图书馆。我国是少数几个计划建立独立的少儿图书馆体系的国家，1980 年中央书记处通过了《图书馆工作汇报提纲》后，我国大中城市的独立建制的少儿图书馆迅猛发展。少儿图书馆的服务对象明确，是针对儿童与青少年的。它会有更完备的服务设施和专业馆员为未成年人提供适合的儿童读物和信息资源，这将有利于未成年人的思想品德教育、科学文化知识积累和社会交际能力的培养。

（三）社区图书馆

欧美国家的社区图书馆建设起步较早，普及率较高，其中美国在社区图书馆的体制建设、服务理念、技术应用、功能完善等方面走在世界前列。国外的社区图书馆普遍采用"总分馆"模式。通常在一个城市或一个地区设一个总馆或中心馆，其下设立若干分馆，总馆对分馆的人、财、物实行统一管理，分馆在总馆指导下为所属社区提供读者服务工作。在社区图书馆，馆员十分重视对婴幼儿、学龄前儿童的服务，会有专门空间和专业馆员给予孩子和家长帮助，为他们提供阅读资料的信息服务。

（四）学校图书馆

学校图书馆是公共图书馆系统外最大的图书馆未成年人服务机构，它是学校教育的补充，通常有专人管理，为校内所有成员即教师、学生等提供课程所需的资料、其他图书资源、信息服务。

（五）民间图书馆

民间图书馆是由非政府组织或私人投资举办的图书馆，调动社会资源参与图书馆服务，填补了公共图书馆服务体系的某些不足，其对未成年人阅读十分关注，会自发组织一些活动使家长和孩子参与其中，值得公共图书馆学习、借鉴。

三 关于馆藏的理论知识

馆藏资源，即图书馆所收藏的所有资源，是图书馆赖以存在和提供服务的物质基础。[①] 作为评价图书馆服务质量的重要衡量因素，馆藏资源一直是图书馆建设的重中之重，只有拥有高质量的馆藏资源才可能有高质量的图书馆服务。由于图书馆未成年人服务面向对象的特殊性，有着年龄跨度大、心理和生理成熟水平不同、阅读喜好和习惯不同等特点，图书馆在馆藏资源建设方面也应充分考虑到各年龄段未成年人的阅读倾向与需求，做到种类齐全、丰富、形式多种多样且数量充分，应保证各年龄阶段的未成年人在图书馆中都可以找到适合的资源。

（一）专门馆藏的种类与数量

图书馆面向未成年人的馆藏与面向成年人的馆藏有较大差异，考虑到服务对象的特点，馆藏资源也会更加多样化。未成年人在不同成长时期的关注点、认知程度等变化较大，比如：学龄前儿童读者思维能力有限，认识活动主要靠知觉，他们比较喜欢图片丰富、色彩鲜明的画册、图片；小学生读者已初步掌握了书面语言，具备了阅读条件，但比较好动，思想也相对单纯，他们最喜欢借阅童话故事、儿童文学、科普读物及卡通书刊；初中生读者初步形成自己的思维能力和判断能力，已不满足于那些零碎的知识，而是进一步追求知识的连贯性、系统性，一般喜欢借阅人物传记、

---

① 何静：《馆藏资源评价研究述评》，《情报资料工作》2012 年第 1 期。

中长篇小说、科幻和冒险故事、军事类文献等。[①] 因此，种类丰富、形式多样是未成年人馆藏资源的一大特点。

在西方国家，图书馆未成年人的馆藏资源从内容上大致分为小说和非小说，小说主要包括童话、寓言故事、民间故事、神话传说，以及冒险故事、科幻小说、历史小说、经典名著、校园故事等；非小说包括工具参考书如字典、词典、百科全书，还有历史读物、人物传记等。一般情况下，在图书馆的专门馆藏中小说要远远大于非小说的数量，因为小说故事情节生动、语言活泼，更能引起孩子的阅读兴趣，适合孩子在休闲和放松的时候阅读。Dungworth N. 和 Grimshaw S. 等人在英国教育系统内选取了132位小学五年级的学生，对他们的阅读习惯和偏好进行了调查研究。[②] 研究发现，女生比男生更喜欢阅读，学生阅读时更注重享受和放松，书籍喜欢漫画或杂志类，故事的首选类型是冒险类。因此，图书馆要照顾到不同年龄段孩子的阅读兴趣，做到图书种类的充足。而非小说类则内容严肃、说理性强，孩子们阅读起来会有无聊乏味、读不下去的心理，因此一度不受孩子们喜欢。但随着孩子思想意识的独立，他们开始自己感知、参与外部世界时，便促使他们利用非小说的资源，来为其提供相关的具体知识和信息。

此外，未成年人的馆藏资源从形式上还可分为印刷型和非印刷型。印刷型主要为经出版社印刷出版的纸质版书籍，包括图书、杂志、期刊、剪报、画报、手册、小册子等；非印刷型主要包括各类多媒体资源，如：磁带、光盘、CD、DVD 等，还有数据库资源、电子资源、网络资源等。Clark L. 提到把儿童图画书改变成音频是一种不同的体验，音频需要一个情感和感官接触，以及了解一些声音的信号意义，它可以使阅读变得有

---

① 蒋秋玉：《关于少儿馆特色馆藏建设和特色职能部门设置的思考》，《中小学图书情报世界》2003 年第 9 期。

② Dungworth N. , Grimshaw S. , Mcknight C. , Morris A. Reading for pleasure：A summary of the findings from a survey of the reading habits of year 5 pupils ［J］. New Review Of Children's Literature & Librarianship, 2004, 10 (2)：169 – 188.

趣。听也是另一种形式的沟通，可以把它分成个三部分：口语、音效和音乐①。"其他 – 5"也提倡利用数字媒体来吸引儿童的注意力，提供创新的图书馆幼儿服务。

"其他 – 6"提到，图书馆还需要为年龄较小的儿童提供一些大字体的图书、画册、识字书、硬板书、绘本等，学龄前儿童喜欢通过看图画书、画册、卡片来认识数字、字母、简单的动物、水果、蔬菜的名称等，图画书可以帮助他们初步认知日常事物，是重要的馆藏资源。② 硬板书一般质地结实耐磨、不易损坏，有利于婴幼儿通过撕扯等方式来认知图书。而面对有特殊需求的儿童，比如有视听障碍的儿童，图书馆应提供盲文图书、有声读物等资源。此外，玩具是图书馆面向未成年人提供的一种特殊资源，它虽然不是图书，但十分有助于儿童早期的语言、智力及读写能力的启蒙和发展。图书馆一般会在与孩子互动交流时按故事内容配备相应的玩具或道具，比如人物玩偶、小皇冠、小石子等，使孩子在娱乐中学习。因此，玩具也是非常重要的未成年人专门馆藏资源。

（二）专门馆藏资源建设

馆藏资源是图书馆服务的基础和核心，其建设和发展包括对资源的选择、维护、剔旧、更新等众多方面。为了更好地开展未成年人服务，图书馆必须重视未成年人馆藏的建设和发展。国外很多公共图书馆提出了它们的战略计划。首先，图书馆计划将青少年馆藏定位于补充校园资料、支持学科课程与提供休闲资料，如 Hickory 公共图书馆、Crowell 公共图书馆与霍华德郡公共图书馆都将采集资源聚焦于小说、健康、职业、兴趣、艺术、电脑、社交历史、科技、语言等方面，并建设与家庭作业相关的馆藏资料。其次，图书馆提出将馆藏资源加工、组织为适用于青少年的内容，如沃兹沃斯公共图书馆提出将馆藏资源加工为多种格式，提供概念性图书馆并设立儿童书架与家长书架；Rideau Lakes 公共图书馆、汉卡克郡公共

---

① Clark L. Speaking pictures: the role of sound and orality in audio presentations of children's picture books [J]. New Review Of Children's Literature & Librarianship, 2003, 9 (1): 1 – 19.

② Rankin C., Brock A. Delivering the Best Start: A Guide to Early Years Libraries [M]. London: Facet Publishing, 2008: 40.

图书馆与 Crandall 公共图书馆在规划中指出要发展有声读物，向未成年人提供诸如 Tumble Books 与 E-story-books 的新型电子书；沃辛顿公共图书馆还提出，要将资源充分组织起来，向父母提供包含光盘、MP3 等格式的家长资源包等。[①]

此外，由于购书经费有限，馆藏资源的选择便尤为重要。馆员可通过直接询问儿童、回答咨询服务和平时的活动互动中了解孩子们喜爱的图书、主体种类等。同时需要及时关注各大少儿出版社、网上书城、网络儿童图书社区等的新书动态和最新排行，并辅助参考书评良好的书籍。另外，国内外均有较知名的童书大奖如美国的凯迪克奖、英国的卡内基奖、我国的冰心儿童文学奖、宋庆龄儿童文学奖等，也是馆员挑选图书的一个重要依据。图书馆需要有一定量的复本，特别是借阅次数较多、受孩子喜欢的书籍，馆员也要定期对馆藏资源进行维护和更新，对破损、污染严重的图书要及时处理和剔旧，对内容陈旧、长期无人借阅的图书要及时下架。

四　关于服务内容和方式的知识

公共图书馆的未成年人服务一般包括阅读指导、参考咨询和家庭作业的辅导等内容，这些都是未成年人到图书馆可以随时享受的服务，不受时间、地点的制约。但三者有时很难分开，馆员提供的服务通常包含了三者，这些服务都是为了帮助孩子的学习与成长，推动他们成为终身学习者和自主学习者。

（一）阅读指导

纷繁复杂且多样的儿童读物会在一定程度上导致儿童对自身阅读素材选择的困难。这时，馆员可以根据孩子的需要和自身的知识积累帮助他们选择图书。阅读指导是馆员帮助孩子找到适合他们阅读兴趣和阅读水平的图书的过程，根据儿童的需要还可以用列书单的方式为他们推荐图书。阅

---

① 赵婵、张宏翔、於维樱、孟银涛：《公共图书馆开展未成年人服务战略研究》，《图书馆工作与研究》2013 年第 7 期。

读指导服务是将儿童与图书馆联系起来的纽带，可以使图书馆的儿童读物得到充分的利用。在阅读指导的过程中，有时会出现老师和家长为孩子选择他们认为有意义的书的情况，Stippich S. 提到许多父母可能不太适合做孩子的第一任老师，被推荐的书可能不符合孩子的阅读水平，孩子也可能对那些书不感兴趣。为了解决这一问题，馆员要求家长利用与孩子一起在图书馆的时间分享用自己的话给孩子讲故事，并反思其知识和技能。[①] 图书馆更强调对孩子阅读兴趣和阅读习惯的培养，希望孩子可以阅读他们喜欢的书，因此，馆员的阅读指导并不是决定了孩子要读的书籍，对图书的选择权最终还是在孩子手上。

为了做好阅读指导的工作，馆员平时应多注意相关知识的积累，如对最新的儿童出版物应该有所了解，阅读相关儿童文学评论的期刊和杂志，了解图书馆借阅量大和书店畅销的儿童读物，与同行之间多沟通交流，尽量通过各种渠道和方法熟悉各类型的儿童读物。馆员必须在了解各种儿童读物的基础上才有可能根据孩子的不同需求推荐出较为适合他们的书籍。因此，要求负责未成年人服务的馆员对儿童读物的知识积累和储备水平较高。同时，馆员在阅读推荐时也应首先基本了解一下孩子的大致情况，如以前读过哪些书、喜欢什么类型的书、阅读水平是怎样的等，这样可以更加准确地为孩子推荐他们所要的书籍。

（二）参考咨询

参考咨询作为公共图书馆未成年人服务的传统服务方式之一，是连接馆藏资源和未成年人读者的桥梁，但它通常与阅读指导和家庭作业帮助等联系在一起同时进行。一般地，针对未成年人的参考咨询服务要比针对成年人的难度大、要求高，因为少儿馆的馆员需要对孩子的课程情况有所了解、具备多方面的知识，此外还要有较强的沟通能力和亲和力，能够用孩子可以理解的方式来解答他们的问题。目前，少儿图书馆与公共图书馆的少儿服务部门的参考咨询服务多是解决借阅数量、藏书位置、借阅期限等

---

① Stippich S. Reaching Outside the Library Walls ［J］. Children & Libraries：The Journal Of The Association For Library Service To Children，2017，15（1）：38 - 39.

基础问题，深度和广度不够。

（三）家庭作业辅导

家庭作业的辅导服务主要针对的是学龄儿童，他们已经开始了在校学习，因此来图书馆的时间多是放学后或者周末，还有假期。作业辅导是图书馆服务中难度比较高的，要求馆员熟悉孩子所学的课程，提前了解孩子的作业内容并做好相关资料的查找和推荐的准备。由于馆员很多时候并不具备指导孩子专业知识的能力，图书馆通常会请一些获得教师资格认证的人员来对孩子进行辅导，如美国的芝加哥公共图书馆就有"图书馆中的教师"项目，聘请教师在课后来图书馆为学生提供帮助。另外，"LU-11"中主要针对的在家庭中接受教育的孩子在家庭作业方面也应有特殊的计划，图书馆员应该了解此类型未成年人对于家庭作业的需求并促使他们和在校学习儿童相对比的公平性。"其他-8"认为社区图书馆馆员应该充分了解儿童所在社区的背景，了解这些儿童的生活和经历，有针对性地在家庭作业和父母互动上给予帮助。[①]

除了在馆内的作业辅导外，一些图书馆也利用网络在网上设置了在线辅导，孩子可以通过打电话、发邮件、即时通信等方式向馆员寻求帮助和指导。通常，年龄较小的儿童还不具备使用网络的能力和操作计算机的技能，所以通过网络来获取作业辅导的人群多是高年级的学生。

（四）其他服务内容

除了以上服务内容，也包括馆员给未成年人讲故事、开展书话会等活动。美国的威尔逊等图书馆最初开展了名为"故事时间"的讲故事活动，目的是希望促进孩子们之间的交流、培育他们对书籍的热爱及使他们能容易地适应学校生活。讲故事活动主要面向 12 岁以下的儿童，还可进一步细分为 0~2 岁、3~4 岁、5~7 岁和 8~12 岁四类群体，由于婴幼儿还不具备独立行动和思考的能力，听故事时需要家长的密切配合，馆员也可以对家长进行辅导，使家长也可以在家中开展讲故事活动。20 世纪 50 年代，阅读领域出现了很多具有积极作用的技巧，包括表演故事、重复诵读、根

---

① Walter V. A. Children & Libraries：Getting It Right ［M］. Chicago：Amer Library Assn，2000.

据歌曲和诗歌的韵律拍手等，馆员积极地把这些阅读技巧运用到给孩子讲故事中去；书话会也是馆员向读者推荐书籍并与他们一同分享阅读乐趣的一种活动，主要面向儿童及青少年，这一年龄段的孩子已基本具备了独立阅读的能力，需要馆员引导他们如何以及怎样选择适合阅读的书籍。

（五）服务方式

图书馆可以面对未成年人开展基于图书馆设施的服务、基于文献资源的服务和基于网络的服务等。馆舍本身是图书馆提供服务的最基本要素，由于儿童的年龄特征，他们需要实际的场所来参与活动，与图书馆互动。这也就对图书馆的馆舍设计有了较高的要求，要更多地考虑到儿童的特征，打破常规的设计模式。

少儿馆藏应该多样化，并注重文献的保存和突出地方文献特色。在电子资源方面，应设置少儿电子书资源、网络资源链接和联机资源，并重视版权问题，尤其是网络优秀资源的整理和链接方面，省去了少年读者自行查找时间、提高了参考咨询服务的效率。

图书馆应有自己的门户网站，并提供少儿用户单独的网站入口。书目检索、网上借阅服务是网站的基本功能，绝大多数网站可以实现这两项功能，但也有相当数量的图书馆，因为经济或技术原因难以实现网上借阅。在这方面，香港及国外网站做得较好，香港公共图书馆网页多媒体系统可以收听电台，美国芝加哥公共图书馆可以提供线上家庭作业帮助服务，日本国际儿童图书馆定期推出主题电子图书、外文儿童电子图书服务等。

目前，未成年人较早就可以接触到数字时代的产物，他们也会使用电子产品来满足阅读需要。手机、平板电脑等移动终端在生活中的重要性催生了移动阅读，也使基于网站的图书馆服务不仅仅停留在电脑终端，微博服务、APP 客户端服务、微信服务等服务方式随着新媒体的发展逐渐兴起。

五 关于服务空间的知识

图书馆不仅是供未成年人学习、阅读的场所，同时也是孩子成长必不可少的乐园。因此，图书馆未成年人服务的空间环境建设就显得十分重要，建筑设施、布局装饰等都要符合未成年人的生理和心理特点。图书馆要从孩子的角度出发考虑设备的摆设、装饰的格调、书籍的布局等。运用科学合理的方法，创造出符合未成年人成长规律、生活特性的，可在其中学习、游戏和休息的快乐空间。

（一）空间环境的设计与布局

首先，供未成年人使用的图书馆空间应该是一个舒适、便捷的阅读环境，可以引起儿童的阅读兴趣。一个温馨和有吸引力的图书馆空间可以有助于未成年人和其家长或监护人以及与儿童工作相关的人员在其中自如、舒适地翻阅喜欢的书籍、获取所需的信息等。儿童图书馆为了满足年幼儿童的需要，通常楼层不会很高，一层大开间的空间设计可以为推着婴儿车的家长、残障儿童提供更便捷的环境，减少了他们到图书馆的障碍。在家具的选择上，图书馆可以调查儿童的喜好，可以选择软垫式的座椅、长椅等让儿童坐着阅读时感到舒适。合理的利用自然物和自然元素也有利于孩子的阅读，靠近窗边，有柔和的自然光会促使儿童自然而然沉浸在阅读之中且有益于儿童的视力，适当的绿色植物不仅起到装饰的作用，还可以净化空气，使儿童的心平静下来，利于阅读。

其次，图书馆未成年人空间的设计也应该具有色彩感和趣味性。"其他 - 4"中重视 21 世纪图书馆对于少年儿童的建筑设计友好性，儿童感知外部世界首先就是通过眼睛来看，颜色作为同形状和光线一样重要的视觉元素，在图书馆空间的设计中应该好好利用起来。图书馆儿童空间里建筑的墙面、屋顶、地面、家具、装饰物、标识物的色彩应该协调，可以考虑地域、文化、时代等因素按主题设计不同的区域，也可以通过不同的颜色来区分区域的不同功能，如读者阅览室、儿童玩具室、活动培训室、休闲区等。当和谐的色彩与人的心理状态相吻合时，这样的空间环境会使人心情愉悦并愿意待在那里，比如儿童活动区可以选择鲜艳、干净、明快的颜色或者彩绘，使儿童心情愉快放松，愿意参与到活动中去。同时，空间的布局、设计也应注意趣味性，这可以体现在家具的摆设、装饰物的运用上，充分契合儿童童真爱玩、活泼的特性，使儿童愿意主动的到图书馆来，图书馆不仅是儿童学习知识的圣殿，同样也是休闲、游戏的天堂。

再次，未成年人图书馆的环境建设应该更加注重安全性。年纪较小的儿童还不具备辨别危险的能力，在他们可触及的地方不应该有可能会对他们造成伤害的陈设。室内的电源插头、开关、消防栓等，应该放在儿童触碰不到的地方，以免发生危险。桌子、椅子应该选择圆角的，以免孩子撞伤。室内摆设的植物应该选择无毒无害的，以免儿童误食或者过敏等，仙人掌等有刺的植物不宜摆放在儿童可以够到的地方，以免刺伤儿童。平时，馆员应该对儿童定期进行安全指导，可以安排适当的安全演练，以应对突发事件，如火灾、地震等自然灾害。总之，图书馆应该尽一切努力排除安全隐患，为儿童营造一个安全、舒适的空间环境。

最后，图书馆应营造一个适合全面且多样化服务的空间环境。图书馆首先应充分满足未成年人的需要，为儿童朗诵表演、话剧表演等提供场地，为亲子阅读等活动提供空间。馆内除了有供儿童阅读的书籍外，也应配备益智玩具、科学实验设备、电子阅读器等多媒体资源，以满足儿童的不同阅读需要。图书馆在满足未成年人阅读与活动的同时，也应考虑到家长或监护人、教师以及其他儿童工作者的需求，为他们提供交流的空间，如家长交流室、休息室等。为照顾到幼小儿童应设置专门的儿童洗手间，并应有母婴室，为妈妈们提供给孩子换尿布的设施、婴儿车等。为未成年残障人士提供轮椅、扶手、专用通道等设施和服务。

（二）不同年龄段儿童图书馆空间设计的侧重点不同

伴随着年龄的增长，孩子心智和生理也会有变化，不同年龄段的孩子对图书馆的空间需求也有所差异，因此，婴幼儿、儿童、青少年与年轻人的空间环境建设应该有不同的侧重点。

婴幼儿年龄较小，自己还无法来图书馆，都是家长或监护人陪同一起来的，他们可能还不会走路，喜欢爬行或坐在地上。因此，婴幼儿空间应该在地板上铺上地毯或泡沫爬爬垫，供儿童玩耍，也可以按地毯颜色圈出不同的区域以区分功能。婴幼儿自己无法使用卫生间等设施，需要成人陪同，可能还在哺乳期的妈妈也会带孩子来接受早教，因此，儿童卫生间和母婴室是必要的，还需要有供妈妈给孩子换尿布的地方。婴幼儿空间的布局应尽量采用圆角桌椅和书架，尽量避免在室中心放置物品，以免婴幼儿撞到或磕碰。婴幼儿没有很强的自控能力，可能会大喊大叫甚至大哭，会对图书馆的其他读者造成影响，较好的隔音设施是婴幼儿空间所必需的。婴幼儿一般免疫力较差，设施应该定期消毒，空间保持良好的通风，冬天应该注意保暖，以保证孩子的健康成长。

儿童往往对这个世界有了初步的感知与认识，比较有好奇心、喜欢新鲜的事物，在儿童空间内应该尽量多元素、多元化。墙壁、地板、室内设施和装饰可以选取鲜艳的颜色，桌椅和书架最好可以灵活组配，如孩子需要独立的空间时，书架可以当隔板使用。室内可以摆放一些绿色植物、手工艺品、玩具，以激发孩子的兴趣，使孩子愿意到图书馆来。部分儿童还需成人陪同到馆，所以需要安排亲子阅读区，方便家长与孩子一起读书。这个阶段的孩子一开始有了认知事物的能力，可以配备电子设备等，教孩子简单使用，也可以先教会家长，进而让家长教孩子如何使用，有利于促进亲子关系。图书馆面向这一阶段的孩子会组织很多活动，活动区和阅读区应该分开有独立的空间，根据每次活动的不同主题来制定方案、装饰空间，以激发孩子的阅读兴趣。

青少年已基本形成独立思考的能力和行动力，可以独自来图书馆，这个年龄段的孩子比较注重个人空间和隐私，通常有青春期的叛逆情绪，喜欢独处，所以图书馆最好为他们提供单独的空间，可以用隔断或书架分割空间。他们比较注重个性，不喜欢被管束，可以自己选择想要阅读的书籍，强调趣味阅读，他们已具备了使用机器的能力，馆内要配备计算机等设备供他们使用。这一年龄段的孩子来图书馆的主要目的之一是寻求作业帮助，所以必要的学习空间和工具亦是必要的。除了阅读区也应该设置休闲娱乐区，供孩子们休息、交流，可以选择比较舒适的休闲沙发等家具，或者在地板上摆放小垫子等。

六 关于服务管理的知识

图书馆未成年人服务管理的相关知识涉及的学科领域众多，可划分为服务战略管理、服务集成管理、服务质量管理、服务营销管理、服务环境管理和服务文化管理等，其核心内容是以提高服务系统的运作效率为目标，通过合理的配置与管理来实现各部分功能的效能最优化。其主要内容如下。

（1）服务战略管理。图书馆自身运用战略管理的思想，分析未成年人服务的内部条件与外部环境，剖析各方面可能带来的机遇与挑战，对内部资源进行优化配置，充分了解自身的优势与劣势，培养核心竞争力，提升青少年读者的满意度。因此，服务战略管理起到总谋划的作用，是图书馆进行各类服务活动的中长期行动纲领。

（2）服务集成管理。所谓集成，是指两个或两个以上的要素（单元、子系统）按照一定的集成规则进行组合和构造，集合成为一个有机整体，其目的在于提高系统的整体功能。图书馆集成管理，就是指将集成思想引入图书馆管理之中，用以指导图书馆管理实践，实现网络信息技术、文献信息资源、机构、人员等各种资源、要素的全方位优化组合，促进各项要素、功能和优势之间的互补、匹配，从而促成管理活动整体效能和效率的提高。①

（3）服务质量管理。最大限度的满足未成年人的需求是服务质量管理的基本目标。因此做好服务质量管理首先要了解其基本的形成机理，熟悉服务质量的构成和特征，做好服务设计与规划，明确管理目标。其次要建立相应的控制体系，制定管理策略，落实好服务质量的评估，最后要做好改进和必要的补救工作。

（4）服务营销管理。服务营销理论作为图书馆管理中一种较新的理念与方法，有利于提升图书馆服务效益、节约营销成本、转变组织管理模式。其坚持以读者为中心，合理平衡馆内资源，制定科学的营销计划。主要内容包括服务营销的调研、营销活动的策划与组织实施、营销过程的控制与评价等。

（5）服务环境管理。图书馆服务环境包括资源、服务过程、人员、场所等服务系统中的所有因素，服务环境直接影响读者的认知、情感与行为，因此是服务管理的重要组成部分之一。对服务环境的管理与控制有利

---

① 李建平：《图书馆：服务管理、质量管理与集成管理》，《图书馆界》2004 年第 2 期。

于推动服务过程的顺利完成、为未成年人读者与馆员的互动提供良好的环境气氛、刺激未成年人做出积极健康的行为反应，从而提高服务质量与体验度。

（6）服务文化管理。服务文化是在长期发展中逐渐积累沉淀而成的，并随着时代和环境的变化不断完善和发展。图书馆服务文化就是图书馆在服务过程中形成的价值观念、群体意识、思维方式和行为准则的总和。①包括精神文化、物质文化、行为文化等的文化体系。服务文化渗透于图书馆服务管理的一切活动之中，是图书馆形成服务特色的先导因素。建立健全一种适合于本馆的服务文化，是提升图书馆服务管理的治本之举。②

七　理论知识体系图构

根据上述内容，构建了未成年人图书馆与信息服务理论知识体系，该部分由七大知识内容组成，如图 3 - 1 所示。

第三节　未成年人图书馆与信息服务
应用知识体系梳理

一　关于服务活动的应用知识

（一）未成年人服务活动概述

开展服务活动是图书馆未成年人服务必不可少的，读者活动的开展有助于图书馆信息传递、社会教育、休闲娱乐的职能发挥得更好。现代图书馆倡导积极主动的服务，儿童图书馆经过精心设计、策划出各种各样的读者活动，有利于丰富读者的服务体验，同时也会吸引未成年人走进图书馆、了解图书馆，成为图书馆的活跃用户。未成年人善于接受新事物，喜欢交流、互动，喜好多种接受信息的方式，对未成年人开展阅读活动可以使他们体验到阅读的乐趣、感受到知识的力量，并在阅读之外，增加新的

---

① 李雪仙：《构建和谐的公共图书馆服务文化》，《农业图书情报学刊》2010 年第 4 期。
② 李海英：《图书馆服务管理》，国家图书馆出版社，2011，第 7 页。

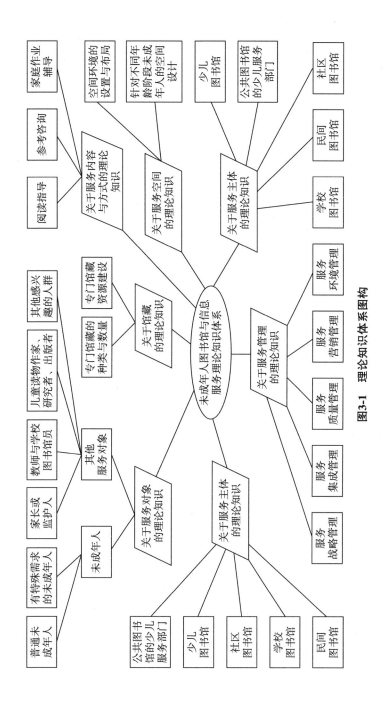

图3-1 理论知识体系图构

学习与交流的机会。"其他 -7"作者 Rosanne Cerny 和 Penny Markey 提到,当图书馆设计服务于未成年人的活动时,应该从不同年龄阶段着手,满足所有年龄阶段未成年人甚至其家长的需求。在进行服务活动时,不仅需要考虑图书馆自身的目标,也需要使服务活动符合社区发展的需求。[①]

IFLA 在《青少年图书馆服务指南》中推荐的未成年人服务活动类型有:(1)书话会、讲故事与图书推广;(2)讨论小组与俱乐部;(3)健康、求职与热门话题等交流活动;(4)邀请作家、运动员或当地人名人;(5)举办音乐、艺术和话剧等文艺演出;(6)与机构、团体合作组织活动;(7)话剧、出版物、电视和录像等青少年作品;(8)组织技能培训、创意表达屋;(9)阅读辩论会。[②] 除此之外,笔者认为图书馆可设计的服务活动还包括手工实践活动、科学知识讲解、诗歌会、写作活动等,开展这些活动的目的是充分利用图书馆的馆藏资源,使未成年人在其中有所领悟。任何活动的举办都要考虑到场地、时间、人员等因素。因此在活动开展前,馆员首先要做好活动项目的策划,以确保活动可以按计划步骤有组织、有纪律的顺利进行,在活动结束后,也要做好相应的反馈、总结与评估工作。馆员在组织这些活动时,扮演的是引导者的身份,对未成年人的家长将会有参照性的影响,所以馆员在组织活动时具有重要的作用。

(二)未成年人主要服务活动内容与方式

1. 讲故事

讲故事是公共图书馆开展的比较普遍的一种服务方式,主要面向婴幼儿、学龄前儿童展开。讲故事是指在特定的时间和环境内,由馆员面对面的向孩子口头讲述如童话、寓言等民间文学的一种即时交流和分享的过程。

美国图书馆界最初开展了名为"故事时间"的讲故事活动,如威尔逊图书馆。目的是希望可以促进孩子们之间的交流、培育他们对书籍的热爱

---

① Cerny R., Markey P. Outstanding Library Service To Children [M]. Chicago: Amer Library Assn, 2009: 49 - 50.

② IFLA, Guidelines for library services for young adults [EB/OL]. [2017 - 03 - 27]. http://archive. ifla. org/VII/s10/pubs/ya-guidelines-en. pdf.

及使他们能容易地适应学校生活。讲故事活动主要面向 12 岁以下的儿童，还可进一步细分为 0~2 岁、3~4 岁、4~7 岁和 8~12 岁四个群体，由于婴幼儿还不具备独立行动和思考的能力，听故事时需要家长的密切配合，馆员也可以对家长进行辅导，使家长在家中也可以开展讲故事活动。20 世纪 50 年代，阅读领域出现了很多具有积极作用的技巧，包括表演故事、重复诵读、根据歌曲和诗歌的韵律拍手等，馆员积极地把这些阅读技巧运用到给孩子讲故事中去。

将音乐、声音、歌曲应用在讲故事活动中，有利于吸引儿童的注意，使儿童兴奋并产生兴趣。他们能够简单思考并将歌曲代入故事中，将故事和歌曲联系在一起，有利于增进儿童对故事的体验。Farmer L. 提到讲故事和书话会可以结合研究工具、视听辅助和通信工具等技术手段，促进讲故事活动的数字化等发展变化。最佳做法是图书馆提供技术资源，为孩子们讲故事，并指导他们使用。[①]

2. 书话会

书话会是馆员向读者推荐书籍并与他们一同分享阅读乐趣的一种活动，主要面向儿童及青少年，这一年龄段的儿童已基本具备了独立阅读的能力，需要馆员引导他们如何以及怎样选择适合阅读的书籍。书话会一般由馆员讲解，面向儿童及其家长来进行图书推荐，馆员会事先按不同的主题与类型把想要推荐给大家的图书进行分类汇总形成书单，把书单发给孩子们。然后馆员会用有趣的方式来向孩子们介绍图书的主要人物、内容情节等，并鼓励孩子之间、孩子与馆员进行互动与沟通，可以就有关图书的任何问题进行讨论，以激发孩子的阅读兴趣，使他们产生阅读冲动。

馆员作为书话会的主导者，对书话会的成功举办起着至关重要的作用，因此，在开展书话会活动之前，馆员的充分准备十分重要。第一，馆员要推荐给孩子的书籍要自己先阅读过全书，在了解书籍的基础上才能更好地推荐给他人，在孩子对此书有疑问时，才能更好地解答，如果馆员自

---

① Farmer L. Using technology for storytelling: Tools for children [J]. New Review Of Children's Literature & Librarianship, 2004, 10 (2): 155 – 168.

已都不了解，是无法很好的向孩子介绍书籍的，更难引起孩子的阅读兴趣。第二，馆员在推荐书籍时要讲究方法、运用技巧，不要复述整本书的故事，不要讲出结尾，要有所保留，用有趣、生动的语言演绎故事情节，这样才能勾起孩子的好奇心，激发孩子的阅读欲望。第三，馆员应注意在图书推荐的过程中多次强调书籍的名字和作者或者是插图的内容，方便孩子及时在书单上标注他们喜欢的图书或记住书的名字。介绍的书籍要保证图书馆有馆藏和充足的复本，以便活动结束后孩子们借阅。第四，馆员要对参加活动的对象有所了解，知道不同年龄段的孩子"喜欢什么类型的书？什么话题的书？什么样的书能激起他们的阅读兴趣？当下的儿童畅销书有哪些？"等，这些还需馆员平时的积累。

书话会活动可以使孩子在短时间内找到、明确其喜欢的书籍并愿意主动阅读，有利于提升儿童的阅读效率和阅读质量。图书推荐目录如同优秀图书的推广广告，在帮助儿童确定阅读目标的同时也可以拓宽孩子的阅读视野，孩子们通过书话会了解到他们未知的领域，激发阅读欲望，有利于养成热爱阅读的好习惯。

二 关于服务合作网络的应用知识

（一）与学校合作

学校图书馆、独立建制的少年儿童图书馆以及公共图书馆的少年儿童服务部门是专门为儿童提供服务的机构，学校图书馆是课堂教学的重要补充和拓展机构，是正规学校教育体系中的重要组成，丰富了教师的教学手段和方式；独立建制的少年儿童图书馆以及公共图书馆的少年儿童服务部门是社会教育中的关键部分，是帮助儿童培养良好阅读习惯、陪伴儿童健康成长的重要场所。学校是未成年人教育的重要阵地，不仅教给未成年人各种各样的知识，也同样引导未成年人形成正确的人生观、世界观和价值观。图书馆与学校的服务对象相同，并在核心素养培育等方面目标一致。因此，双方的合作是十分必要的。Nelson J. T. 和 Ingraham D. J. 讨论了截至 2015 年 12 月美国的学校和公共图书馆的运作情况，重点是公共图书馆员希望学校图书馆的同行了解前者的工作性质并进行合作，包含帮助学生协调知识与资源、为学生提供计算机、网络和学习软件等。[①]

图书馆与学校可以采取多方位的合作：（1）合作推广活动，图书馆员与学校沟通，使老师带领学生参与活动，促进未成年人阅读习惯和能力的培养，可以举办班级读书会、故事会、征文比赛、亲子阅读等活动；（2）学校引导学生走进图书馆、利用图书馆，培养未成年人的图书馆意识和阅读意识，可以联合举办"图书馆之旅""图书馆零距离"等活动；（3）联合建馆，即公共图书馆和学校通过签订合同，采用总分馆形式在学校设立分馆，或者设立公共图书馆学校服务点。联合建馆可以节约经费、共享馆藏资源，使图书馆与学校的联系更加密切，共同为未成年人提供更优质的服务。

（二）与政府有关部门和德育机构的合作

政府有关部门有着巨大的资源和强大的号召力、动员力及协调力，图书馆的发展离不开政府的政策、人力物力的支持，同样，政府需要图书馆等文化部门的支持，推进城市文化的发展、推动国民素质的提升。图书馆未成年人服务着眼于培养未成年人阅读意识、阅读兴趣与阅读习惯，提高未成年人的综合素质。

图书馆可以与政府教育部门、教育局、文明办、团委、文化局等德育工作机构合作开展道德实践活动，吸引未成年人积极参与进来，面向广大中小学生举行英雄烈士事迹演讲比赛、自然科学知识科普展、历史人物事迹展等活动，寓道德教育和文学体验于活动之中。同时，联合各类爱国主义教育基地、科技教育基地、德育基地等，利用重要节日和纪念日，图书馆可以组织未成年人参观基地、参与野营活动等，从而充分发挥阵地作用，促进未成年人的思想道德建设。与特殊职能部门如福利院、少管所、残联等合作开展道德实践活动，如走访福利院、聋哑学校等，培育未成年人社会责任感。[②]

---

① Nelson J. T., Ingraham Dwyer J. What the Public Librarian Wishes the School Librarian Knew [J]. Children & Libraries: The Journal Of The Association For Library Service To Children, 2015, 13（4）：26–27.

② 范并思：《公共图书馆的未成年人服务》，北京师范大学出版社，2012，第17页。

（三）与作家和出版发行机构的合作

儿童文学作品的形式多样，包含儿歌、童话、寓言、小说、儿童故事等，儿童文学多具有趣味性、文学性和教育性。它们故事性强、具有强烈的幻想色彩，艺术形象鲜明，情节生动曲折。只有优秀的作家才能创作出好的作品，作家向未成年人传播知识与精神，好的作品可以直接影响人的心智成长、激发儿童的潜能、愉悦儿童身心。未成年人服务机构应该加强与作者特别是儿童文学作家、科普作家的合作与沟通，例如可以举办作家见面会、作品交流会等活动，为作家与儿童面对面的交流创造机会，使作家了解儿童的阅读喜好和愿望，同时，也让小读者们近距离地感受作家的思想和魅力。

与此同时，图书馆与出版发行机构合作也是十分必要的，一是图书馆可以获取最新的出版发行信息，充分选择与采购适合未成年人的相关文献。二是可以通过出版社和发行商及时了解到未成年人的阅读喜好及趋势，掌握儿童的阅读兴趣所在，更好地为未成年人提供阅读服务。三是图书馆也可以作为出版发行机构与小读者连接的桥梁，优秀儿童文学作品的发行与推广可以借助图书馆的大平台进行，双方可以合作举办优秀作品签售会、最受欢迎的儿童作品评选等。

（四）其他合作

图书馆未成年人服务的外部合作是全方位的，未成年人的成长受到社会各界的关注，因此合作的对象不限于学校、政府相关部门、德育工作机构、作家与出版发行机构。（1）图书馆还可以与社区合作。在国外，社区图书馆是老人和儿童的重要活动场所，如 Prendergast T. 在其撰写的文章中介绍了加拿大国家公共图书馆在 2004～2008 年实施的"早期社区计划"实践，该实践由五位专业图书馆员与温哥华的家庭服务机构和社区成员合作，帮助家长进行婴幼儿的早期教育，为孩子营造充分的识字和语言学习机会和环境，并培养家庭整体的识字习惯等。[①] 我国目前较少有社区图书

---

① Prendergast T. Beyond Storytime ［J］. Children & Libraries：The Journal Of The Association For Library Service To Children，2011，9（1）：20 - 40.

馆，根据我国现状，图书馆可以在基层设置流动或长期服务点，与社区居委会合作引导小区的未成年人参与社区读书会、送书和送知识等活动。同时，我国政府应重视起来，加快社区图书馆的建设步伐。（2）与民政部门和医疗机构合作。在结婚登记处、计生部门为新婚夫妇提供产前阅读礼包，通过阅读、讲座指导育龄妇女了解新生儿阅读知识，发放胎教类、亲子类书籍。（3）与电视台、电台、报纸、互联网等媒体合作。无论是传统媒体还是新媒体都具有多样化的特点、新闻传播迅速，加上网络的普及性，这为未成年人的阅读推广提供了广阔的舞台。图书馆可以利用儿童的课余时间和假期，通过与媒体合作在各大平台报道图书馆的暑期活动、阅读推广活动，引起未成年人和广大家长的关注和重视，使更多的人了解图书馆和图书馆未成年人服务。同时，与媒体合作在提高活动关注度和树立良好的图书馆声誉方面有着重要作用。

三 关于服务最佳案例的知识

（一）服务最佳案例目录

国际上有不少针对未成年人的图书馆与信息服务优秀案例，根据国际图联出版的《全球视角下的学校图书馆：项目与实践》（ *Global Perspectives on School Libraries* ）[1] 以及《学校图书馆指南（第二版）》[2] 中提到的案例，笔者收集了部分服务最佳案例整合如表 3 - 3 所示。

表 3 - 3 服务最佳案例目录

序号	案例名称	发起国	服务内容	时间
1	Readathon-Namibian Children's Book Forum 阅读马拉松：纳米比亚儿童图书论坛	纳米比亚	在学校面向学生举办以纳米比亚土著语言为主要导向的母语培育阅读活动	1988 年起

① Marquardt L. & Oberg D. Global Perspectives on School Libraries [M]. Mörlenbach：IFLA Publications. 2011.

② The IFLA School Libraries Section Standing Committee. IFLA School Library Guidelines, 2nd edition [EB/OL]. (2015 - 06) [2019 - 05 - 21]. https://www. ifla. org/files/assets/school-libraries-resource-centers/publications/ifla-school-library-guidelines-zh. pdf.

续表

序号	案例名称	发起国	服务内容	时间
2	Bookstart 阅读起跑线	英国	全世界第一个面向学龄前儿童的免费赠书运动	1992 年起
3	Bringing Books to Remote Communities 把书带到偏远地区	肯尼亚等七个国家	在交通不便、信息贫困的偏远地区使用多种交通方式将图书馆的资源服务于偏远地区的少年儿童	1996 年起
4	Xanadu Project Xanadu 计划	意大利	面向意大利不同地区 13 至 16 岁的高中生提供关于启发性反思和批判性思维和人际沟通的培训	2004 年起
5	Babelio Challenge Babelio 挑战活动	法国	利用社会文学网络鼓励阅读和促进儿童文学	2007 年起
6	The Norwegian School Library Program 挪威学校图书馆计划	挪威	为中小学生提供全面的信息素养教育	2009 年起
7	Reading Opens all Doors 阅读打开所有门	澳大利亚	面向中学生提供基于课程的嵌入式图书馆素养培育服务	2010 年起
8	GiggleIT and Global Citizenship Project "咯咯笑"信息技术与全球公民项目	美国	让未成年人通过国际学生联合会网站参与写作和阅读培训课程和比赛,体验各国多元文化	2010 年起
9	"Body in the Library": A Cross-Curriculum Transliteracy Project 图书馆中的"谋杀案":跨学科项目	澳大利亚	通过创造模拟的案例事件使未成年人通过情景游戏体验文学故事、科学知识	2010 年起
10	HIV/AIDS Corners 艾滋病毒/艾滋病项目	博茨瓦纳	在学校图书馆设立"艾滋病角落",普及防病知识	2010 年起
11	Lubuto Library ProjectLubuto 图书馆项目	美国	为赞比亚的孤儿和其他弱势儿童和年轻人提供文化资源和教育活动	2011 年起
12	CILIP Carnegie and Kate Greenaway Children's Book Awards Shadowing Project CILIP 卡内基和凯特格林纳威童书大奖跟随计划	英国	根据 CILIP 卡内基奖和凯特·格林威奖制订了一个完善的跟随计划激励全英阅读活动	2013 年起

英国是世界上较早为未成年人提供图书馆专业性服务的国家之一,公共图书馆一般都设有专门的儿童阅览室,社区也会有提供给儿童的专门阅读空间。其在全国范围内开展的未成年人服务活动种类众多,在阅读推广

方面做得尤为出色，很多活动项目被美国、日本、新加坡、澳大利亚等国家所借鉴。如 1992 年发起的"阅读起跑线"项目、1997 年启动的"全国阅读年"活动、1999 年推出的"夏季阅读挑战计划"和设立"确保开端"（Sure Start）等。其中，"阅读起跑线"项目是由图书信托基金会（Book Trust，简称基金会）组织推动的世界上首个国际性的婴幼儿阅读服务项目，经过 20 多年的经验积累，运作较为成熟、成效显著，且有专门学者对该项目进行系统性的、长期的追踪评估。下面以"阅读起跑线"项目及其合作网络为例，浅析相关服务最佳案例的内容及影响。

（二）"阅读起跑线"项目活动分析

"阅读起跑线"项目通过为不同年龄阶段的婴幼儿选择适宜的图画书、导读手册、推荐书单等以"阅读礼包"的方式赠送给婴幼儿父母，作为鼓励父母陪伴孩子阅读、促进孩子培养早期素养的方式。[①]

赛恩斯伯里的股份有限公司（Sainsbury's PLC）为该项目资助 600 万英镑用于 1999～2000 年间的活动经费。项目无偿为每名儿童提供价值 60 英镑的图书或资料，尽可能使每个英国孩子在婴幼儿时期就可以从图书中获益。图书或资料的发放会根据年龄来划分：对 0～1 岁的孩子在 8 个月大的时候发放婴儿包（bookstart baby pack）；对 1～2 岁的学步儿童发放含有彩笔、画板、小册子的高级包（bookstart plus pack）；对 3～4 岁的学龄前儿童发放宝藏礼物（bookstart treasure gift），内含有 1 本图画书、1 本教孩子获取所需图书方法的小册子、蜡笔、铅笔刀和文件袋等。此外，该项目还为视力障碍的 0～4 岁的婴幼儿提供专门的触摸图书包（booktouch pack），为听力障碍的婴幼儿提供阳光图书包（bookshine pack），为非英语国家的婴幼儿提供双语资料（Dual Language Materials），以确保有特殊需求的婴幼儿可以平等地拥有享受阅读、欣赏图片和利用图书馆的权利。

同时，项目设立"阅读起跑线一角"（Bookstart Corner），提供图书包来帮助儿童中心支持家庭阅读，还为影响运动技能的残疾儿童开设"阅读起跑线明星"（Bookstart Star）活动，以及"阅读起跑线小熊俱乐部"（Bookstart

---

① 周强：《国外公共图书馆 0～3 岁婴幼儿服务的策略》，《图书馆界》2015 年第 2 期。

Bear Club）包括阅读推荐、游戏、心愿单、阅读之旅等活动，还有故事游
（Stories Tour）、儿童图书周（Children's Book Week）等。

基金会希望他们的工作可以为儿童及其家庭在生活上带来变化，因
此，他们会定期对项目进行评估以确保活动可以产生积极的影响，并满足
儿童和家庭的需要。基金会委托专家和研究机构对项目进行独立评估，也
进行自己的评估，使用定量和定性两种方法来解读项目是如何运行的。[①]
从 1993 年开始，基金会便委托专家玛吉·摩尔、巴里·韦德通过问卷调
查、结构化与半结构化访谈、实验等方法对项目进行长期的、系统的追踪
评估。调查显示，参加活动的家庭更愿意到图书馆参与亲子阅读活动，到
访次数增加；参与调查的孩子对图书更有兴趣，阅读时更爱提问和回答；
拥有早期阅读经验的儿童，更加适应学校生活；接受过图书包的孩子在英
语、数学和科学测验中更为优秀；同时，图书馆员、托儿所工作人员、健
康咨询员以及活动的工作人员也表示项目对婴幼儿的阅读习惯和学习能力
等具有积极作用，影响了家长的教育观念和行为，向重视早起阅读教育和
亲子阅读转变。除了关注项目的结果与影响外，2010 年基金会还委托咨询
公司量化 2009~2010 年"阅读起跑线"项目所创造的社会经济价值，研
究发现政府每投入 1 英镑，该项目则为社会产生共计 25 英镑的经济
价值。[②]

（三）"阅读起跑线"项目合作网络分析

"阅读起跑线"项目逐步在全球各地进行推广和开展，平均每年增加
210 万名儿童及其家庭。该计划以"加盟"的模式吸纳更多的地区和国家
来参与，凡参与该计划的机构，在开展活动时都必须采用统一的模式，如
采用统一的"阅读起跑线"标志、统一的各类型免费包及其分发时间表
等，同时该计划的负责小组将为新加入的机构提供内容详细的活动开展指

---

① Bookstart. Bookstart around the world ［EB/OL］. ［2017 - 03 - 27］. http://www. bookstart. org. uk/research/.

② Just Economics. Bookstart 2009/10：A Social Return on Investment（SROI）Analysis ［R/OL］. ［2017 - 03 - 27］. http://fileserver. booktrust. org. uk/usr/resources/543/social-return-on-investment-june2010. pdf.

南、实践经验介绍和具体指导。① 同时，它也鼓励合作机构因地制宜地开展创新和特色活动。

在"阅读起跑线"项目的官网上列有支持者名单，包括亚马孙、英国艺术理事会、北爱尔兰艺术理事会等，它们为活动提供时间、资金、资料等的支持，是活动得以顺利开展的保障。2003 年，为有视力障碍的儿童提供的"触摸图书包"是由罗尔德达尔基金会（Roald Dahl Foundation）提供的 25000 英镑资助，由英国皇家视障研究院（The Royal National Institute of the Blind）、"清晰愿景"（Clear Vision）慈善机构和视障儿童教师负责设计和选择的图书资料。2004 年，英国政府设立"确保开端"机构为"阅读起跑线"项目提供辅助管理与经费资助。红房子书友会与儿童读物出版商每年为该项目提供价值 560 万英镑的书籍。项目与全球范围内的图书馆、学校、社区、政府部门、德育工作机构、健康教育机构、出版发行机构等展开合作，每个参与机构都需要与图书信托基金会签订合约，以确保双方的权利和义务。另外，基金会还为参加机构提供《全国"阅读起跑线"项目推广计划》（*Extending the National Bookstart Programme*），（简称《推广计划》）来指导机构发放图书包、开展活动以及收集数据或报告等。《推广计划》也提到了活动的策划宣传方法，如与新闻媒体合作，利用报纸、广播、电视等途径插入广告、召开新闻发布会、举办颁奖典礼等；与当地的商业机构合作，如超市、药店、童装店等，让他们协助派发与该项目相关的活动宣传资料。

在拥有逐渐丰富的实际经验与理论研究成果的基础上建立多元化的合作网络，将推进"阅读起跑线"项目向愈发完善的、系统的、更具有专业性的阅读推广模式迈进，从而提升世界影响力来吸引更多的地区加入该项目，惠及越来越多的孩子。

四 应用知识体系图构

根据上述内容，构建了未成年人图书馆与信息服务应用知识体系，该

① 陈永娟：《英国"阅读起跑线"（Bookstart）计划及意义》，《深图通讯》2006 年第 4 期。

体系由三大部分组成，如图 3 - 2 所示。

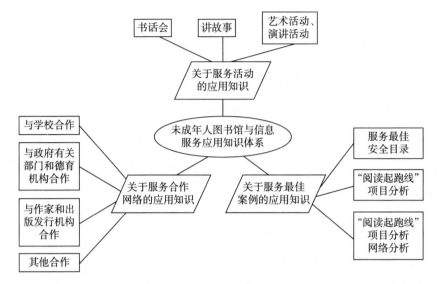

图 3 - 2　应用知识体系图构

第四节　中国情况

一　中国未成年人图书馆与信息服务专著情况

未成年人图书馆与信息服务专著类型主要以实际工作、服务指导教材为主，这方面我国起步较晚。1983 年前后，天津市少年儿童图书馆期刊《儿童图书馆》编辑部以经验汇编的形式出版《外国儿童图书馆、中小学图书馆工作经验汇编》和《中小学图书馆经验资料汇编》，主张搭建未成年人图书馆与信息服务实践经验总结与分享的平台。1991 年，著名图书馆学研究学者孟绂主编出版"儿童图书馆学系列教材"丛书，以指导未成年人图书馆与实践工作，后被"20 世纪中国图书馆学文库"收录。进入 21世纪以后，未成年人图书馆与信息服务成为公共图书馆培训教材中的重要专题，其中以"图书馆岗位培训教材"丛书和"全国基层文化队伍培训教材·公共图书馆系列"丛书两大系列中的《少年儿童图书馆（室）工作》和《公共图书馆的未成年人服务》两本教材影响覆盖范围较广。在学校图书馆方面，2003 年《中小学图书馆（室）规程》修订后，各省市教育装备局结合政策文本对中小学图书馆藏书建设、管理与服务等方面进行解读，为中小学图书馆的工作人员和管理者编写专门教材。

整体而言，虽然学者在改革开放以来逐渐重视未成年人图书馆与信息服务领域的理论研究，相继出版了未成年人阅读推广、儿童图书馆空间设计等主题的著述以及实践教材，但是相较于国外八大图情专著出版系列，我国在该领域的专著零星，且缺少后续出版物。

二 重要专著介绍

（一）《图书馆岗位培训教材》之《少年儿童图书馆（室）工作》

信息时代到来，图书馆事业发展迎来了巨大的发展机遇与挑战。图书馆发展的改革必然性对图书馆员的专业性提出了新要求。1995 年起，当时的文化部社会文化图书馆司组织在全国的图书馆中系统展开图书馆工作人员的职位培训与继续教育。为科学推进这项工作，文化部组织图书馆行业领域实践专家与学界专家编写《图书馆岗位培训教材》，2000 年前后各个分册相继出版。

《少年儿童图书馆（室）工作》是"图书馆岗位培训教材"丛书中的重要组成部分，湖南省少儿图书馆于 1999 年编写、2000 年由北京图书馆出版社出版。《少年儿童图书馆（室）工作》分册博采当时图书馆学家关于少年儿童图书馆服务的论著精华，以实用性作为编写宗旨。内容力求避免与其他分册重复与冲突，着力突出少儿图书馆服务的特点。

该书共分七章，具体论述了少年儿童图书馆读书活动、采编工作、流通工作、业务辅导与研究工作、科学管理等内容，并在最后对 21 世纪的少年儿童图书馆事业进行展望。该书内容客观反映了当时少年儿童图书馆发展的现实需求与应对之策，对当前未成年人图书馆与信息服务的发展提供借鉴与思考。

（二）"全国基层文化队伍培训教材"之《公共图书馆的未成年人服务》

2010 年《国家中长期人才发展规划纲要（2010—2020 年）》发布之

后，文化部专门组织部署了新阶段全国基层文化人才队伍培训工作。为进一步落实纲要中的精神，文化部发布了《关于开展全国基层文化队伍培训工作的意见》，其中的重点是编写基层继续教育与岗位培训教材。在广泛征求文化领域专家的意见以及充分讨论研究后，形成了全国基层文化队伍培训教材编写的整体框架，内容上分为"公共图书馆系列""文化馆（站）系列"与"公共文化服务通论系列"。《全国基层文化队伍培训教材·公共图书馆系列》由李国新教授主编，系列分册以面向实践、统筹兼顾为准则，侧重应知应会与方法技能方面的内容。

分册《公共图书馆的未成年人服务》由范并思教授主编，编写团队全面调研并细心梳理国内外图书馆未成年人服务的相关理论，分析国内外图书馆未成年人服务的理念、方法与案例，多方考察、观摩各地公共图书馆未成年人服务的精彩实践。立足中国国情，提出中国未成年人服务发展因应之策。教材编写以对基层图书馆从事未成年人服务的队伍提升理念、开拓视野、掌握方法、熟悉技术等方面提供实质性的帮助，作为编写的核心任务与目标。

由于以往我国图书馆未成年人服务理论相对较为匮乏，《公共图书馆的未成年人服务》中国际经验总结内容翔实，为实践发展提供理论指导，一经出版便引发图书馆行业内部热烈讨论，成为研究未成年人图书馆与信息服务的必读书籍。

（三）阅读推广人系列教材

图书馆界一直将阅读推广作为发展的重要使命。2006年，中图学会成立了科普与阅读指导委员会，并于2009年更名为阅读推广委员会。2014年，中图学会正式展开了"阅读推广人"培育计划，并组织编写"阅读推广人"系列教材，助力阅读推广科学发展。其中未成年图书馆阅读推广服务研究是该系列中的重要专题。该系列从家庭、学校、社会三大场景下分别对未成年人阅读推广理论、国际经验与中国实践进行分析与总结。

《图书馆儿童阅读推广》分册由李俊国与汪茜主编，2015年由朝华出版社出版。全书内容共八章，主要包括：儿童阅读推广概述；儿童读物及其选择；国外儿童阅读推广理论与实践；故事会活动的设计与组织；暑期阅读项目的设计与组织；儿童阅读推广优秀案例：苏州图书馆"悦读宝贝"计划等。

《图书馆绘本阅读推广》分册由李世娟与李东来主编，2017年由朝华出版社出版。全书论述了绘本的概念、历史、特征、功能，用生动的案例探讨了图书馆如何更好地开展绘本阅读推广，其主要内容包括：绘本是什么；绘本的本质特征与延伸功能；图书馆如何进行绘本阅读推广等。

《图书馆家庭阅读推广》分册由张岩主编，2017年由朝华出版社出版。全书内容分为两大部分：第一部分为家庭阅读传统与文化，从源与流的角度大致介绍了中外家庭阅读传统、中国传统家庭藏书文化及书房布置等；第二部分侧重图书馆家庭阅读推广，分析图书馆在家庭阅读推广中的作用与意义，重点介绍图书馆家庭阅读书目的编制、家庭阅读推广活动的策划与品牌建设等。

第五节　关于知识专业性的讨论

如上文所述，通过对LU专业指南系列、NS如何做手册系列和其他专著教材进行分析，将图书馆未成年人服务专业知识进行系统梳理，提炼出图书馆未成年人服务的对象与主体、内容及方式、空间环境建设、组织活动和图书馆与外部的合作五大核心知识层。基于对专业知识体系的初步梳理，可以发现由于未成年人大多不具备独立生活的能力，依赖于成人的照顾，且好奇心强、求知欲旺盛、善于模仿，是认识阅读、积累知识、培养良好个人品德和"三观"形成的重要成长时期。

相对于成年人而言，未成年人处于生理和心理的成长阶段，是不断变化和发展着的个体。不同年龄段的未成年人都表现的不太一样，因此具有明显的阶段性特点；未成年人对书籍的辨别能力、自制力和自觉性还较差，需要馆员的正确引导；并且他们大多无法在脱离成人的帮助下独立生存，因此，图书馆的服务对象不仅仅限于未成年人本身，还包括与未成年人关系密切的家长、老师等等，服务对象的多样性促成了未成年人服务的多样性；与图书馆的成人活动相比，未成年人活动更重视其趣味性来更好地吸引孩子。因此,图书馆未成年人服务对象的特殊性决定了其服务具有阶段性、引导性、多样性和趣味性的特点。

(一) 阶段性

处于不同年龄段的未成年人的身体发育情况、学习能力和认知水平不尽相同,婴幼儿需要依赖家长和馆员的照顾,低年龄段的孩子多不具备独立阅读的语言技能和操作多功能电子设备的技能,青少年多有他们喜欢和关注的重点,因此,图书馆员需要结合不同年龄段孩子心理和生理的成长特性以及他们的学习特点来提供阶段性的服务。

如图 3-3 所示,未成年人是服务对象的主体。其中,婴幼儿与学步儿童是身体成长和发展的重要阶段,侧重于运动技能和早期语言的培养,通过眼睛、耳朵、手、脚来认识世界,父母作为孩子的第一任老师,可以通过感官来刺激孩子学习。学步后的儿童开始理解一些简单的概念,馆员及家长应为他们大声朗读、重复故事,同时也可以配合一些肢体语言的互动。学前期的儿童语言技能发展适度,词汇量扩展迅速,并开始同家庭成员以外的人进行接触,学会辨认身边的小朋友,喜欢没有任何意义的歌谣和诗歌,能够较长时间地坐下来听故事或者做一些简单的手工。学龄儿童开始在学校接受知识,大脑可以进行逻辑思维,开始拥有个人生活经验,喜欢问问题,开始自己阅读书籍,语言幽默、情节跌宕起伏的故事较受他们的欢迎。青少年开始进入青春期,自我意识崛起,开始挑战一些权威但仍依赖于家庭,随着组织和自我约束能力的增强,研究和学习技能增长,开始对大众文化感兴趣,同伴间开始相互推荐读物,阅读俱乐部和书话会受到他们的欢迎。青少年处于身体发育成熟阶段,生理发展基本完成,独立自主学习能力进一步增强,逐渐成为全面参加社会活动的人,阅读内容逐步由青少年读物向成人读物转变,因此,图书馆要帮助他们顺利完成从未成年人到成人的转变。

(二) 引导性

图书馆未成年人服务具有引导性的特点,主要是因为未成年人年龄较小,心理和生理还不成熟,辨别能力较差,在对阅读书籍的选择上有很大的盲目性,常常出现不知道阅读什么的困惑,需要馆员的积极正确引导。

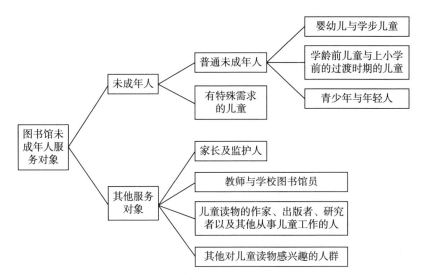

图 3 - 3　图书馆未成年人服务对象知识体系

馆员应主动帮助未成年人解决他们阅读的困扰，可以通过新书推荐、阅读
辅导、书话会等形式帮助他们制订适合的阅读计划。儿童一般自制力较
差，好奇心强，易分心，不易长时间集中注意力，阅读也往往缺乏目的
性，没有方向、较容易迷失，从而失去阅读的兴趣，因此馆员的引导至关
重要，将优秀且适合的图书推荐给孩子们，辅助以丰富多彩的活动，不仅
可以从小培养孩子们浓厚的阅读兴趣，还可以使他们拥有愉快的阅读体验
和经历。

（三）多样性

　　图书馆未成年人服务对象和主体的多样性促成了未成年人服务的多样
性。如图 3 - 4 所示，图书馆未成年人服务对象除了面向未成年人群体之
外，同时还包括众多的其他服务对象，尤其是面向低年龄段孩子的服务，
更是离不开家长及监护人同馆员的配合。除家长外，对学龄儿童来说老师
是伴随其成长、学习且极具影响力的人，图书馆为老师提供教学参考资
料，与老师密切合作，将老师纳入其服务对象之中。同样，儿童读物作
家、出版者和研究者等出于他们作品和研究等的需要会经常光顾未成年人
图书馆，因此，馆员也应该为他们提供相应的服务。

　　从事未成年人服务的图书馆很多，如图 3 - 4 所示，在公共图书馆系统

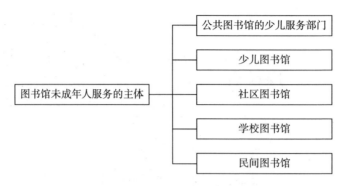

图 3 – 4 图书馆未成年人服务的主体知识体系

内，有公共图书馆的少儿服务部门，有独立建制的少儿图书馆，还有未设立少儿服务部门的基层图书馆，在公共图书馆系统外，有学校图书馆和民间图书馆等。在公共图书馆设立少儿服务部门的好处是便于协调服务资源，有利于青少年向成人阅读的过渡。社区图书馆点多面广，贴近居民，可以更好地将图书馆服务延伸到未成年人的日常生活之中。学校图书馆是公共图书馆系统外最大的未成年人服务机构，学校馆员为学龄儿童提供服务，帮助他们学习和成长。民间图书馆的优势是可以充分调动社会资源参与图书馆服务，可以填补公共图书馆体系的一些不足。不同的主体所提供的服务有所不同，内容、形式也多种多样，他们在帮助未成年人的同时产生了其服务的多样性。

（四）趣味性

图书馆未成年人服务的一大特点便在于它的趣味性，趣味性渗透在服务的方方面面，包括服务的内容及方式、儿童空间环境的建设以及开展丰富多彩的活动。未成年人与成年人不同，可能在选择书籍方面有困难。因此，馆员在为他们提供阅读指导和参考咨询服务时应耐心并推荐适合不同个体的图书。与此同时，因未成年人心智不成熟，具有贪玩的天性，馆员在做阅读指导等服务时可以注意方式方法的灵活变化，比如可以通过画画或讲笑话的幽默形式向孩子推荐图书等等，以激发他们的阅读兴趣。图书馆未成年人服务的内容及方式如图 3 – 5 所示。

此外，图书馆中未成年人服务的空间环境的建设也需要具有趣味性。

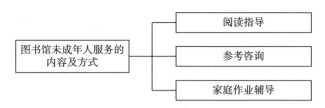

图3-5　图书馆未成年人服务内容及方式知识体系

在设施方面考虑孩子喜欢色彩、好动爱玩等特质，可以涂鸦多姿多彩的创意儿童空间，用颜色划分区域，放置孩子喜欢的玩具和摆件等，图书馆希望孩子能在阅读的过程中感受到快乐，将图书馆作为一个放松休闲的场所，享受阅读，爱上阅读。另外，不同年龄阶段的孩子可以在空间上采用不同的设计方式，与孩子的阅读心境相符。图书馆未成年人服务的空间环境建设如图3-6所示。

图3-6　图书馆未成年人服务空间环境建设知识体系

与图书馆的成人阅读活动相比，未成年人活动更加强调其趣味性，这是因为该群体更容易受到外界环境的影响，精神不易集中，且没有较好的自控能力，要想使活动顺利的开展，便需要增强活动对他们的吸引力，有趣的活动可以使未成年人热情主动的参与进来，并积极响应馆员的号召。

如图3-7所示，图书馆面向未成年人组织的活动形式多样，包括讲故事、书话会、名人讲座等。不同形式的活动可以满足不同年龄段未成年人的需求，具有趣味性的活动可以帮助未成年人从小建立与图书馆之间的良好感情，让他们感受到阅读的快乐，更有助于推动他们成为自主学习者和终身学习者。

图书馆未成年人服务具有阶段性、引导性、多样性和趣味性的特点，同时也说明了图书馆未成年人服务的不可替代性与专业性。对专业知识进行系统梳理、总结分析知识结构体系，有助于专业馆员准确有效地掌握行业专业性知识，提高对专业基本概念、基本原理的理解。从而馆员才能创

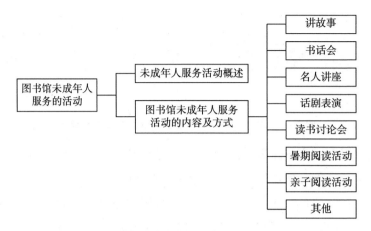

图 3 - 7　图书馆未成年人服务活动知识体系

造性的把理论应用于服务和实践当中去，拉近与未成年人的距离，提高专业素养。并且，对专业知识体系的分析也具有一定的社会价值，为图书馆未成年人服务的职业化和专业化提供理论基础，有助于图书馆更好地发挥其社会教育职能，利于图书馆未成年人服务行业的更好发展。

第四章

专业性之专业教育

国际图书馆界未成年人服务专业性的构建和输出，很大程度上是由专业教育机构来完成的，这些专业教育机构主要分布在以图书馆与信息科学为中心的若干相关院系之中。它们往往借由相关的行业协会、联盟、教育计划或项目（主要仍以行业协会或联盟作为这些计划或项目的推动主体），以达成统一的专业化培育目标、教学体系和一致性的实施路径。对这些协会、联盟、计划或项目的考察，能够为我们提供一个之于国际化专业教育的整体视野。因此，在分析和学习国际未成年服务专业教育过程中，应尤为重视这些组织或计划的专业教育思路。

需要指出的是，这种组织化的操作模式，其本质更偏向非官方性质，因此显示出颇多不同的特质，例如在参与上为自愿性质、偏重市场化，更专注于较小范围领域的灵活调整等，其中的适用性和缺点需要我们慎重对待，但其思路和优点亦对我们有所启发。

本章通过调查目前图情领域在教育、教学方面较有影响力的 AASL-CAEP 计划以及 iSchools 联盟院校的专业教育情况，梳理二者院校与未成年人专业教育有关的课程信息，了解培养目标、课程设置等内容，从而进一步分析其内涵、路径，以其指导中国未成年人专业教育实践和发展。

第一节　调查设计与实施

一　调查对象的选取

此次调查以 AASL-CAEP 计划和 iSchools 联盟的成员院校为对象，探讨该计划以及成员院校的相关专业教育现状。

AASL-CAEP 计划是由 ALA 和美国学校图书馆员协会（American Association of School Librarians，AASL）合作开展的关于青少年图书馆服务的质量保障的学校图书馆学教育质量保障计划（ALA and AASL：Assuring Quality in School Librarianship Education Program）的核心子计划，此计划中的教育项目是经由教育工作者培养认证委员会（Council for the Accreditation of Educator Preparation，CAEP）认可的一系列学校图书馆学教育项目。学校图书馆员的第一专业学位要么是由 ALA 认证的硕士学位，要么是由 AASL 和 CAEP 联合认证的学校图书馆管理专业的硕士学位。[①] 学生可以在 ALA 认证的项目中选择硕士项目、专业领域，但是这些项目提供的课程存在较大的差异，包括课程的数量和类型、硕士项目所需的学术学分小时数（从 36 学分到 72 学分不等）。此外，该计划涉及的项目以《学校图书馆员初步培养标准》（Standards for Initial Preparation of School Librarians）为基础，对馆员的各项的能力进行审核和评估（详见本章第二节）[②]。

iSchools 联盟的产生可追溯至 2003 年由美国七所著名图书情报（Library and Information Science，LIS）学院的院长发起的"信息学院运动"（Information Schools Movement），即 iSchools 运动；2004 年，由美国 18 所 LIS 学院及加拿大多伦多大学信息学系共同创建了 iSchools 项目；2005 年，

---

① American Library Association. AASL-CAEP School Librarianship Education Programs [EB/OL]. [2018 – 08 – 03]. http://www. ala. org/aasl/about/ed/caep/programs.

② Program in Library and Information Studies [EB/OL]. [2018 – 08 – 03]. http://www. ala. org/educationcareers/accreditedprograms/guidelines-choosing-masters-program-library-and-information-studies.

iSchools 联盟正式成立。① 截至 2018 年 8 月 3 日，iSchools 已吸纳来自中国、美国、英国、德国、加拿大、澳大利亚、西班牙、葡萄牙、捷克、韩国、日本、新加坡、荷兰、爱尔兰、丹麦、芬兰、以色列等多个国家的 90 多所高校的 LIS 学院作为其成员（其中亚太地区 20 所，欧洲 28 所，北美地区 47 所）。iSchools 成员学院从事跨学科协作的创新性研究、教学与服务②，并依联盟章程开展工作，其教育包括学位教育和继续教育、认证教育、远程教育等非学位教育。其中，iSchools 的学位教育覆盖本科生、硕士研究生及博士研究生，且以研究生教育为主；其专业设置在近年来呈现向情报学和技术领域倾斜的趋势，其学科结构向相关领域扩展③；依据联盟章程要求，成员学院以培养新型信息职业者为重要目标，各成员学院的课程设置呈现多样化和个性化的特征，其课程内容基本涵括：信息结构、信息设计、信息政策、信息经济学、知识管理、用户体验设计和可用性、图书馆学、图书馆管理、信息社会学、人机交互和计算机科学等方面。④ 截至 2018 年 5 月，其中 23 个成员学院开设了图书馆与信息服务相关教育项目（LIS Program），其中包括了面向学校图书馆和公共图书馆未成年人服务培养馆员的专门项目。

二 整体思路

笔者采用网络调查法和内容分析法，主要围绕 AASL-CAEP 学校图书馆学教育计划（AASL-CAEP School Librarianship Education Programs，简称 AASL-CAEP 计划）和 iSchools 联盟中相关成员院系展开调研，梳理其与未成年人专业教育相关的教育项目⑤、课程和授课教师。其中教育项目和课

---

① 司莉、刘剑楠、张扬声：《iSchool 课程设置的调查分析及其对我国图书馆课程改革的启示》，《图书馆学研究》2011 年第 11 期。
② iSchools. The iSchools Organization［EB/OL］.［2018－08－12］. http://ischools.org/about/.
③ 刘桂锋、卢章平、郭金龙：《美国 iSchool 图书情报学研究生课程设置与教学方式的特点与启示》，《情报资料工作》2015 年第 6 期。
④ iSchools. The iSchools Organization［EB/OL］.［2018－08－12］. http://ischools.org/about/.
⑤ 为了方便读者的阅读和界分概念，笔者对于同一个英文单词 program 采用了两种译法：如果是在联盟层级，则翻译为"计划"，如"AASL-CAEP 学校图书馆学教育计划"；如果在单独的学校和院系层级，则翻译为"项目"（例如单独的来自某学校的教育项目），对应国内的专业培养方案。

程是调研重点、后续分析和阐述也以此为中心展开，而针对教师的调研则用于辅助性分析（见表4-1）。

参考相关文献，确定调研框架如表4-1所示。进而根据"AASL-CAEP计划""iSchools联盟成员院系"的官方网站所提供的名录资料，逐一访问名录中各院系网站，在院系"本科教育""硕士教育""博士教育"等模块搜集其图书馆未成年人服务教育的相关项目介绍、开设课程情况、授课教师等信息，并采用内容分析法，针对收集到的信息围绕其教育对象、教育方式和能力要求等具体内容进行分析，得出国际图书馆界未成年人服务专业教育的基本情况。

表4-1　院校专业教育整体调查思路

调查对象	调查内容（均为与未成年人专业教育相关）		
	教育项目	教育课程	授课教师
AASL-CAEP学校图书馆学教育计划、iSchools成员院系	a. 招生要求 b. 培养目标 c. 课程体系 d. 培养环节	a. 教学内容 b. 教材教参 c. 课程特色	a. 教育经历 b. 研究方向 c. 开设课程

三　研究过程

主要分为两个阶段：资料收集与内容分析。

在资料收集环节，团队根据网页内容形成AASL-CAEP和iSchools两份调研名录汇总表，从调研名录的院系网站入手，对"AASL-CAEP计划项目信息"和"iSchools联盟项目信息"的院系基本情况、开设课程、授课教师等信息进行全面的资料搜集和调查。

在内容分析层面，则主要从文本分析层面深入培养对象、培养方式和能力要求等议题，尤其关注以下三点：第一，培养对象即这一教育项目究竟面向什么群体、而最后又想要培养出什么样的人才；第二，培养方式，通过何种类型的课程和训练，才能培养出所需的人才；第三，经过训练后的人才应该达到何种要求，才被认为是达到"专业"标准的。

第二节 AASL-CAEP 计划中的相关专业教育

一 基本情况

AASL-CAEP 计划主要涉及两大组织：AASL 和 CAEP。其中，AASL 为 ALA 的一个分会，于 1951 年由 ALA 的一个部门分离出来成为独立协会，在 60 余年的发展过程中，AASL 在了解专业教育现状以及不断变化的专业环境动态的基础上，作为重要的教育领导者，帮助成员对学校图书馆员进行认证。AASL 的使命是让该领域的人具备改变教学和学习的能力。① CAEP 则是于 2013 年由美国国家教师教育评估委员会（The National Council for Accreditation of Teacher Education，NCATE）和教师教育认证委员会（The Teacher Education Accreditation Council）合并而成的受美国教育部和高等教育委员会认可的认证机构。② 该认证机构主要为美国大学培育教育工作者的教育学院或教育系以及为基础教育培养师资的其他各类机构提供质量认证③，旨在促进高质量的教育工作者的培养。

AASL-CAEP 计划进行认证的重要依据是《学校图书馆员初步培养标准》。④ 该标准由 NCATE 的专业领域研究委员会（Specialty Areas Studies Board）制定，其中包含五项具体标准，每项标准各有 4 个组成元素（见表 4 - 2）。

自 1989 年起，经过 AASL 认证的美国高校学校图书馆教育项目共计 64

---

① American Association of School Librarians. About AASL［EB/OL］.［2018 - 08 - 03］. http://www. ala. org/aasl/about.
② American Association of School Librarians. ALA and AASL：Assuring Quality in School Librarianship Education Programs［EB/OL］.［2016 - 04 - 23］. http://www. ala. org/aasl/education/caep.
③ 洪明、练栅栅：《美国教师培养质量认证的新近改革——CAEP 认证标准的背景、内容和特点探析》，《教育文化论坛》2015 年第 5 期。
④ American Association of School Librarians. ALA/AASL Standards for Initial Preparation of School Librarians（2010）［EB/OL］.［2016 - 05 - 15］. http://www. ala. org/aasl/sites/ala. org. aasl/files/content/aasleducation/schoollibrary/2010 _ standards _ and _ items _ with _ statements _ of _ scope. pdf.

个[1]，目前仍处于有效认证期的教育项目有 42 个，覆盖阿肯色州、科罗拉多州、哥伦比亚特区、特拉华州、佛罗里达州、格鲁吉亚州、伊利诺伊州、肯塔基州、马里兰州、马萨诸塞州、明尼苏达州、密苏里州、内布拉斯加州、新泽西州、北卡罗来纳州、北达科他州、俄亥俄州、俄克拉荷马州、宾夕法尼亚州、罗德岛、田纳西州、得克萨斯州、弗吉尼亚州、西弗吉尼亚州等 24 个州或地区。[2] 在这些获得认证的高校院系中，89% 为教育学院（系），8% 为图书与信息学院（系）。

表 4 - 2 ALA/AASL 学校图书馆员初步培养标准

ALA/AASL 标准	组成元素
标准一：寓教于学	1.1 关于学生与学习过程的知识
	1.2 高效且知识渊博的教师
	1.3 教学伙伴
	1.4 融合 21 世纪技术与学习标准
标准二：读写能力与阅读	2.1 文献
	2.2 阅读推广
	2.3 尊重多样性
	2.4 读写能力的培养策略
标准三：信息与知识	3.1 有效且合乎道德的信息搜寻行为
	3.2 信息获取
	3.3 信息技术
	3.4 研究与知识创新
标准四：拥护与领导	4.1 与图书馆社区形成合作网
	4.2 专业发展
	4.3 领导
	4.4 拥护

---

[1] American, Library, Association. Guidelines for Choosing a Master's American, Association, of, School, Librarians. Historical List of AASL Recognized Programs [EB/OL]. [2018 - 08 - 03]. http://www.ala.org/aasl/about/ed/caep/history.

[2] American Association of School Librarians. AASL-CAEP School Librarianship Education Programs [EB/OL]. [2016 - 05 - 15]. http://www.ala.org/aasl/education/caep/programs.

续表

ALA/AASL 标准	组成元素
标准五：项目管理	5.1 馆藏
	5.2 专业道德
	5.3 人员、经费与设施
	5.4 策略规划与评估

二　培养对象

根据 AASL-CAEP 官网提供的认证项目历史名录，并剔除当前未在认证期的项目，得到 AASL-CAEP 认证项目列表（见表 4 - 3）。通过访问列表中院系的网站，共收集到图书馆学未成年人服务专业教育项目 58 个。其中，在不少院系开设了与图书馆未成年人服务相关的不同方向的教育项目，如：休斯顿克利尔湖大学开设了 3 个相关的教育项目（有两个学校图书情报硕士教育项目和 1 个证书项目）。值得注意的是，不同教育项目最终获得的学位是不同的，这意味着未成年人服务专业教育在对专业人才训练的出发点上即体现出复合的态势，作为一个多学科交叉的领域，这也要求专业教育的院系在师资和研究力量上支持这种跨学科的教育诉求。

（一）培养方向

教育项目的培养方向是考察 AASL-CAEP 计划的教育对象的重要指标之一。从调研情况来看，在 AASL-CAEP 计划中的教育项目包括教育硕士（Master of Education，MEd）相关项目 22 个，MLS 相关项目 7 个，MLIS 相关项目 8 个，文学硕士（Master of Art，MA）相关项目 4 个，其他具有硕士效力的专业证书项目 17 个（详见表 4 - 3）。由此可知，AASL-CAEP 计划以培养具备教育学、图书馆与信息科学及文学等能力素养的教育工作者为目标，即主要培养提供学校图书馆未成年人服务（如：课程辅导、信息服务、阅读指导等）的专业性复合型人才。其中，在教育学专业下开设学校图书馆媒体方向的教育项目主要是为 K - 12 学校图书馆、学习资源或媒体中心等培养专门人才。①

表 4 – 3　AASL-CAEP 认证项目

序号	学校名称	院系名称	相关教育项目
1	阿肯色理工大学 Arkansas Tech University	教育学院	教育硕士（教学技术方向）—图书馆媒体专业馆员在线培养计划
2	美国天主教大学 Catholic University of America	图书馆与信息科学学院	图书情报硕士—图书馆媒体专业馆员
3	阿肯色中央大学 University of Central Arkansas	教育学院	教育硕士—图书馆媒体与信息技术
4	中央密苏里州立大学 University of Central Missouri	教育领导与人类发展学院	教育硕士—图书馆与信息服务
5	中央俄克拉荷马大学 University of Central Oklahoma	教育与职业研究学院	教育硕士—图书馆媒体
6	科罗拉多大学丹佛分校 University of Colorado Denver	教育与人类发展学院	文学硕士—信息与学习技术（学校图书馆与教育领导力方向）
7	特拉华大学 University of Delaware	教育学院	教育硕士—学校图书馆媒体专家
8	东卡罗来纳州立大学 East Carolina University	教育学院	图书馆学硕士
9	东中央大学 East Central University	教育学院	教育硕士—图书馆媒体方向（在线）
10	费尔菲尔德大学 Fairfield University	教育与相关职业研究生院	文学硕士—教育技术与学校图书馆媒体专家
11	佐治亚学院及州立大学 Georgia College and State University	约翰–劳恩斯布里教育学院	教育硕士—图书馆媒体方向
12	乔治亚大学 University of Georgia	教育学院	教育硕士（学习、设计与技术方向）—学校图书馆媒体
13	休斯顿克利尔湖大学 University of Houston-clear lake	教育学院	①学校图书情报硕士—学校图书馆员证书与技术教师证书 ②学校图书情报硕士—学校图书馆（EC – 12）标准证书 ③学校图书馆（EC – 12）标准证书

①　马晓玲：《美国学校图书馆员能力标准（2010）解读》，《现代教育技术》2011 年第 12 期。

续表

序号	学校名称	院系名称	相关教育项目
14	宾夕法尼亚州库兹敦大学 Kutztown University of Pennsylvania	教育学院	①图书馆学硕士（无证书） ②图书馆学硕士（初级证书） ③图书馆学硕士（扩展证书）
15	朗沃德大学 Longwood University	教育与人类 服务学院	教育硕士—学校图书馆员项目
16	麦克丹尼尔学院 McDaniel College		学校图书馆硕士
17	曼斯菲尔德大学 Mansfield University	在线教育	教育硕士—学校图书馆与信息技术在线教育
18	马歇尔大学 Marshall University	教育与职业 发展学院	文学硕士（中等教育）—学校图书馆媒体研究生证书
19	马里兰大学帕克分校 University of Maryland College Park	信息学院	图书馆学硕士
20	内布拉斯加大学卡尼分校 University of Nebraska Kearney	教育学院	教育硕士—学校图书馆教育技术方向
21	内布拉斯加大学奥马哈分校 University of Nebraska Omaha	教育学院	学校图书馆媒体证书
22	北卡罗来纳大学格林斯波洛分校 University of North Carolina Greensboro	教育学院	①图书情报硕士（学校图书馆证书） ②学校图书馆证书 ③学校图书馆督导员证书
23	北卡罗来纳中央大学 North Carolina Central University	图书馆学与 信息学院	图书馆学硕士
24	东北州立大学 Northeastern State University	教育学院	图书馆媒体与信息技术硕士
25	北伊利诺伊大学 Northern Illinois University	教育技术系	①教育硕士（技术科学方向）—图书馆信息专家（K-12资格认证） ②教育硕士（技术科学方向）—学校图书馆媒体认可
26	马里兰圣母学院 Notre Dame of Maryland University	教育学院	①文学硕士—图书馆媒体专家 ②图书馆媒体专家证书
27	诺瓦东南大学 Nova Southeastern University	费尔舍 教育学院	教育硕士—教育媒体专业
28	俄克拉荷马州立大学 Oklahoma State University	教育学院	①教育硕士（技术科学方向）—学校图书馆媒体方向 ②学校图书馆媒体证书

续表

序号	学校名称	院系名称	相关教育项目
29	老道明大学 Old Dominion University	达顿教育学院	/
30	奥利弗拿撒勒大学 Olivet Nazarene University	研究生与继续 教育学院	图书馆信息专业人员硕士
31	罗德岛大学 University of Rhode Island	图书馆学与信息 科学研究生院	①图书情报硕士 ②学校图书馆媒体证书
32	罗文大学 Rowan University	教育学院	/
33	萨勒姆州立大学 Salem State University	教育学院	教育硕士—图书馆媒体研究
34	萨姆休斯顿州立大学 Sam Houston State University	图书馆学系	①图书馆学硕士 ②学校图书馆证书 ③未成年图书馆服务认证
35	南阿肯色大学 Southern Arkansas University	教育学院	教育硕士—图书馆媒体信息专业人员
36	陶森大学 Towson University	教育学院	教育硕士（信息技术）—学校图书馆 媒体方向
37	特里夫卡拿撒勒大学 Trevecca Nazarene University	教育学院	①图书情报硕士 ②教育硕士—青少年阅读
38	瓦尔德斯塔州立大学 Valdosta State University	课程领导与 技术学系	图书馆媒体证书
39	瓦利市州立大学 Valley City State University	教育学 研究生院	教育硕士（图书馆与信息技术方向）
40	西肯塔基大学 Western Kentucky University	教育与行为 科学学院	①教育硕士—图书馆媒体 ②图书馆媒体教育 ③图书馆媒体专业人员方向
41	威廉帕特森大学 William Paterson University	教育学院	①学校图书馆媒体专业人员认可证书 ②学校助理馆员媒体专业人员认可 证书 ③教育硕士（课程学习）—图书馆媒 体方向 ④学校图书馆媒体专业人员证书 ⑤学校助理馆员媒体认可证书
42	莱特州立大学 Wright State University	教育与人类 服务学院	/

（二）入学要求

教育项目的准入标准是考察 AASL-CAEP 计划的培养对象的重要指标之一。从目前收集到的教育项目看来，AASL-CAEP 计划的培养层次为硕士学历或具有硕士同等效力学力；其主要面向有意愿在中小学图书馆或相关机构中从事图书馆媒体技术工作的学生（即学校图书馆教师职前媒体技能培训），小部分项目只面向在职的教师或教育工作者，为其提供学校图书馆媒体服务能力认证。结合 AASL-CAEP 计划的项目"培养方向"的内容分析，可进一步了解 AASL-CAEP 计划的整体培养路线，即旨在培养服务于中小学（包括学前教育机构）的集教师、信息专家、教学伙伴、媒体项目管理者或领导者等多重角色能力为一体的学校图书馆员或学校图书馆媒体专家。

根据具体的项目介绍信息来看，入学要求如下。①参与硕士项目的基本准入标准是具备本科学历；有部分院校对学生的本科成绩、学分（GPA）有具体的要求，如：中央密苏里州立大学要求学生本科 GPA > 2.75，俄克拉荷马州立大学要求学生本科 GPA > 3.0，北卡罗来纳大学格林斯波洛分校则要求学院本科 GPA > 3.5；有部分院校要求学生持有教师资格证。②参与专业证书项目的准入标准在各州各院校尚未统一。提供专业证书项目的院校中，休斯敦克利尔湖大学、内布拉斯加大学奥马哈分校、北卡罗来纳大学格林斯波洛分校、俄克拉荷马州立大学及威廉帕特森大学等明确要求学生需拥有硕士学历才可参与专业证书项目；此外，休斯敦克利尔湖大学、马歇尔大学、北伊利诺伊大学、马里兰圣母学院、俄克拉荷马州立大学、特里夫卡拿撒勒大学及威廉帕特森大学等则要求学生持有所在州的教师证书或有两年以上的教师工作经验。由此看来，AASL-CA-EP 计划的相关教育项目更倾向于吸纳教育工作者成为其项目培养对象。

三　项目课程结构

所收集到的教育项目中共包含 422 份课程信息。根据课程内容属性，笔者将所有课程划分为七个大类，分别为：总论类（即入门类课程）、媒体与资源类（细分为三个小类：媒体类、资源类和媒体综合类，其中资源类包括媒体资源和阅读资源）、信息组织类（即图书馆学传统的信息类课程）、管理类（媒体管理的相关课程归在媒体类）、服务类（以参考咨询服务、说故事等课程为代表）、实习类及其他（见表4-4）。

表4-4　AASL-CAEP计划项目课程类别

课程类别		课程名称（举例）
总论类		图书馆学与信息科学概论、图书馆学基础、学校图书馆基础、教育学基础、教学技术概论
媒体与资源类	媒体类	媒体项目管理、儿童媒体、青少年媒体、学校图书馆技术、图书馆媒体中心运作、媒体中心信息技术、教育信息技术、多媒体技术、计算机与网络技术
	资源类	儿童文献、未成年人文献、青少年文献、学校图书馆媒体资源、信息资源与服务、图书馆资源与课程整合
	媒体综合类	图书馆与信息中心信息系统、媒体服务与产品
信息组织类		信息组织、信息存取、目录学、分类学、馆藏管理
管理类		学校图书馆管理、领导学、课堂纪律管理、教学策略制定
服务类		故事讲述艺术、参考咨询服务、阅读教学、信息素养教育、知识产权
实习类		学校图书馆实习、媒体协调实习
其他		学术写作

各类别课程数量分布见图4-1，其中资源类课程数量最多；其余课程按降序排列依次是媒体类课程、总论类课程、服务类课程、信息组织类课程、管理类课程、实习类课程、媒体综合类课程及其他。总体来看，AASL-CAEP计划教育项目的课程设置基本符合ALA/AASL标准（以下简称标准）的指标要素。媒体与资源类课程可视为AASL-CAEP计划的课程设置核心，在此类课程中，"儿童文学""未成年人文学"等课程的设置，对应了标准二"读写能力与阅读"的"文献"要素，即图书馆员对主流文献的把握能力；"学校图书馆技术""媒体中心信息技术""多媒体技术"等课程则对应标准三"信息与知识"的"信息技术"要素，即具备向不同学习者展示各种来源的信息资源的能力；"图书馆资源与课程整合"则对应标准一"寓教于学"的"融合21世纪技术与学习标准"要素。这反映出培养教育工作者的寓教于学、信息技术及读写素养与阅读教育等方面能

力是 AASL-CAEP 计划的培养侧重点。

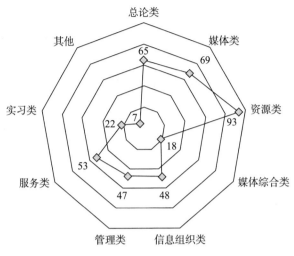

图 4 - 1　课程类别分布

四　项目毕业要求

项目毕业要求是考量学生经过项目的培养后是否具备职业专业性标准的重要指标。在 AASL-CAEP 计划中学校图书馆教育项目对于学生毕业的要求主要包括学分/学时、实习、论文、教师资格测试等方面。

（一）学分/学时要求

完成教育项目规定的学分/学时是学生毕业的基本要求。各高校的教育项目对毕业的学分/学时要求各不相同，不同高校、不同教育项目的学生须修读的课程学分从 9 学分到 45 学分不等。其中，中央俄克拉荷马大学、麦克丹尼尔学院和诺瓦东南大学均要求学生完成必修课学分且 GPA ≥ 3.0。有部分高校对于学生修读课程（必修课程和选修课程）的学分有明确细致的要求。如：特拉华大学要求已持有教师资格证的学生须修读 10 至 19 学分的学校图书馆媒体课程；已通过美国职前教师资格测试 PRAXIS 核心测验的学生则要在指定课程列表中选择修读 18 至 31 学分；此外，学生还需在除特拉华大学以外的教育机构完成 9 学分/学时的实习课程。也就是说，AASL-CAEP 计划为了将学生培养成为 ALA/AASL 标准一中所要求的

"高效且知识渊博"和"融合 21 世纪技术与学习标准"的教育工作者，对学生有最基本的专业知识和技能要求，即通过学生修读学分来衡量其是否达到基本标准。

（二）实习要求

AASL-CAEP 计划的教育项目仅有不到半数的院校将参加实习作为毕业要求。在目前收集到的教育项目中，设置了实习课程的高校共 22 所，在毕业要求中明确学生必须参加实习的高校有 10 所，分别是：特拉华大学、佐治亚大学、宾夕法尼亚州库兹敦大学、麦克丹尼尔学院、马里兰大学帕克分校、诺瓦东南大学、萨勒姆州立大学、萨姆休斯敦州立大学、特里夫卡拿撒勒大学、威廉帕特森大学。其中，麦克丹尼尔学院要求学生在学校图书馆实习满 99 个小时；威廉帕特森大学则要求学生在学校媒体中心实习满 150 个小时，表明 AASL-CAEP 计划的教育项目致力于培养应用型人才，对学生的实习要求与其培养目标密切相关，即学生在成为学校图书馆员或学校媒体专家前需要有相关机构的实践工作经验。总体来说，AASL-CAEP 计划的教育项目对于培养对象的实习要求并不算严格，但保持一定的重视程度，究其原因主要是这些项目在招收培养对象时侧重面向拥有实践工作经验的教师和馆员。

（三）论文要求

在 AASL-CAEP 计划的教育项目中，有 12 所高校的教育项目规定学生必须选择相关的研究课题并完成论文方可毕业，分别是：阿肯色中央大学、中央密苏里州立大学、科罗拉多大学丹佛分校、东卡罗来纳州立大学、麦克丹尼尔学院、马里兰大学帕克分校、北伊利诺伊大学、马里兰圣母学院、诺瓦东南大学、俄克拉荷马州立大学、萨姆休斯敦州立大学及威廉帕特森大学。鉴于 AASL-CAEP 计划更侧重于专业性的实践教育，即主要培养应用型人才，总体上对于学生毕业的学术要求并不十分严格，但不意味着此计划不重视学术研究，反而从侧面反映出此计划强调理论应用于实践的培养理念。

（四）教师资格测试通过要求

美国图书馆员职业资格认证体系对学校图书馆员的认证重在强调馆员

"作为教师的教育职能"①，因此要从事学校图书馆员及相关工作需要获得中小学教师的职业资格认证，AASL-CAEP 计划的教育项目毕业要求即体现了这一侧重点。一般而言，要获得相关资格认证需参加由美国教育考试服务中心（Educational Testing Service）开发的职前教师资格测试。该测试主要包括两部分：①PRAXIS Ⅰ：职前教师基本技能测试，即美国高校教育学院的入学考试，通过的学生可进入教育学院接受教师教育；②PRAXIS Ⅱ：学科专业测试，即初级教师资格证书考试，通过这项考试的职前教师可获得初级教师资格证书②。

在笔者调研到的教育项目中，有 6 所高校明确规定学生毕业需通过 PRAXIS 系列测试，分别是：

（1）阿肯色中央大学：要求学生在 PRAXIS Ⅱ—图书馆媒体专业测验中的成绩不低于 148 分；

（2）特拉华大学：要求学生在 PRAXIS Ⅰ的测试中的阅读成绩不低于 156 分，写作成绩不低于 162 分，数学成绩不低于 150 分；

（3）马歇尔大学：要求学生通过 PRAXIS Ⅱ—图书馆媒体专业测验；

（4）北卡罗来纳大学格林斯波洛分校：要求学生在 PRAXIS Ⅱ—图书馆媒体专业测验中的成绩不低于 145 分；

（5）马里兰圣母学院：要求学生通过 PRAXIS Ⅱ—图书馆媒体专业测验；

（6）西肯塔基大学：要求学生通过 PRAXIS Ⅱ—图书馆媒体专业测验。

美国职前教师资格测试 PRAXIS Ⅱ 是在学生接受教师教育之后，在毕业前需要参加的测试；其中学科专业知识测验是教师从事教学活动的基础，也是教师职业学术性的要求③。因此，在 AASL-CAEP 计划中的院校的教育项目对学生毕业有通过 PRAXIS 系列测试的要求，实际上是符合图书馆员职业资格认证体系对于学校图书馆员的教育职能和学科专业性的要求。

---

① 初景利、李麟：《美国图书馆员职业资格认证体系》，《国家图书馆学刊》2005 年第 3 期。
② ETS-PRAXIS. About The Praxis Series® Tests［EB/OL］.（2016 – 05 – 20）. http://www.ets.org/praxis/about.
③ 杨朝霞：《美国职前教师资格测试研究》，硕士学位论文，首都师范大学，2013。

（五）其他要求

个别高校的教育项目要求学生需通过该校所在州的学校图书馆媒体专员测试方能毕业。如：东中央大学要求学生参加并通过俄克拉荷马州的学校图书馆媒体专业测试（OSAT for school library media specialist）。个别高校则明确规定学生须在规定的年限完成项目学习。如：佐治亚大学要求学生在两年内完成项目学习。

从以上毕业要求来看，AASL-CAEP 计划的培养路线主要围绕着学校图书馆媒体专业这一核心，旨在将学生培养成为具备专业指向性且充分掌握相关专业知识（图书馆学、教育学等方面）和技能（如信息技术、信息获取能力、领导力、读写能力的培养能力等）的教育工作者。

第三节　iSchools 联盟中的相关专业教育

一　基本情况

根据 iSchools 官网提供的成员名录[①]，访问名录中的院校网址并查看其开设的教育项目情况，共有 23 所高校的 LIS 学院开设了与图书馆未成年人专业教育相关的项目，其中美国 19 所，加拿大、英国、澳大利亚、以色列各 1 所（详见下表 4 - 5）。

表 4 - 5　开设图书馆未成年人专业教育项目的 iSchools 院校

序号	所属国家	学校名称	院系名称
1	以色列	巴伊兰大学 Bar-Ilan University	信息科学学院 Department of Information Science
2	澳大利亚	查尔斯特大学 Charles Sturt University	信息学院 School of Information Studies
3	美国	德雷塞尔大学 Drexel University	计算机与信息科学学院 College of Computing & Informatics

---

① iSchool. D14irectory［EB/OL］.［2018 - 08 - 03］. https://ischools. org/members/directory/.

续表

序号	所属国家	学校名称	院系名称
4	美国	佛罗里达州立大学 Florida State University	传播与信息学院 College of Communication and Information
5	美国	印第安纳大学布鲁明顿分校 Indiana University Bloomington	信息科学与计算机学院 School of Informatics and Computing
6	美国	新泽西州立大学罗格斯分校 Rutgers, The State University of New Jersey	传播与信息学院 School of Communication and Information
7	美国	西蒙斯学院 Simmons College, Boston	图书馆与信息科学学院 School of Library and Information Science
8	美国	雪城大学 Syracuse University	信息学院 School of Information Studies
9	加拿大	英属哥伦比亚大学 University of British Columbia	图书档案与信息科学学院 School of Library, Archival and Information Studies
10	美国	伊利诺伊大学厄巴纳 - 香槟分校 University of Illinois at Urbana-Champaign	图书馆和信息科学研究生院 Graduate School of Library and Information Science
11	美国	肯塔基大学 University of Kentucky	传播与信息学院 College of Communication and Information
12	美国	马里兰大学 University of Maryland	信息学院 College of Information Studies
13	美国	密歇根大学 University of Michigan	信息学院 School of Information
14	美国	密苏里大学 University of Missouri	信息科学与学习技术学院 School of Information Science and Learning Technologies
15	美国	北卡罗来纳大学教堂山分校 University of North Carolina, Chapel Hill	信息与图书馆学学院 School of Information and Library Science
16	美国	北得克萨斯大学 University of North Texas	信息学院 College of Information
17	美国	匹兹堡大学 University of Pittsburgh	信息科学学院 School of Information Sciences
18	英国	谢菲尔德大学 University of Sheffield	信息学院 Information School

续表

序号	所属国家	学校名称	院系名称
19	美国	田纳西大学诺克斯韦尔分校 University of Tennessee, Knoxville	信息科学学院 School of Information Sciences
20	美国	得州大学奥斯汀分校 University of Texas, Austin	信息学院 School of Information
21	美国	华盛顿大学 University of Washington	信息学院 Information School
22	美国	威斯康星大学麦迪逊分校 University of Wisconsin, Madison	图书馆与信息学院 School of Library and Information Studies
23	美国	威斯康星大学密尔沃基分校 University of Wisconsin, Milwaukee	信息学院 School of Information Studies

二 培养对象

通过访问上述 23 所设置图书馆学未成年人专业教育方向项目的 iSchools 院校（以下简称 iSchools 项目）网站，共收集到 36 个相关项目的信息。

（一）培养方向

从调研情况上看，iSchools 院校所涵括的教育项目包括：MLS 相关项目 4 个，MLIS 相关项目 14 个，信息学硕士项目 1 个，MEd 相关项目 2 个，MA 相关项目 5 个，其他相关专业证书项目 10 个（见表 4 - 6）。可见，iSchools 院校所开设的相关教育项目的培养方向呈现复合型态势，但与 AASL-CAEP 计划的教育项目相比，具有更明显的图书情报专业特征，符合 iSchools 院校的信息学科特质。

表 4 - 6 iSchools 图书馆未成年人服务专业教育项目一览

序号	学校名称	院系名称	相关教育项目
1	巴伊兰大学	信息科学学院	文学硕士—教育与文化机构信息职业专家
2	查尔斯特大学	信息学院	①信息学硕士—儿童图书馆员 ②教育学硕士—教师图书馆员

续表

序号	学校名称	院系名称	相关教育项目
3	德雷塞尔大学	计算机与信息科学学院	①图书情报硕士—学校图书馆媒体方向 ②图书情报硕士—少儿服务方向
4	佛罗里达州立大学	传播与信息学院	①图书情报硕士—少儿服务方向 ②少儿服务证书
5	印第安纳大学布鲁明顿分校	信息科学与计算机学院	图书馆学硕士—儿童与青少年服务专家
6	新泽西州立大学罗格斯分校	传播与信息学院	学校图书馆证书
7	西蒙斯学院	图书馆与信息科学学院	①图书情报硕士—学校图书馆教师 ②短期双学位项目： A. 文学硕士—儿童文学 B. 图书情报硕士—图书馆儿童服务 ③学校图书馆教师证书
8	雪城大学	信息学院	①图书情报硕士—学校媒体 ②学校媒体高级证书
9	英属哥伦比亚大学	图书档案与信息科学学院	①文学硕士—儿童文学 ②图书情报硕士
10	伊利诺伊大学厄巴纳—香槟分校	图书馆和信息科学研究生院	①图书情报硕士—学校图书馆学 ②学校图书馆员专业教育 ③未成年人教育认证
11	肯塔基大学	传播与信息学院	图书情报硕士—学校图书馆员项目
12	马里兰大学	信息学院	图书馆学硕士—学校图书馆方向
13	密歇根大学	信息学院	图书情报硕士
14	密苏里大学	信息科学与学习技术学院	①教育硕士—教育技术 ②学校图书馆媒体证书
15	北卡罗来纳大学教堂山分校	信息与图书馆学学院	①图书馆学硕士—学校图书馆媒体协调员 ②未成年人图书馆服务
16	北得克萨斯大学	信息学院	①图书馆学硕士—未成年人图书馆事业方向 ②学校图书馆员证书 ③研究生学术认证—讲故事 ④研究生学术认证—未成年人图书馆与信息服务
17	匹兹堡大学	信息科学学院	①图书情报硕士—少年儿童资源与服务专业 ②学校图书馆证书

续表

序号	学校名称	院系名称	相关教育项目
18	谢菲尔德大学	信息学院	图书情报硕士—图书馆与信息服务管理
19	田纳西大学诺克斯韦尔分校	信息科学学院	学校图书馆媒体证书
20	得州大学奥斯汀分校	信息学院	学校图书馆员证书
21	华盛顿大学	信息学院	图书情报硕士—学校图书馆媒体证书
22	威斯康星大学麦迪逊分校	图书馆与信息学院	①文学硕士—少年儿童媒体服务 ②文学硕士—青少年服务专业人员
23	威斯康星大学密尔沃基分校	信息学院	图书情报硕士—图书馆媒体专业人员证书

（二）准入要求

已收集到的 iSchools 项目包含学位教育项目和非学位教育项目。其中，学位教育项目均为硕士项目，体现了 iSchools 院校的学位教育侧重研究生教育的特点；非学位教育项目大部分是针对已具有硕士学历的学生或教师提供的特殊认证项目（如：学校图书馆员证书、学校图书馆媒体证书等）。这些专业教育项目主要是培养适合在各类图书馆、信息中心等机构为未成年人提供专业服务的工作者（如图书馆员）；此外，三分之一的教育项目是面向图书馆员、教师等人士提供专业的职业认证。

根据已收集到的项目信息来看，准入要求如下。①与参与 AASL-CAEP 计划中的专业教育项目的基本准入要求类似，iSchools 院校要求学生具备本科学历才可申请硕士层次的学位教育项目；仅有极少数的院校对学生的本科成绩、学分（GPA）有具体的要求，如：伊利诺伊大学厄巴纳－香槟分校要求学生本科 GPA≥3.0；个别院校要求学生持有教师资格证，如：查尔斯特大学要求学生具备教育学学士学位或教师认证，肯塔基大学要求学生有教师证书或受肯塔基州认可的执教实习经历。②iSchools 不同院校的专业认证项目的申请标准不统一，由于大部分认证项目是面向教师或相关职业的工作者，因而有不少院校要求学生持有教师资格证，如：西蒙斯学院、田纳西大学诺克斯韦尔分校、得州大学奥斯汀分校等；此外，有个别院校的认证项目要求学生具备硕士学历才可参与项目学习，如：雪城大学和北得克萨斯大学要求学生具备 MLIS 学位。

三 项目课程结构

在所收集到的 iSchools 院校相关教育项目中共包含 264 份课程信息。与分析 AASL-CAEP 计划项目课程类似，笔者将所有课程分归为七大类（见表 4 – 7），得到各类别课程数量分布情况（见图 4 – 2）。其中，资源类和服务类课程占比例最高，分别有 73 门和 69 门；其余课程按降序排列依次是媒体类课程 32 门，总论类课程和管理类课程各 25 门，信息组织类课程 16 门，实习类课程 14 门，媒体综合类课程 9 门，其他课程 1 门。

表 4 – 7　iSchools 院校项目课程

课程类别		课程名称（举例）
总论类		图书馆学与信息职业入门、图书馆与信息服务基础、信息组织概论、公共图书馆基础、学校图书馆基础
媒体与资源类	媒体类	社交网络、数字图书馆、学校图书馆媒体中心管理、媒体素养
	资源类	儿童文献、未成年人文献、青少年文献、多元文化文献、儿童信息资源、图书馆漫画资源、虚拟资源
	媒体综合类	学校图书馆媒体中心资源与服务
信息组织类		信息组织、信息存取、信息检索、分类学、馆藏管理
管理类		学校图书馆管理、课堂纪律管理、教学策略制定
服务类		图书馆少儿服务、故事讲述、参考咨询服务、信息素养教育、读写素养与阅读、知识产权、信息行为
实习类		学校图书馆/媒体中心实习、学校图书馆媒体管理实习
其他		

从各类别课程数量分布情况可发现，资源类和服务类课程数量居多，例如：儿童文献、漫画资源、参考咨询服务等课程，体现出 iSchools 院校对此类课程的重视。一方面着重培养学生资源选择能力，另一方面也强调培养学生的交流表达能力，与业界工作要求基本接轨。

四 项目毕业要求

iSchools 联盟中不同院校的教育项目对学生的毕业要求不同，但总体

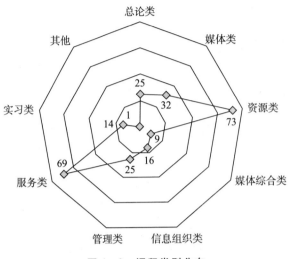

图 4 - 2 课程类别分布

上 iSchools 院校对学生经过项目培养后是否具备职业专业性标准的要求基本一致，基本包括四个方面。

（一）学分/学时要求

与 AASL-CAEP 计划项目的基本毕业要求相似，参与 iSchools 项目的学生毕业的基本要求是完成项目规定的学分/学时要求。iSchools 联盟不同院校的专业教育项目对学生毕业的学分/学时要求并没有统一的标准，不同高校、不同项目的学生须修读的课程学分从 9 到 120 学分不等；其中，肯塔基大学要求学生除完成必修课学分外，还须达到 GPA≥3.0。此外，查尔斯特大学、德雷塞尔大学、佛罗里达州立大学、新泽西州立大学罗格斯分校、马里兰大学、田纳西大学诺克斯韦尔分校等对学生修读的课程（必修和选修）学分有细致要求。可见达到学分制的基本要求是 iSchools 联盟教育项目获得学位的必要条件。[①]

（二）实习要求

iSchools 联盟中近 3/5 的院校在相关教育项目下设置了专门的实习课

---

① 张靖、张祎、黄诗莹：《美、英、日图书情报专业硕士学位培养中的实践教学与案例教学》，《大学图书馆学报》2016 年第 1 期。

程，并对学生修习此类实践课程有相应的学分要求，这表明 iSchools 联盟注重采用多种教学方式提高学生运用知识解决实际问题的能力。[①] 然而，在毕业要求中明确学生必须参与实习的高校仅 5 所，分别是：西蒙斯学院、伊利诺伊大学厄巴纳 – 香槟分校、肯塔基大学、马里兰大学及北得克萨斯大学。出现这个情况，一方面证明了学分制对于实习的要求相当明确，不需要再在毕业要求中强调实习的重要性；另一方面也说明此类项目在招生时也侧重于招收有实践工作经验的学生。

（三）论文要求

在开设图书馆未成年人服务专业教育项目的 23 所 iSchools 中，仅 4 所高校明确规定学生需完成相关论文才能毕业，分别是：德雷塞尔大学、英属哥伦比亚大学、肯塔基大学和马里兰大学。这说明论文要求仅仅是 iSchools 联盟教育项目对于学生毕业要求的形式之一，并不一定是学生毕业的必要条件。从侧面反映出，iSchools 联盟对硕士层面的学生毕业的要求形式的多样性。[②]

（四）其他要求

除了对修读的学分/学时的基本要求以及实习、论文等要求外，个别院校还要求学生毕业前须通过该校所在地区的相关专业认证考试，如：雪城大学要求学生通过美国纽约州的图书馆学校媒体专员的认证考试，田纳西大学诺克斯韦尔分校要求学生毕业前通过美国田纳西州的教师资格认证考试，威斯康星大学密尔沃基分校也要求学生在获得学校图书馆证书前须取得教师资格证。

第四节　未成年人图书馆与信息服务专业教育的两种思路比较

以下试从培养目标设置、课程设置侧重点、项目课程结构、项目毕业

① 司莉、王思敏：《美国 iSchools 课程设置与能力培养的调查与分析》，《大学图书馆学报》2014 年第 1 期。
② 李金芮、肖希明：《iSchools 人才培养模式研究》，《图书情报工作》2012 年第 12 期。

要求四个方面阐述目前国际图书馆未成年人服务专业教育项目的教育思路。

某种程度上，AASL-CAEP 计划和 iSchools 联盟的未成年人服务专业教育项目，代表了两种不同的教育路径，前者所关注的是较为传统的学校图书馆员的培养，注重传统图书馆学教育；而后者则更关注信息社会环境下的未成年人媒体专家，与信息化、数字化趋势接轨。它们在某种程度上，形成了两条并行而又互相交叉融合的路线，展现了"传统 VS 新兴""传统图书馆学 VS 信息化""传统教育环境 VS 信息媒体环境"等一系列的碰撞。

一　培养目标设置的比较

作为学校图书馆学教育计划核心部分的 AASL-CAEP 计划，其项目侧重点显然要倾向于学校图书馆专业人员的培养。据笔者统计，在该计划包含的 40 所大学 58 个子项目中，明确在培养目标中提到"学校图书馆"或"学校助理馆员"的项目共计 26 个，分别从属于 18 个认证院系，如科罗拉多大学教育与人类发展学院的信息与学习技术文学硕士（学校图书馆与教育领导力方向）、佐治亚大学教育学院的学校图书馆媒体教育硕士、俄克拉荷马州立大学教育学院的学校图书馆媒体证书等。其他类似的表述还有"图书馆媒体""教育媒体"等，如阿肯色理工大学教育学院的图书馆媒体专业馆员在线培养计划、诺瓦东南大学教育学院的教育媒体专业等。中央俄克拉荷马大学的图书馆媒体教育硕士培养计划中明确表示虽然部分课程的培养对象是未来的公共图书馆员或高校图书馆员，但其重点仍然是学校图书馆。[①] 休斯敦克利尔湖大学教育学院的各项计划指出其目标是培养合格的学校图书馆员。[②] 萨勒姆州立大学教育学院的图书馆媒体研究项目亦明确表示其毕业学生的工作机构是学校图书馆，而非商业、公共或大

① University of Central Oklahoma. College of Education and Professional Study. Master of Education in Library Media Education ［EB/OL］. ［2016 – 06 – 01］. http://www. uco. edu/ceps/dept/Education-Programs/apss/library-media/index. asp.

② University of Houston-clear lake. School of Educatoin. School Library and Information Science ［EB/OL］. ［2016 – 06 – 01］. http://prtl. uhcl. edu/portal/page/portal/SOE/Programs/SLIS/.

学图书馆。①

　　当然，偏重于学校图书馆的未成年人服务的专业教育并不意味着不关注公共图书馆的未成年人服务。在 AASL-CAEP 计划中，有少数项目在一定程度上关注了公共图书馆的未成年人服务。如美国天主教大学图书馆与信息科学学院开设的"青少年媒体"课程中提到其服务对象为学校图书馆媒体中心与公共图书馆的青少年群体。② 宾夕法尼亚州库兹敦大学教育学院的课程设置中包含了"公共图书馆服务"和"公共图书馆与专门图书馆实地考察"，体现出其对于未成年人服务在公共图书馆领域内的关注。而在 iSchools 联盟院校的教育项目中，对公共图书馆的未成年人服务的关注相对更为显著，说明 iSchools 的培养目标覆盖面更为全面，符合其对全面的信息职业人才培养的追求。如：查尔斯特大学信息学院的信息学硕士项目（儿童图书馆员）③、德雷塞尔大学计算机与信息科学学院的图书情报硕士项目（少儿服务方向）④、伊利诺伊大学厄巴纳－香槟分校图书馆和信息科学研究生院的未成年人教育认证项目⑤、北得克萨斯大学信息学院的图书馆学硕士项目（未成年人图书馆事业方向）⑥ 以及威斯康星大学麦迪逊分校图书馆与信息学院的文学硕士项目（青少年服务专业人员）⑦ 均在培养目标中明确指出其相关项目是为公共图书馆培养专业人员。

　　相较于明显侧重于学校图书馆专业人员教育的 AASL-CAEP 计划，

① Salem State University. Master of Education in Library Media Studies［EB/OL］.［2016 - 06 - 01］. http：//www. salemstate. edu/academics/schools/18925. php.

② Catholic University of America-Department of Library and Information Science. Course Catalog ［EB/OL］.［2016 - 06 - 01］. http：//lis. cua. edu/courses/courses. cfm.

③ Charles Sturt University. Master of Information Studies（with Specialisations）［EB/OL］.［2016 - 06 - 01］. http：//www. csu. edu. au/courses/master-of-information-studies#. UpLWhuJgBhE.

④ Drexel University. MS in Library & Information Science-Youth Services Concentration［EB/OL］. ［2016 - 06 - 01］. http：//drexel. edu/cci/programs/graduate-programs/ms-in-library-and-information-science/youth-services-concentration/.

⑤ University of Illinois at Urbana-Champaign. Certificate in Youth Services［EB/OL］.［2016 - 06 - 01］. http：//www. lis. illinois. edu/academics/degrees/specializations/youth_services.

⑥ University of North Texas. Master of Science in Library Science-Youth Librarianship［EB/OL］. ［2016 - 06 - 01］. http：//lis. unt. edu/ms-ls-youth-librarianship.

⑦ University of Wisconsin，Madison. Youth Services Specialization［EB/OL］.［2016 - 06 - 01］. http：//www. slis. wisc. edu/youthservices. htm.

iSchools 联盟院校的教育一直以培养新型信息职业者作为重要目标①，图书馆未成年人服务专业教育仅作为其教育的一个分支，因而在 70 多所 iSchools 院校中仅有 1/3 的院校开设了图书馆未成年人服务专业教育的相关项目。在开设图书馆未成年人服务专业教育项目的 23 所 iSchools 院校的 36 个项目中，明确提及"学校图书馆"的项目共计 15 个，如：德雷塞尔大学计算机与信息科学学院的图书情报硕士项目（学校图书馆媒体方向）、西蒙斯学院图书馆与信息科学学院的图书情报硕士项目（学校图书馆教师方向）和学校图书馆教师证书项目、伊利诺伊大学厄巴纳－香槟分校图书馆和信息科学研究生院的图书情报硕士项目（学校图书馆学方向）和学校图书馆员专业教育项目等。此外，还有 5 个 iSchools 院校项目虽未直接标注"学校图书馆"等字样，但在其培养目标中指出要培养适合在学校图书馆为未成年人提供服务的专业人员，分别是：巴伊兰大学信息科学学院的文学硕士项目（教育与文化机构信息职业专家方向）、雪城大学信息学院的学校媒体高级证书项目、英属哥伦比亚大学图书档案与信息科学学院的图书情报硕士项目、威斯康星大学麦迪逊分校图书馆与信息学院的文学硕士项目（青少年服务专业人员方向）和威斯康星大学密尔沃基分校信息学院的图书情报硕士项目（图书馆媒体专业人员证书）。由此可看出，iSchools 联盟院校的图书馆未成年人服务专业教育项目的教育思路也是偏重于学校图书馆的未成年人服务，但是更强调将学生培养成为新型的信息职业人才。

二 课程设置侧重的比较

基于前文对 AASL-CAEP 计划和 iSchools 联盟相关课程的分析，可以看出两个计划中的专业教育项目有相当数量的课程偏重学校图书馆或学校媒体中心的人员培养，如：科罗拉多大学丹佛分校开设的"数字时代的学校图书馆""学校图书馆项目管理"，东中央大学开设的"学校图书馆行政管理"，费尔菲尔德大学开设的"学校图书馆媒体资源管理"，休斯敦克利尔

① 沙勇忠、牛春华：《iSchool 联盟院校的课程改革及其启示》，《图书情报知识》2008 年第 11 期。

湖大学开设的"学校图书馆系统与服务""学校图书馆服务管理",宾夕法尼亚州库兹敦大学开设的"学校图书馆的教学功能""学校图书馆行政管理",诺瓦东南大学开设的"学校图书馆媒体项目管理""学校图书馆媒体项目评估",威廉帕特森大学开设的"学校图书馆媒体中心教学技术""学校图书馆事业基础"等。然而,从 AASL-CAEP 计划和 iSchools 联盟课程类别分布图(图 4-1、图 4-2)的分布差异可看出,尽管资源类课程在两大教育联合体中所占比例很高,但是 AASL-CAEP 计划明显更侧重于传统图书馆学的知识讲授,大部分项目中均开设目录学、分类学、馆藏管理、图书馆管理等课程;而 iSchools 联盟中的教育项目则相对弱化传统图书馆学的课程设置,重点突出计算机信息技术/媒体方面的课程,如:数字图书馆、数字媒体、面向图书馆与信息机构的信息技术、儿童信息资源、虚拟资源等。

值得注意的是,这些以协会、联盟或项目而形成的教育联合体,其优势就在于方向调整上的灵活,因此,以上所呈现的两条"路线"不是也不可能是完全隔绝或对抗的。近年来,随着信息化浪潮的日益高涨,AASL-CAEP 计划也逐步开始纳入不少媒体类的课程,两大教育联合体在课程设置上的理念也逐渐趋同。

三　项目课程结构

从 AASL-CAEP 以及 iSchools 联盟的课程结构来看,二者均注重图书馆的资源类课程建设。前者开设资源类课程共 93 门,后者 73 门。而且在课程内容当中,都含有儿童文献、未成年人文献、青少年文献等图书馆资源,可以看出,虽然二者培养目标、课程设置的侧重点有差异,但都需要学生掌握各类文献资源建设的知识和能力。但是,从媒体类、服务类课程来看,又在侧面反映出 AASL-CAEP 和 iSchools 联盟不同的培养目标。在媒体类课程方面,AASL-CAEP 的课程比较传统,包括媒体项目管理、儿童媒体、青少年媒体、学校图书馆技术、图书馆媒体中心运作、媒体中心信息技术、教育信息技术、多媒体技术、计算机与网络技术,种类比 iSchools 联盟多,但是其内容更多的媒体、技术与传统图书馆业务的交融,这也在一定程度上呼应了 ALA/AASL 学校图书馆员培养计划的标准，需要该类馆员掌握必要的信息获取能力，懂得运用信息技术。反观 iSchools 联盟的媒体类课程，包括社交网络、数字图书馆、学校图书馆媒体中心管理、媒体素养，与如今图书馆数字化、智能化的趋势相符，也回应了信息时代对图书馆媒体素养、信息素养的需求，以期培养新型信息专业人才。在服务类课程方面，二者的差异更加明显，AASL-CAEP 的课程，如故事讲述艺术、参考咨询服务、阅读教学等，属于传统图书馆学专业的课程；而 iSchools 联盟的课程除了上述传统课程内容之外，还有信息素养教育、读写素养与阅读、信息行为等与信息社会密切相关的课程。信息素养、媒体素养、阅读素养都是信息化时代对公众、专业馆员提出的要求①，这也说明 iSchools 联盟课程结构与社会需求紧密相连。

四　项目毕业要求

AASL-CAEP 与 iSchools 联盟的毕业要求类似，主要体现在以下四个方面。其一，学生需要完成相应的学分/学时，这是毕业的基本要求。这两个项目中绝大多数的学校都要求学生必须完成规定的学分/学时，才予以毕业，其中不少学校对成绩都有明确的要求，例如 AASL-CAEP 中的中央俄克拉荷马大学、iSchools 联盟中的肯塔基大学等。其二，注重实习实践经验，二者中的高校有些将实习作为必修学分纳入课程设置，有些将其作为毕业的必要条件，可见这两个项目都十分重视学生的实践经历。其三，多数高校将毕业论文作为毕业要求的形式之一，但非必要毕业条件。AASL-CAEP 中有 71% 的高校、iSchools 联盟中有 83% 的高校不将毕业论文作为学生毕业的必要条件，反映二者更注重培养实践型人才，注重学生的实践经历。其四，资格认证要求是少数。只有少数的高校要求学生毕业前完成相关的资格认证，如 AASL-CAEP 项目中的东中央大学，iSchools 联盟中的雪城大学、田纳西大学诺克斯韦尔分校、威斯康星大学密尔沃基分校。

---

① 黄如花、李白杨：《数据素养教育：大数据时代信息素养教育的拓展》，《图书情报知识》2016 年第 1 期。

第五节　中国情况

一　中国当前相关专业教育的情况

"图书馆学教育的根本目的是为图书馆职业培养合格的专业人才。"[1]近年来，我国的图书馆学教育蓬勃发展，为我国图书馆输送了一批又一批的专业从业人员。肖希明等在《我国图书馆学专业教育与职业需求的调查与分析》[2]中指出：我国的图书馆学教育已经形成了一个从学士、硕士、博士到博士后的多层次、较大规模且较为完整的专业教育体系，呈现出良好的发展态势。然而，中国在图书馆未成年人服务专业教育方面却较为欠缺，图书馆学核心课程并未包含"未成年人服务"方面的内容。从事未成年人服务岗位的馆员多为学前教育学科毕业生，缺乏图书馆学相关知识；而图书馆学毕业生在学校并未受过未成年人方面的专业化指导，缺乏教育心理学等相关知识，难以与未成年人很好地沟通，从而在实践中开展未成年人阅读服务工作受到了专业知识欠缺的阻碍。

通过访问我国 15 所开设了图书馆学专业的高校网站发现，到目前为止，只有极少数高校开设过未成年人图书馆与信息服务的相关课程。在课程设置方面，以中山大学资讯管理学院开设的"未成年人信息服务"（图书情报专业硕士选修课程）和"未成年人信息需求、行为与服务研究"（图书馆学硕士选修课程）为例，课程将现代公共文化服务体系建设与未成年人图书馆与信息服务要求相结合，以掌握未成年人服务领域基本理论及研究方法、掌握学术文献的资料式阅读和批判式阅读方法及完成未成年人服务领域一到两项科学研究作为教学目标。

整体而言，我国尚未建立关于图书馆未成年人服务的专业教育体系。

---

① 肖希明、吴钢、刘畅、肖婷：《图书馆学专业教育与图书馆员职业竞争力——来自图书馆馆长的调查与分析》，《图书情报知识》2008 年第 1 期。

② 肖希明、黄如花、司莉：《我国图书馆学专业教育与职业需求的调查与分析》，《中国图书馆学报》2008 年第 3 期。

二 学界态度与业界诉求

(一)学界态度

虽然我国目前尚未开展针对未成年人服务的专业化教育,但是图书馆学界已经逐渐意识到了开展面向图书馆具体职能的专业化教育的必要性,众多学者针对此问题做了思考与探讨。其中陈传夫认为,专业学位应面向宽广的图书情报职业需要,"面向丰富的图书情报实践,借鉴国际上的经验,结合专业学位点人才培养的经验,形成教学特色是十分重要的"。[①] 未成年人服务作为图书馆业务的重要一环,针对其开展专门教育培养专业人才势在必行。

(二)业界诉求

《公共图书馆服务发展指南》中指出:"公共图书馆负有特殊的责任支持儿童学习阅读,鼓励儿童使用图书馆和其他载体的资料。"[②] 《公共图书馆宣言》[③] 也提到,公共图书馆使命的第一条就是"从小养成和增强儿童的阅读习惯"。作为公共图书馆的馆员,要想把未成年人服务工作做好,应该具备心理学、教育学相关知识,具备足够的儿童文学素养,掌握书籍的挑选、分类以及讲故事等技能,可以帮助未成年人进行阅读指引,帮助未成年人培养阅读兴趣,养成良好的阅读习惯,同时拥有持续学习的意识与能力。图书馆未成年人服务专业化教育的缺失,使我国图书馆,特别是公共图书馆、少儿图书馆缺乏相应的专业化人才,目前的馆员大都不是科班出身,水平和能力参差不齐,难以对未成年人的阅读行为进行深入的研究指导,因此开展未成年人阅读服务尤为困难。图书馆方面已经意识到问题的严重性与紧迫性,纷纷自发举行对图书馆员的培训,但是由于培训与学校专业化教育差距较大,无法很好地达到培训的目的。同时,我国目前并没有制定相应的未成年人专业馆员服务能力标准,标准的缺失也使得图书馆没有为未成年人配

---

① 陈传夫:《笔谈·关于图书情报专业学位研究生教育的方法》,《图书情报知识》2011 年第 5 期。

② 国际图联、联合国教科文组织编《公共图书馆服务发展指南》,林祖藻译,上海科学技术文献出版社,2002,第 53 页。

③ 联合国教科文组织:《公共图书馆宣言》[2017 - 03 - 10]. http://www.ifla.org/VII/S8unesco/eng.htm。

备专业的服务人员。因此，业界对专业教育的需求也越来越大。

第六节　关于教育专业性的讨论

一　与实践界关系密切，充分响应实践的需求

AASL-CAEP 的教育计划和 iSchools 联盟的相关计划都非常注重于教学与业界、相关教育界的互动，具体可从其课程设置和教师配置等方面进行探析。

在 AASL-CAEP 计划的项目课程设置中，专门设置实习类课程的大学共计 22 所，有 9 所大学将实习明确列入毕业要求中。其中，麦克丹尼尔学院要求学生完成 99 个小时的学校图书馆实习，威廉帕特森大学对学校媒体中心的实习要求为 150 个小时。除了专门的实习类课程，其他内容的课程也都在不同程度上强调了实践的重要性。如阿肯色理工大学的图书馆媒体专业馆员计划中，参考资料与分类编目两门课程就要求学生在学校图书馆媒体中心进行检索与编目的实际操作。① 而在开设图书馆未成年人服务专业教育的 iSchool 院校中，有超过一半的院校设置了专门的实习类课程。

关于相关教师的配置，所调查的项目中有相当数量的授课者均是长期活跃在图书馆实践界的专业人员。如特拉华大学学校图书馆/媒体专业人员培养项目的主力教师 Sue Gooden 具有在学校图书馆从业 30 余年的经验②；休斯敦克利尔湖大学教育学院的 Jane Claes 副教授做过 10 年的学校图书馆员③；北卡罗来纳中央大学图书馆与信息科学院的 Pauletta Bracy 副教授在任教之前曾于匹兹堡教育委员会担任学校媒体专业人员一职④，该院的 Barbara Montgomery 副教授曾在公共图书馆与学校图书馆从事儿童服

---

① Arkansas Tech University. Course Description［EB/OL］.［2016 - 06 - 01］. http://www. atu. edu/catalog/descriptions/courses. php? catalog = G&subj = EDMD.
② Sue Gooden［EB/OL］.［2016 - 06 - 01］. http://www. artc. udel. edu/our-staff/sue-gooden/.
③ Jane Claes［EB/OL］.［2016 - 06 - 01］. http://prtl. uhcl. edu/portal/page/portal/SOE/faculty/claes. htm.
④ Dr. Pauletta Brown Bracy［EB/OL］［2016 - 06 - 01］. http://nccuslis. org/faculty/bracy.

务①；东北州立大学教育学院的 Barbara Ray 博士与 Kelli Carney 教授做过多年的学校图书馆员②；诺瓦东南大学费尔舍教育学院的 Nancy Teger 副教授曾从事学校图书馆工作③；奥利弗拿撒勒大学研究生与继续教育学院的 Roxanne Forgrave 教授在中小学图书馆担任过馆员与媒体专业人员④；罗德岛大学图书馆与信息科学研究生院的外聘导师 Aaron Coutu 常年在公共图书馆从事青少年服务与参考咨询服务⑤；马里兰大学的 Myra Paul 老师是美国马里兰州蒙哥马利郡公立中学的学校媒体图书馆员。⑥ 以上提到的授课教授均具有在学校图书馆或媒体中心工作的经历，因此他们在教学过程中能够充分做到理论与实践的有效结合。

二 与相关教育界的互动，构建跨领域的专业素养

CAEP 作为美国的教育工作者培养认证机构，其侧重点是为教育界输送人才，因此其认证的培养计划需要时刻关注教育界的相关动向，与教育界的相关演进与实践建立良好的互动关系；iSchools 联盟作为教育界的典型组织，也与教育界保持着较好的互动。

在 AASL-CAEP 计划和 iSchools 联盟的院校中均存在专门面向在职教师或相关教育工作者开设的专业教育项目，如奥利弗拿撒勒大学的图书馆信息专业人员硕士项目即强调"专为任职教师设计，力图将其培养为合格的学校图书馆信息专业人员"⑦；还有少数项目要求学生需持有所在州的教师证书或拥有两年以上的教师工作经验。除此之外，在本次调查涉及的项目中，相当数量的授课教师拥有教育学专业学位，有些还曾在中小学任教，

① Biography [EB/OL]. [2016 - 06 - 01]. http://nccuslis.org/people/faculty/montgomery/index.html.
② Curriculum and Instruction Faculty Bio's [EB/OL]. [2016 - 06 - 01]. https://academics.nsuok.edu/education/Educationhome/Departments/CurriculumInstruction/CIFacultyBios.aspx.
③ Nancy Teger [EB/OL]. [2016 - 06 - 01]. http://education.nova.edu/faculty/teger-nancy.html.
④ Roxanne Forgrave [EB/OL]. [2016 - 06 - 01]. http://www.olivet.edu/Content/Faculty/EDU/Forgrave, _Roxanne.aspx.
⑤ Aaron Coutu [EB/OL]. [2016 - 06 - 01]. http://harrington.uri.edu/person/coutu-aaron-2/.
⑥ Myra Paul [EB/OL]. [2016 - 06 - 01]. http://ischool.umd.edu/faculty-staff/myra-paul.
⑦ Master of Arts: Library Information Specialist [EB/OL]. [2016 - 06 - 01]. http://graduate.olivet.edu/programs/education/master-arts-library-information-specialist.

如萨勒姆州立大学教育学院的 Cleti Cervoni 教授①和 Francesca Pomerantz 教授②；特里夫卡拿撒勒大学图书馆学系的 Judy Bivens③ 以及威斯康星大学密尔沃基分校的 Mary Wepking。④

在课程设置方面，部分项目开设了与教育主题相关的课程，如：阿肯色理工大学专门设置了"教育研究"等教育基础理论课程；中央俄克拉荷马大学开设了"教育研究基础"；休斯敦克利尔湖大学开设了"多元文化教育基础"；内布拉斯加大学卡尼分校开设了"教育研究"；西肯塔基大学开设了"教育技术概论"；威廉帕特森大学教育学院的培养项目包含"教育研究"这一课程，要求学生根据其参与的教育研究项目来完成论文⑤；查尔斯特大学开设了"教育研究概论"；德雷塞尔大学开设了"信息专业人员的教育角色"和"特殊教育基础"等课程。

此外，与教育界互动的另一表现为对教师资格测试的通过要求。在笔者调研设计的教育项目中，AASL-CAEP 计划中有 6 所大学要求学生在毕业前必须通过美国职前教师资格测试 PRAXIS，其中特拉华大学还要求学生在其他教育机构完成 9 个学分/学时的实习课程；iSchools 联盟中则有 3 所院校要求学生在毕业前获得该校所在地区的教师资格认证。

基于上述对 AASL-CAEP 计划和 iSchools 联盟院校的图书馆未成年人服务专业教育项目的内容及课程设置分析，可以了解到国际图书馆未成年人服务的专业教育重心在于培养学校图书馆或相关媒体中心的专业人员，同时也兼顾公共图书馆的未成年人服务专业人员的培养。

1945 年 ALA 对学校图书馆的定义是：学校图书馆是为中小学的师生

---

① Cleti Cervoni ［EB/OL］. ［2016 - 06 - 01］. http://www. salemstate. edu/academics/schools/28386. php？ id = 1171.

② Francesca Pomanrentz ［EB/OL］. ［2016 - 06 - 01］. http://www. salemstate. edu/academics/schools/28386. php？ id = 4417.

③ Judy Bivens ［EB/OL］. ［2016 - 06 - 01］. https://www. trevecca. edu/offices-services/faculty/judy-bivens.

④ Mary Wepking ［EB/OL］. ［2016 - 06 - 01］. http://uwm. edu/informationstudies/people/wepking-mary/.

⑤ Course Details ［EB/OL］. ［2016 - 06 - 01］. http://www. wpunj. edu/coe/departments/elps/coursedetail. dot？ sub = ELCL&n = 629.

服务的，不仅要根据学校课程设置和学生的阅读需求挑选合适的读物，与学校教职员工保持合作协作，还肩负指导青少年学生使用图书馆、鼓励学生发掘自我阅读兴趣的责任。[①] 在新媒体环境下，学校图书馆的职责得到进一步延伸，即负责新媒体相关事项（如：媒体项目管理、媒体资源管理）等。而对于现代学校图书馆或学校媒体中心而言，专业的媒体人员是不可或缺的一部分。因而更凸显了培养专业的学校媒体人员的重要性。在本次调研的专业教育项目中，不少以学校媒体专业人员为主要培养目标的高校通过课程设置，安排诸如："学校图书馆媒体资源管理""学校图书馆服务管理""学校图书馆的教学功能""学校图书馆行政管理""学校图书馆项目管理""学校图书馆媒体项目评估""学校图书馆媒体中心教学技术""学校图书馆基础" 等有针对性的课程从宏观角度提升学生未来从事学校图书馆职业工作的能力；而且绝大多数院校专门开设与学校图书馆或媒体中心相关的实习课程，旨在培养学生的实践能力；资源类课程在总体的课程调研中占有很大的比例，说明不同高校在课程设置上突出对学校图书馆员核心工作的重视，即着重培养学生的资源挑选鉴别能力，以服务学校图书馆或学校媒体中心的资源建设；此外，服务类课程也占有较高的比例，如"讲故事""儿童图书馆服务""参考咨询服务" 等课程的开设都显示出项目所涉及的院校对于学生服务未成年人的专业能力的培养。

除了针对学校图书馆的未成年人服务所设置的相应课程外，在所调研的专业教育项目中，各高校在课程设置方面仍对传统的图书馆学课程保持重视，如开设"图书馆学基础""信息管理概论""信息组织""信息检索""信息分类" 等课程，以保证学生具备图书馆学或信息科学学科的专业核心能力。在着重培养学校图书馆或学校媒体中心专业人员的同时，不少院校也通过开设如"公共图书馆""公共图书馆青少年服务" 等课程平衡对公共图书馆领域的未成年人服务的关注。

综上所述，从培养目标的针对性和课程设置的匹配性来看，所调研的专业教育项目从一定程度上反映了国际图书馆未成年人服务专业教育的专业性。

---

① George W. Huang. Responsibilities of the School Media Specialist [J]. Journal of Library & Information Science，1976（4）：176 – 188.

| 第五章 |

专业性之行业协会[*]

有比较正规的行业协会是"专业性职业"的重要特征。事实上，行业协会还与"专业性职业"的专业教育尤其是继续教育、与"专业性职业"的人员队伍资质认证、与"专业性职业"的专业标准以及职业道德规范等密切相关。本章从图书馆专业组织的主要形式谈起，进而对国际和国外未成年人图书馆与信息服务行业协会的具体情况整理和分析。

第一节　图书馆专业组织的主要形式

图书馆专业组织的主要形式有两种，图书馆协会和图书馆学会。"学会"在英语中对应"society""institute""institution"等，指研究某一学科或某个学术领域的人组成的学术团体[①]。"协会"在英语中一般用"association"表达，通常意义上指"有一群定期开会讨论专业发展的图书馆员、图书馆馆长以及其他与图书馆相关的人员所组成具有会员资格的组织。图书馆协会采用选举方式产生负责人与工作人员，出版协会通讯和专业期刊及收取会费以支持组织活动"[②]。图书馆协会的发展要早于图书馆学会。因

---

[*] 中山大学图书情报专业硕士周鹤在导师张靖的指导下撰写了硕士学位论文《国际图书馆未成年人服务专业性研究：行业协会的视角》，本章经导师和学生同意，在该学位论文的基础上由本书作者进行补充和修改。

[①] 《现代汉语大词典》，汉语大词典出版社，2000，第 249 页。

[②] Reitz, Joan M. Dictionary for Library and Information Science. Westport, Conn.：Libraries Unlimited, 2004：405.

为作为科学学会，后者的诞生需以现代图书馆学理论及其专业教育发展为前提，而现代图书馆学的产生远远晚于图书馆的诞生。[①]

两种形式的图书馆专业组织之间存在区别和联系。"在发展功能方面，学会是学术共同体为加强学术交流与合作而自发组织的民间团体，其承担学科建设与发展、理论原始创新与发展等职责；协会侧重图书馆行业管理，促进图书馆事业和图书馆职业的协调发展，最终目的在于维护行业发展利益。在组织会员方面，学会会员主要为来自不同单位的研究学者，且均具备图书馆学学科背景；而协会会员基本上来自于图书馆行业的各种单位实体，且不要求具备同一学科背景。"[②]

未成年人图书馆与信息服务专业组织主要包括以下两类：专门而独立的未成年人图书馆与信息服务专业组织（如 IASL）；综合性图书馆与信息服务专业组织的下属机构（如 IFLA、ALA、中国图书馆学会等均有此类下属机构）。

第二节　国际及国外重要未成年人图书馆与信息服务专业协会

一　整体情况

当前在世界范围内发展较为成熟且影响较大的未成年人图书馆与信息服务专业协会主要有 9 个，具体情况如表 5-1 所示。

表 5-1　国际图书馆未成年人服务行业协会

序号	名称	简称	成立时间	服务范围	涉及对象
1	国际图联儿童与青少年部 IFLA-Libraries for Children and Young Adults Section	IFLA-LCYAS	1955 年	世界	公共图书馆

---

① 顾烨青：《图书馆学会与图书馆协会之辨及其思考——写在中国图书馆学会成立三十周年之际》，《图书馆》2009 年第 6 期。

② 同上。

序号	名称	简称	成立时间	服务范围	涉及对象
2	国际图联学校图书馆部 IFLA-School Libraries Section	IFLA-SLS	1977 年	世界	学校图书馆
3	国际学校图书馆协会 International Association of School Librarianship	IASL	1971 年	世界	学校图书馆
4	美国图书馆协会儿童图书馆服务协会 ALA-Association for Library Service to Children	ALA-ALSC	1941 年	世界	公共图书馆
5	美国图书馆协会青少年图书馆服务协会 ALA-Young Adult Library Services Association	ALA-YALSA	1957 年	美国	公共图书馆
6	美国图书馆协会美国学校图书馆员协会 ALA-The American Association of School Librarians	ALA-AASL	1951 年	美国、加拿大	学校图书馆
7	英国图书馆与信息专业人员协会青少年图书馆组 CILIP-Youth Libraries Group	CILIP-YLG	1962 年	英国	公共图书馆
8	英国图书馆与信息专业人员协会学校图书馆组 CILIP-School Libraries Group	CILIP-SLG	2002 年	英国、爱尔兰	学校图书馆
9	英国学校图书馆协会 School Library Association	SLA	1937 年	英国	学校图书馆

二 国际图联儿童与青少年部 (IFLA-LCYAS)

(一) 历史沿革

LCYAS 是 IFLA 下属专门负责儿童与青少年未成年人图书馆服务的分支机构。1955 年 IFLA 大会在布鲁塞尔举行，当时有三名荷兰儿童图书馆员倡议建立专门的未成年人图书馆服务专业职能机构，而后会议审议批准建立儿童图书馆工作委员会（Committee on Library Work with Children）。①
随后因实际发展的需要，委员会成为 IFLA 公共图书馆部下属子机构，部
门名称改为"儿童图书馆工作分部"（Sub-Section on Library Work with Chil-
dren）。

1955～1960 年，委员会成员不断推进儿童图书馆专业性发展研究，1967
年时，根据 IFLA 大会公约要求，Aase Bredsdorff 与 Lisa-Christina Persson 联
合编辑 3 卷关于儿童图书馆服务（及培训）的报告，并于 1970 年正式出
版，为当时的儿童图书馆服务专业提升提供指导。② 因未成年人图书馆与
信息服务专业性发展的必然要求，1977 年儿童图书馆工作分部正式更名为
"儿童图书馆部"（Children's Libraries Section）并从公共图书馆部中真正独
立出来。③ 随后再次更名为现在的名称"儿童与青少年图书馆部"。

（二）组织架构

LCYAS 委员会成员为世界各地从事未成年人图书馆与信息服务工作的
专业人员，委员会设主席一名，任期为 4 年；设秘书一名，负责 LCYAS 日
常信息沟通，任期为 5 年。此外，委员会设置常务委员若干名，承担机构
重大事项决议以及参与未成年人图书馆标准制定等职责④。委员会所有成
员需每年参加 IFLA 年会以及 LCYAS 不定期的年中会议，积极与未成年人
图书馆服务领域人员交流与分享经验。作为 IFLA 下属部门，LCYAS 委员
不拥有资产或负责资产管理的权限。

目前，"LCYAS 现任主席为 Jorun Systad（挪威），现任秘书为 Amal Al
Shammari（卡塔尔），常务委员有 Razina Akhter（孟加拉国）、Charlotta

① IFLA. Libraries for Children and Young Adults Section: 50th Anniversary Leaflet ［EB/OL］.
［2018 － 08 － 13］. https://www. ifla. org/files/assets/libraries-for-children-and-ya/publications/
50th-anniversary-leaflet-en. pdf.
② IFLA. Libraries for Children and Young Adults Section: 50th Anniversary Leaflet ［EB/OL］.
［2018 － 08 － 13］. https://www. ifla. org/files/assets/libraries-for-children-and-ya/publications/
50th-anniversary-leaflet-en. pdf.
③ IFLA. Libraries for Children and Young Adults Section: 50th Anniversary Leaflet ［EB/OL］.
［2018 － 08 － 13］. https://www. ifla. org/files/assets/libraries-for-children-and-ya/publications/
50th-anniversary-leaflet-en. pdf.
④ IFLA. Membership Information ［EB/OL］. ［2018 － 08 － 13］. https://www. ifla. org/files/assets/li-
braries-for-children-and-ya/publications /iflamembershipenglish. pdf.

Boström（瑞典）、Cosmas Mabeya（南非）、Naoko Nakajima（日本）、Anton Purnik（俄罗斯）、Viviana Quiñones（法国）、Benjamin Scheffler（德国）、Daniela Skokovic（塞尔维亚）、Taïna Tranquille（海地）、Weesook Yeo（韩国）等，任期为 2017 ~ 2021 年"。[①]

（三）宗旨目标

LCYAS 的宗旨是为全世界的未成年人提供图书馆服务和阅读推广服务。其主要任务是促进未成年人图书馆服务领域的合作。"LCYAS 致力于满足未成年人图书馆基于青少年特定需求，提供面向儿童服务转型的未成年人服务；同时，积极向青少年提供适合其发展阶段的教育、信息、文化、娱乐服务；并将培育未成年人发展核心素养与终身学习能力作为机构发展使命。"[②]

因而，LCYAS 将主要目标细化为以下五方面："鼓励并培育适应信息时代发展的素养；鼓励将儿童图书馆和青少年图书馆服务中的新旧技术进行整合；根据联合国《儿童权利公约》的精神倡导儿童的权利；鼓励图书馆员和研究人员在未成年人图书馆服务领域进行合作；强化未成年人图书馆馆员的专业特征及角色。"[③]

（四）核心活动

LCYAS 核心活动主要由三部分组成，未成年人图书馆事业管理、未成年人图书馆与信息服务项目建设以及未成年人素养培育国际合作。

在图书馆事业管理方面，LCYAS 一直致力于搭建国际未成年人图书馆与信息服务交流平台，积极推动 IFLA 标准体系建设。为扩展未成年人图书馆与信息服务，LCYAS 倡导服务多样化发展，致力于保障未成年人知识自由与未成年人信息素养教育。

在项目建设方面，LCYAS 主要建设三大项目，项目一"Best Practices"

① IFLA. Membership Information ［EB/OL］．［2018 – 08 – 13］. https：//www. ifla. org/files/assets/libraries-for-children-and-ya/publications /iflamembershipenglish. pdf.

② IFLA. Membership Information ［EB/OL］．［2019 – 05 – 13］. https：//www. ifla. org/files/assets/libraries-for-children-and-ya/publications /iflamembershipenglish. pdf.

③ IFLA. Membership Information ［EB/OL］．［2019 – 05 – 13］. https：//www. ifla. org/files/assets/libraries-for-children-and-ya/publications /iflamembershipenglish. pdf.

（最佳实践），通过收集世界范围内儿童图书馆发展最佳实践，实践内容涵盖图书馆活动、阅读指导、儿童各图书馆服务宣传以及图书馆空间创新设计等各个方面。[①] 该项目主要分"两步走"，第一步是将最佳案例拍成 3 分钟短视频放在"YouTube"等视频平台上进行展示，第二步是借助 IFLA-LCYAS 官网等进行宣传，为各地儿童图书馆服务实际工作提供指导。项目二"Sister Libraries"（姐妹图书馆）[②]，旨在与其他机构建立合作关系，共同推动儿童与青少年阅读。参与成员由公共图书馆、学校图书馆以及相关专业协会组成，其成果为未成年人图书馆信息服务共享平台。[③] 项目三"The World Through Picture Books"（世界绘本书目），2011 年正式建立，旨在建立童书导读目录。项目建设反响积极，得到世界范围内的儿童图书馆员以及童书作者与出版机构的积极回应。2012 年，目录成果《世界童书目录》（*The World Through Picture Books*）以 IFLA 报告的形式发布，2015 年报告更新发布第二版。[④]

在未成年人素养培育国际合作方面，LCYAS 每年承担世界图书馆与信息大会的会议（World Library and Information Congress）与未成年人图书馆服务分会筹备等国际交流会议的会务工作。积极与国际未成年人服务与发展专业协会如国际儿童数字图书馆协会（International Children's Digital Library）、国际青少年书目委员会（International Board on Books for Young People，IBBY）以及国际阅读协会（International Reading Association，IRA）建立合作关系。LCYAS、IBBY 与 IRA 在 2005 年联合发布了合作公约（Memorandum of understanding），以推动未成年人素养培育的可持续发展。

[①] LCYAS. Sister Libraries for Children's and Young Adult's Reading ［EB/OL］［2018 – 08 – 15］. https：//www. ifla. org/node/1746.

[②] Libraries for Children and Young Adults Section. Sister Libraries for Children's and Young Adult's Reading ［EB/OL］.［2019 – 02 – 15］. https：//www. ifla. org/node/1746.

[③] LCYAS. Sister Libraries for Children's and Young Adult's Reading ［EB/OL］.［2018 – 08 – 15］. https：//www. ifla. org/node/1746.

[④] LCYAS. The World Through Picture Books ［EB/OL］.［2018 – 08 – 15］. https：//www. ifla. org/publications/ifla-professional-reports-136.

（五）业界影响

LCYAS 积极推动未成年人图书馆与信息服务标准化建设，1991 年组织制定《儿童图书馆服务指南》，以 IFLA 专业报告形式发布，指南于 2003 年进行修订；1996 年组织制定《青少年图书馆服务指南》，并于 2009 年进行修订；2007 年组织制定《婴幼儿图书馆服务指南》。与此同时，LCYAS 组织标准的翻译工作，消除语言障碍。目前，这三份指南已成为世界范围内最具影响力的未成年人图书馆服务参考标准，推动为未成年图书馆服务专业性的进一步提升。针对信息社会发展特征，LCYAS 发布多项政策与声明，敦促创新未成年人信息素养教育。

LCYAS 积极推进未成年人图书馆与信息服务专业研究，早期主办文摘《儿童文献文摘》（*Children's Literature Abstracts*），1996 年主办文摘《国际研究文摘：未成年人图书馆服务》（*International Research Abstracts：Youth Library Services*）。借助学术刊物，提供图书馆员知识共享平台。2011 年组织出版学术著作《面向儿童的图书馆空间设计》（*Designing Library Space for Children*），回顾儿童图书馆服务发展历程，以总结信息时代儿童图书馆服务发展的创新思路与专业提升路径，为儿童图书馆服务空间设计提供专业指导。

为扩大 LCYAS 影响范围，与瑞典政府合作设置"阿斯特丽·德林格伦纪念奖"（Astrid Lindgren Memorial Award），奖励儿童与青少年文学作品作者。奖项的设置一方面扩大了 LCYAS 的社会影响；另一方面也帮助馆员在未成年人阅读指导以及素养教育方面专业性进一步提升。

三 国际图联学校图书馆部（IFLA-SLS）

（一）历史沿革

SLS 成立于 1977 年，隶属于 IFLA 类型图书馆专业部（Section）。SLS 关注世界各地学校图书馆的完善和发展，重点关注学校图书馆员资质问题，积极对外宣传学校图书馆在促进学生成就方面的重要作用。

20 世纪 80 年代至 90 年代，SLS 的工作重点为制定标准，出版了一系列指南文件，内容涵盖学校图书馆管理、学校图书馆发展以及学校图书员的教育和培训。① 20 世纪 90 年代，SLS 改名为"学校图书馆和资源中心组"。2013 年复名为学校图书馆部。

（二）组织机构

SLS 委员会成员为世界各地从事学校图书馆工作的专业人员，成员任期为 4 年。"委员会设主席 1 名，负责统筹 SLS 发展总体事务；设秘书一名，负责 SLS 日常事务管理。此外，委员会设置信息联络官 1 名，主要负责 SLS 日常信息发布与机构宣传工作。SLS 中设立常务委员 12 名，承担机构重大事项决议以及参与学校图书馆标准制定等职责。委员会所有成员需每年参加 IFLA 年会以及 SLS 定期的年中工作会议，积极推进学校图书馆领域人员经验交流。"②

目前，SLS 现任主席为 Joanne Plante（加拿大），现任秘书为 Valérie Glass（法国），当前的常务委员会由以下成员组成：Albert K Boekhorst（巴西）、Karen Gavigan（美国）、Rei Iwasaki（日本）、Melissa Johnston（美国）、Vanja Jurilj（克罗地亚）、Verena Lee Ping（新加坡）、Luisa Marquardt（意大利）、Irina Nehme（德国）、Judy O'Connell（澳大利亚）、Hans-Petter Storemyr（挪威）、Ivanka Stricevic（克罗地亚）、Didier Vin-Datiche（法国）、Jing Zhang（中国），任期为 2017 ~ 2021 年。

（三）宗旨目标

SLS 将推动全球学校图书馆的改进和发展作为其发展的重要使命，积极倡导学校图书馆专业馆员的职业生涯规划发展。SLS 强调学校图书馆在提高学生学习成绩以及素养教育等方面的重要作用。③ SLS 致力于为学校图书馆员及该领域研究学者服务，积极组织实际工作经验分享以及研究成果交流的国际论坛。

---

① Schultz-Jones B，Oberg D. Global action on School Library Guidelines［M］. The Hague，Netherlands：De Gruyter Saur：3.

② SLS. School Library Section Mission［EB/OL］.［2018 - 08 - 15］. https：//www. ifla. org/files/assets/school-libraries-resource-centers/publications/ifla-school-library-leaflet - 2016. pdf.

③ SLS. School Library Section Mission［EB/OL］.［2018 - 08 - 15］. https：//www. ifla. org/files/assets/school-libraries-resource-centers/publications/ifla-school-library-leaflet - 2016. pdf.

（四）核心活动

SLS 核心活动主要由两部分组成，学校图书馆建设指导与学校图书馆专业发展研究。

在学校图书馆建设指导方面，SLS 一直致力于协助学校图书馆专业人员和教育决策者建设学校图书馆，以保障所有师生都能受惠于由符合资质的学校图书馆工作人员所提供的、有效的学校图书馆活动和服务。为推动学校图书馆可持续发展，SLS 积极推进世界范围内的学校图书馆专业标准以及相关政策的制定。此外，SLS 积极参与 IFLA 年会筹备工作，并定期召开机构工作会议。会议期间，组织学校图书馆参访，促进世界学校图书馆发展经验交流。

在学校图书馆专业发展研究方面，C&YAS、SLS 与 IFLA 其他下属机构信息素养部（Information Literacy Section）、素养与阅读部（Literacy and Reading Section）积极开展合作，通过联合声明、商议计划以及共同筹备 IFLA 大会分会场等方式[①]，共同强调图书馆在支持阅读与终身学习方面的核心作用。同时，SLS 主要与 IASL 展开合作[②]，并建立长期合作关系。广泛收集学校图书馆建设最佳实践案例，并与学校图书馆领域著名研究学者合作进行深层次研究，探究案例推广以及学校图书馆标准的国际适用性与时效性等问题。

（五）业界影响

SLS 积极推动学校图书馆专业标准建设，1986 年组织制定《学校图书馆员教育与培训指南》（*Guidelines for the Education and Training of School Librarians*），并于 1995 年修订。1999 年参与制定《学校图书馆宣言》（*School Library Manifesto* 1999）修订。1995 年组织制定《学校图书馆员：素质要求指南》（*School librarians：Guidelines for Competency Requirements*）。2002 年组织制定《学校图书馆指南》，并于 2015 年进行修订，以 IFLA 专

---

① School Libraries Section. IASL and IFLA-Joint Working Party Proposal ［EB/OL］. ［2019 – 02 – 28］. https：//www. ifla. org/node/920.

② School Libraries Section. IASL and IFLA-Joint Working Party Proposal ［EB/OL］. ［2019 – 02 – 28］. https：//www. ifla. org/node/920.

业报告形式发布《学校图书馆指南》（第二版）。以《学校图书馆指南》（第二版）为蓝本，于 2015 年组织制定《学校图书馆指南行动指导》（*Global Action on School Library Guidelines*）。与此同时，SLS 积极推进学校图书馆系列标准与政策的翻译工作，促进国际交流。

　　SLS 重视学校图书馆专业研究，学校图书馆领域研究成果丰硕，多以 IFLA 专业报告形式发布，提供开放获取资源。1998 年以前的早期 IFLA 专业报告目前无法获取，SLS 组织汇编关于学校图书馆发展与专业研究的 IFLA专业报告，形成《学校图书馆部书目》（*Books and Reports of the Section of School Libraries*），并正式出版。2011 年，为促进学校图书馆员服务专业性提升，SLS 组织出版《面向全球化视野的学校图书馆：项目与实践》①，全书为学校图书馆实践推广案例汇编，围绕学生素养教育展开，分析学校图书馆在此环境下的机遇与挑战。

四　国际学校图书馆协会（IASL）

（一）历史沿革

　　1960 年起，一些学校图书馆工作者向世界工作联合组织（World Confederation of Organization of the Teaching Professions，WCOTP）倡议建立学校图书馆国际交流论坛。1968 年，WCOTP 爱尔兰都柏林会议上成立了专门负责学校图书馆工作小组，小组制定了学校图书馆发展计划②，并对 WCOTP 成员国中学校图书馆计划情况进行调查。在工作小组的指导下，WCOTP 所辖范围内的成员国学校图书馆工作逐步走向正规化。

　　1969 年在悉尼会议期间，工作小组向 WCOTP 建议成立关于学校图书馆的特设委员会，以便指导学校图书馆事业可持续发展。该委员会后来在美国组织设定章程，IASL 诞生。1971 年 WCOTP 年会期间，IASL 在牙买加金斯敦举行了成立典礼。③

① SLS. Publications from School Libraries［EB/OL］.［2018－08－15］. https：//www. ifla. org/publications/52.
② 琼·劳里、长江：《国际学校图书馆协会》，《大学图书馆通讯》1987 年第 5 期。
③ 同上。

（二）组织架构

IASL 协会由执行管理机构主导，下设地区管理工作组、IASL 常务管理委员会与特殊兴趣小组（Special Interest Groups，SIG）。执行管理机构负责 IASL 的战略发展方向，选举产生协会主席一名，副主席两名；与此同时，由主席团成员任命管理办公室人员，负责 IASL 日常信息发布等工作。[①] 目前，主席为 Katy Manck（美国）、副主席为 Albert Boekhorst（巴西）与 Patricia Carmichael[②]（澳大利亚），任期为 2016～2019 年。

IASL 地区管理工作组下设非洲、亚洲、北美、拉丁美洲、东亚、欧洲、北非/中东与大洋洲八大区域与国际范围学校图书馆等九大工作小组，工作小组各设组长一名，组织本区域的学校图书馆事业发展活动等。当前，各地区管理工作组长为 Jerry Mathema、Shyh-Mee Tan、Tom Adamich、Paulette Stewart、Annie Tam、Vanja Jurilj、Sevgi Arioglu、Susan La Marca、Zakir Hossain[③]，任期为 2016～2019 年。

IASL 设常务管理委员会主要负责 IASL 协会日常运作，设置委员会主席一名名向执行管理机构报告。[④] 委员会岗位设置与成员任命主要根据 IASL 发展需要。目前委员会设置委员管理工作小组，小组设置奖项评选、预算与经费管理、章程管理与修订、信息发布与联络、出版与研究以及协会会员管理等九大管理岗位。当前，委员会成员为 Katy Vance、Jennifer Branch-Mueller、Kerry Pope 与 Dianne Oberg。

SIG 在 IASL 中承担为学校图书馆管理专业人员搭建交流平台的职责，并及时通报专业发展趋向与动态。在此基础上，参与 IASL 年会的筹备与学校图书馆发展需求调研。在 SIG 内部，工作小组成员成立协会专题论坛，以协调各项工作，交流当前理论与实践研究成果、分享工作经验等，旨在

---

① IASL. IASL Regional Board of Directors ［EB/OL］.［2018 - 08 - 22］. https://www. iasl-online. org/about/leadership/directors. html.

② IASL. IASL Executive Officers ［EB/OL］.［2018 - 08 - 22］. https://www. iasl-online. org/about/leadership/officers. html.

③ IASL. IASL Regional Board of Directors ［EB/OL］.［2018 - 08 - 22］. https://www. iasl-online. org/about/leadership/directors. html.

④ IASL. IASL Committees ［EB/OL］.［2018 - 08 - 22］. https://www. iasl-online. org/about/leadership/committees. html.

促进学校图书馆专业性提升。①

（三）宗旨目标

IASL 以在世界各国建立和发展学校图书馆事业方面发挥重要作用作为自身发展的愿景。在发展使命方面，IASL 致力于为学校图书馆人员提供学校图书馆发展与交流论坛，并积极为学校图书馆项目与专业发展提供指导与建议。IASL 还与其他专业协会和机构合作，谋求学校图书馆事业发展创新方向与路径②。

具体而言，IASL 将协会目标细化为："倡导各国学校图书馆的发展；鼓励将学校图书馆计划纳入学校的教学和课程；持续推进学校图书馆人员的专业教育和职业继续教育；培养世界各地学校图书馆员的社区意识；培育与延伸学校图书馆员与其他与儿童和青年有关的职业之间的联系；促进学校图书馆专业领域的研究，并将其研究成果与相关领域的相关知识相结合；推动学校图书馆领域著作的出版，传播有关学校图书馆管理成功案例等信息；分享国际范围内关于儿童和青年方案和材料的信息；发起和协调学校图书馆员和信息服务领域的活动、会议和其他项目。"③

（四）核心活动

IASL 的核心活动主要由四部分组成，制定与落实学校图书馆发展政策、推动与发展学校图书馆项目、搭建学校图书馆事业发展交流平台以及持续推进学校图书馆专业研究。

在学校图书馆发展政策方面，IASL 明确学校图书馆信息传播、教育、文化与娱乐四大功能，并积极为学校图书馆信息资源建设、馆舍建设、人员配备、素养培育以及公共关系发展方面提供指导性意见。IASL 重视学校图书馆工作中的实际需求，定期评估并修订相关发展政策。以文本内容基础，设计政策实施行动计划。

在学校图书馆项目方面，IASL 设立"国际学校图书馆月"（International

---

① IASL. IASL Special Interest Groups. ［EB/OL］. ［2018 - 08 - 22］. https://www. iasl-online. org/about/leadership/sigs. html.

② IASL. Vision, Mission, and Objectives ［EB/OL］. ［2018 - 08 - 22］. http://www. carl-abrc. ca/.

③ IASL. Vision, Mission, and Objectives ［EB/OL］. ［2018 - 08 - 22］. http://www. carl-abrc. ca/.

School Library Month）项目，项目发展主要为搭建学校图书馆宣传渠道，拉近学校图书馆与用户之间的距离。该项目由"学校图书馆日"（International School Library Day）发展而来，该项目由各地学校图书馆负责人在 10 月份选择一天，一周或整个月，向学校师生宣传学校图书馆的重要性以及重大发展成果。此外，IASL 建立"Giggle IT"项目，旨在为世界各地的儿童提供分享图书馆学习与生活交流平台，以此推动未成年人图书馆与信息服务国际交流与合作。该项目的目标群体为 10~14 岁的青少年，具有一定挑战性，来自不同国家与地区的学生需要合作完成可视化的交流展示①，以提高跨文化交流能力并扩大国际发展视野。

在学校图书馆事业发展交流平台方面，IASL 积极与其他专业机构协会合作。IASL 与 IFLA-SLS 合作，2002 年联合编写《学校图书馆指南》，并于 2015 年联合修订并发布《学校图书馆指南》（第二版），推进学校图书馆事业发展标准化建设。IASL 与 IBBY、ICDL 进行合作，推进未成年人阅读素养培育的相关工作，旨在提升未成年人阅读能力。

在学校图书馆专业研究方面，IASL 倡导学界与业界积极交流，促进学校图书馆事业科学发展。IASL 定期将其他专业学会的关于学校图书馆事业发展的研究成果，定期总结与整理，发布在其官网上。与此同时，IASL 推进学校图书馆专业研究出版与发布，选取世界范围内的学校图书馆"最佳实践"案例供研究者与工作人员学习与探讨。

（五）业界影响

IASL 积极推进未成年人图书馆与信息服务专业研究，主办学术刊物《学校图书馆世界》（*School Libraries Worldwide*）。期刊为半年刊，提供开放获取资源，并被部分期刊数据库收录。论文均经过双盲同行评审，IASL 期刊编辑部邀请世界范围内学校图书馆研究重要学者进行撰稿。IASL 每年举办一次学校图书馆交流年会与国际交流论坛，方便来自世界各地的学校图书馆专业人员进行交流与经验分享，以促进学校图书馆未成年人信息服务

① IASL. GiggleIT Home［EB/OL］.［2018－08－22］. https://www.iasl-online.org/resources/Pictures/GiggleBrochure-2017－A4. pdf.

专业性提升。

IASL 设置学校图书馆奖项用于推进学校图书馆"最佳实践"个案推广、图书馆创新发展以及图书馆交流论坛建设等，如儿童童书奖（IASL Books for Children Award）、学校图书馆技术创新奖（IASL School Library Technology Innovation Award）、国际卓越风采奖（IASL International Excellence Award）等涉及多个主题，奖励在专业性提升方面做出突出贡献的图书馆员或学校图书馆，业界影响广泛。

五　美国图书馆协会儿童图书馆服务协会（ALA-ALSC）

（一）历史沿革

1901 年，ALA 成立了儿童图书馆工作部（Section for Library Work with Children，SLWC），以规范未成年人图书馆与信息服务发展。在实践中，ALA 学校图书馆部（School Libraries Section，SLS）与 SLWC 部门工作交叉，故于 1930 年两大部门联合建立青少年阅读圆桌会议（the Young People's Reading Round Table），以提升未成年人阅读素养。1957 年，ALA 对其组织架构重进行重组，儿童服务方面成立 ALA 儿童服务专业组（Children's Services Division，CSD），倡导各类型图书馆建立专门的儿童阅读馆藏。1977 年，ALA 年会将 CSD 正式改名为"儿童图书馆服务协会"。①

（二）组织架构

ALSC 将帮助和鼓励儿童图书馆从业人员专业性发展作为组织运营的核心目标，积极推进儿童图书馆事业可持续发展，以期为美国儿童提供最好的图书馆服务。组织设置理事会负责协会日常运行，设 ALSC 主席、副主席、前任主席、财务委员、协会各部门委员与八名协会董事，共计 13 个职位。② 其中，ALSC 协会主席任期 1 年，负责统领 ALSC 重大发展事务并需参与 ALA 年会儿童图书馆服务分会场建设，有提名任命组织常务委员的

---

① ALSC. A brief history of ALSC [EB/OL]. [2018 - 09 - 22]. http://www. ala. org/alsc/aboutalsc/historyofalsc#history.

② ALSC. Governance [EB/OL]. [2018 - 09 - 22]. http://www. ala. org/alsc/aboutalsc/governance.

权力。ALSC 协会副主席主要承担协助主席完成组织持续发展的重要任务。前任主席向主席及委员提供咨询服务，根据自身经验帮助 ALSC 明确发展方向。财务委员任期 3 年，主要负责与 ASLC 发展相关的经济事务。ALSC 部门委员任期为 3 年，承担定期向理事会报告 ALSC 发展情况，负责组织召开中期会议，承担 ALA 年会儿童图书馆服务分会场建设。ALSC 董事任期为 3 年，负责 ALSC 政策的制定以及 ALSC 预算审批、参与 ALSC 重大事项决策以及 ALSC 项目建设。[①]

根据 ALSC 章程，理事会所有委员由选举产生[②]，所有委员需要在每年 1 月与 7 月参加 ALSC 中期会议。[③] 当前，ALSC 主席为 Jamie Campbell Naidoo（任期 2018~2019 年），副主席为 Cecilia P. McGowan（任期 2018~2021 年），前任主席为 Nina Lindsay（任期 2016~2019 年），财务委员为 Paula Holmes（任期 2016~2019 年），部门委员为 Julie Dietzel-Glair（任期 2018~2020 年）。11 名董事为 Linda L. Ernst、Elisa Gall、Africa S. Hands、Amy E. Koester、Sujei Lugo、Karen Ann MacPherson、Sue McCleaf Nespeca、Amy E. Sears、Aimee Strittmatter、Marsha Patrice Burgess、Alena Rivers。

（三）宗旨目标

ALSC 的愿景为："努力打造图书馆社区，以为所有儿童营造面向健康、成功与未来的发展氛围。"[④] 并将协作、卓越、包容、创新、诚信与尊重、领导以及责任作为其发展的核心价值。以"转型中的 ALSC、转型中的儿童图书馆事业与转型中的图书馆社区"作为其向前发展的核心理念。

基于此，ALSC 的目标主要有以下三点："第一，鼓励来自不同文化背景的组织或个人加入 ALSC，努力打破参与壁垒。第二，为 ALSC 成员之间提供交流平台，相互分享儿童服务经验。第三，培育未成年人图书馆员的

---

① ALSC. Division Leadership Manual［EB/OL］.［2018 - 09 - 22］. http://www. ala. org/alsc/sites/ala. org. alsc/files/content/aboutalsc/coms/dlmAugust2018. pdf.

② ALSC. Bylaws［EB/OL］.［2018 - 09 - 22］. http://www. ala. org/alsc/aboutalsc/governance/bylaws.

③ ALSC. Governance［EB/OL］.［2018 - 09 - 22］. http://www. ala. org/alsc/aboutalsc/governance.

④ ALSC. ALSC Strategic Plan［EB/OL］.［2018 - 09 - 22］. http://www. ala. org/alsc/aboutalsc/stratplan.

文化素养与跨文化交流能力，以提升儿童图书馆服务专业性。"①

（四）核心活动

ALSC 的核心活动围绕未成年人图书馆和信息服务人才培养与展开，积极推进在线教育发展与人员职业资格认定。

ALSC 重视儿童图书馆人才队伍建设，积极推进儿童图书馆专业教育与继续教育的发展。成立教育委员会（Education Committee）专门负责在线课程与网络研讨会建设，积极创新教育方式与形式，针对儿童图书馆员、图书馆学学生以及儿童图书馆管理者分别开发与设计教育课程。② 课程内容以提升信息素养为核心目标，以期帮助课程学习者基本具备儿童服务核心能力。③ 此外，ALSC 广泛收集儿童图书馆实践领域"最佳案例"，并为成员课外学习开发服务实践经验工具包。

ALSC 积极推进未成年人图书馆与信息服务人员资格认证。1989 年通过《公共图书馆儿童服务馆员素质》（*Competencies for Librarians Serving Children in Public Libraries*），并于 1999 年、2009 年与 2015 年进行修订。④ ALSC 从技术赋能角度出发，旨在提升儿童图书馆服务专业性，文件在儿童图书馆员资格准入等方面提出具体要求。

（五）业界影响

ALSC 主导美国儿童图书馆服务人员资格认证，要求馆员在入职之前须获得教育学、心理学或者图情学科硕士及以上学位，具备信息资源组织和信息资源建设及相关信息服务专业能力，有爱心和责任感，并且具备一定的儿童服务及相关社会工作经验。⑤ 在继续教育方面，为儿童图书馆员提供继续教育机会并建设继续教育在线资源平台，积极促进儿童图书馆员

① ALSC. ALSC Strategic Plan [EB/OL]. [2018 - 09 - 22]. http://www. ala. org/alsc/aboutalsc/stratplan.
② ALSC. Online Education Proposal [EB/OL]. [2018 - 09 - 22]. http://www. ala. org/alsc/online-education-proposal.
③ ALSC. Advocacy [EB/OL]. [2018 - 09 - 22]. http://www. ala. org/alsc/sites/ala. org. alsc/files/content/aboutalsc/170426-alsc-strategic-directions-handout-SCREEN. pdf.
④ ALSC. Competencies for Librarians Serving Children in Public Libraries [EB/OL]. [2018 - 09 - 22]. http://www. ala. org/alsc/edcareeers/alsccorecomps.
⑤ 邱维：《美国儿童图书馆服务协会研究》，硕士学位论文，福建师范大学，2016。

服务专业性提升。此外，编制儿童图书馆服务书目，支持馆员职业发展与日常工作。①

ALSC 积极推动儿童图书馆事业科学研究发展，主办学术刊物《儿童与图书馆》，旨在搭建儿童图书馆事业研究科学交流平台，总结图书馆服务儿童的学术研究和实践经验成果。期刊定期发布 ALSC 重要活动等信息，积极宣传 ALSC 发展宗旨与目标。② 刊物提供开放获取资源，以扩大 ALSC 业界影响力。

六　美国图书馆协会青少年图书馆服务协会（ALA-YALSA）

（一）历史沿革

1941 年，ALA 年会批准青少年图书馆协会（Association of Young People's Libraries，AYPL）成立。③ 1957 年，ALA 组织架构重组，拆分 AYPL，分别成立青少年服务组（The Young Adult Services Division，YASD）与 CSD。YASD 与 ALSC 联系紧密，1988 年成立联合委员会，创办刊物《欢乐》（JOYS），以推动未成年人科学研究向前发展。为促进未成年人图书馆工作的可持续发展，YASD 更名提案获得通过④，并于 1991 年正式更名为青少年图书馆服务协会。1994 年起，YALSA 将宣传、合作与共享以及平等获取三方面作为发展的核心领域，深化与 AASL 和 ALSC 的合作⑤，以扩大未成年人图书馆服务覆盖面。

（二）组织架构

YALSA 设置执行委员会以监督协会财政事务以及维持与 ALA 的关系。

---

① ALSC. Books and Products ［EB/OL］. ［2018 – 09 – 16］. http://www. ala. org/alsc/publications-resources/books-products.

② ALSC. Children and Libraries：The Journal of ALSC ［EB/OL］. ［2018 – 09 – 16］. http://www. ala. org/alsc/publications-resources/cal.

③ YALSA. Brief History of the Young Adult Services Division ［EB/OL］. ［2018 – 08 – 22］. http://www. ala. org/yalsa/aboutyalsa/history/briefhistory.

④ YALSA. YASD A Narrative History From 1976 to 1992 ［EB/OL］. ［2018 – 08 – 22］. http://www. ala. org/yalsa/aboutyalsa/yalsahandbook/yasdnarrative.

⑤ YALSA. YALSA：History From 1992 to 2000 ［EB/OL］. ［2018 – 08 – 21］. http://www. ala. org/yalsa/aboutyalsa/yalsahandbook/yalsahist ory.

执行委员会由 YALSA 主席、前任主席、候任主席、部门委员、财政委员、秘书长组成。[①] 主席承担 ALA 年会青少年图书馆服务分会场建设,统筹规划中期会议等 YALAS 发展重大事项。前任主席参与部门政策制定,依据前期经验指导 YALSA 发展方向。候任主席需要熟悉主席工作,需参与 YAL-SA 重要决策制定并推进青少年图书馆服务项目建设与发展。财务委员主要负责与 YALSA 预算制定等经济事务。[②] YASLA 部门委员对协会重大发展项目有表决权,须定期向理事会报告部门发展情况,参与组织中期会议。秘书长主要承担信息联络等 YALSA 日常行政事务。

当前,YALSA 主席为 Sandra Hughes-Hassell（任期 2017 ~ 2018 年）,候任主席为 Crystle Martin,前任主席为 Sarah Hill（任期 2016 ~ 2019 年）,财务委员为 Clara Bohrer（任期 2016 ~ 2019 年）,部门委员为 Todd Krueger（任期 2018 ~ 2020 年）,秘书长为 Franklin L. Escobedo。[③]

(三) 宗旨目标

YALSA 将"支持青少年图书馆员帮助青少年积极面对挑战,努力让所有青少年,尤其是最需要帮助的青少年,踏上成功而充实的人生之路"作为协会发展使命。

YALSA 将"向所有青少年提供平等的服务,保障青少年知识自由。根据社区的独特环境,为所有青少年个人成长和职业发展提供新的发展机会"[④] 作为协会发展愿景。

基于愿景与使命,YALSA 将发展目标细化为:"努力引导青少年进入图书馆,促进青少年阅读推广效能提升,支持青少年素养教育运动;倡导引入先进的信息和通信技术提升图书馆服务效能;强调未成年人有权访问图书馆的所有图书资料和服务,保障青少年信息获取与传播自由;积极推

---

① YASLA. Chair and Convenor Resources [EB/OL]. [2018 - 09 - 22]. http://www. ala. org/yalsa/sites/ala. org. yalsa/files/content/aboutyalsa/yalsahandbook/ecresponsibilities. pdf.

② YASLA. Duties and Responsibilities of Board Members [EB/OL]. [2018 - 08 - 21]. http://www. ala. org/yalsa/aboutyalsa/yalsahandbook/boardduties.

③ YASLA. Governance [EB/OL]. [2018 - 09 - 22]. http://www. ala. org/yalsa/workingwithyalsa/ec/ec-members.

④ YALSA. Mission, Vision & Impact Statements [EB/OL]. [2018 - 08 - 21]. http://www. ala. org/yalsa/aboutyalsa/mission% 26vision/yalsamission.

进与其他组织之间的协作；积极参与与图书馆发展相关的公共政策的制定与实施。"①

（四）核心活动

YALSA 核心活动主要由两部分组成，青少年图书馆服务指导与青少年图书馆服务专业发展研究。

在青少年图书馆服务指导方面，YALSA 一直致力于协助公共图书馆和学校图书馆专业人员建设青少年图书馆服务专门区域，以保障所有青少年都能获得专业青少年图书馆工作人员所提供的、高质量图书馆服务。为推动未成年图书馆服务专业发展，YALSA 积极推进美国青少年图书馆专业馆员资质标准以及相关政策的制定。此外，YALSA 积极参与 ALA 年会筹备工作，会议期间，组织各类型青少年图书馆服务区域参访，促进美国未成年人图书馆"最佳实践"成功经验推广。

在青少年图书馆服务专业发展研究方面，YALSA 与美国各类图书馆机构与协会展开合作，并建立长期合作关系。以学术刊物为阵地，及时发布研究学者对未成年人图书馆与信息服务领域最新专题研究成果，促进青少年图书馆服务科学交流。

（五）业界影响

YALSA 为提升青少年馆员服务专业性，积极推进青少年图书馆员继续教育发展。主要通过以下三种形式对从业人员提供职业服务：①在线培训，提供职业教育资源在线学习平台；②职业教育培训班，定期招募需要进行职业教育的从业人员，以班级授课集中的方式进行短期培训；③职业认证，担任相关职业的认证方并给予从业人员相关指导。此外，积极与州立图书馆机构以及博物馆与图书馆服务协会（the Institute of Museum and Library Services）合作，共建继续教育项目——"青少年服务转型：培训馆员方法"（Transforming Teen Services：a Train the Trainer Approach），以此推进青少年图书馆与信息服务专业性提升。

---

① YALSA. 2013 – 2014 Executive Director's Report to the Membership ［OL］. ［2018 – 09 – 23］. http://www. ala. org/yalsa/sites/ala. org. yalsa/files/content/EDReport_AN14MemberMtg. pdf.

YALSA 每年 11 月举办一次"青少年服务论坛"（Young Adult Services Symposium），方便来自全美各地的青少年图书馆服务专业人员进行交流与经验分享。主办学术期刊《青少年图书馆服务研究》，现已成为青少年图书馆服务研究领域重要核心期刊。

YALSA 设置奖项用于推进青少年图书馆项目建设以及青少年素养培育等，如"格林伍德出版集团青少年服务奖"（Greenwood Publishing Group Service to Young Adults Achievement Award）、"青少年最佳小说奖"（Best Fiction for Young Adults）等①，奖项涉及多个主题，奖励在图书馆服务专业性提升方面做出突出贡献的图书馆员以及图书馆，业界影响广泛。

七 美国图书馆协会美国学校图书馆员协会（ALA-AASL）

（一）历史沿革

1913 年，ALA 冬季中期会议批准高中图书馆员与 ALA 圆桌会议（ALA Roundtable of Normal）关于建立专门学校图书馆工作组的联合提案。1915 年，ALA 大会批准成立 SLS。② SLS 积极与美国国家教育协会下属学校图书馆委员会（School Libraries Committee）对话交流，1935 年，学校图书馆委员会与 SLS 合并，旨在推进美国学校图书馆事业可持续发展，③ 其间仍沿用 SLS 的名称。1941 年，ALA 整合下属未成年人图书馆服务工作组，成立未成年人图书馆组（Division of Libraries for Children and Young People，DLCYP），SLS 成为 DLCYP 子机构。④ 1944 年，因学校图书馆类型及工作的特殊要求，ALA 年会批准单独成立学校图书馆员协会。

（二）组织架构

根据 AASL 发展章程，AASL 设理事会，成员由主席、副主席、财务委

---

① YALSA. Awards & Grants [EB/OL]. [2018 – 08 – 21]. http://www. ala. org/yalsa/awards-grants.

② ALSC. A brief history of ALSC [EB/OL]. [2018 – 09 – 22]. http://www. ala. org/alsc/aboutalsc/historyofalsc#history.

③ AASL. AASL History: 1914 – 1951 [EB/OL]. [2018 – 09 – 22]. http://www. ala. org/aasl/about/history – 1914.

④ AASL. AASL History: 1914 – 1951 [EB/OL]. [2018 – 09 – 22]. http://www. ala. org/aasl/about/history – 1914.

员、前任主席、区域委员以及部门委员组成。理事会参与 AASL 重大发展决策，对经济事务负有监督管理职责。AASL 主席需主持所有 AASL 会议，领导 AASL 各部门发展。① 副主席辅助主席完成协会工作，在主席缺席等特殊情况下，履行主席的职责。财务委员主要负责制定 AASL 每年发展预算，并定期向理事会报告预算执行情况。前任主席向理事会提供咨询服务，根据自身经验帮助 AASL 明确发展方向。ALSC 董事任期为 3 年，负责 ALSC 政策的制定以及 ALSC 预算审批、参与 ALSC 重大事项决策以及 ALSC 项目建设。AASL 在按照美国行政区划设置区域委员，负责区域学校图书馆事业管理并对 AASL 理事会成员任免与重大事项决策有表决权。② 部门委员主要承担定期向理事会报告 AASL 发展情况，并组织学校图书馆事业发展专题探讨会。

当期，"AASL 主席为 Kathryn Roots Lewis（任期 2018 ~ 2019 年），副主席为 Mary Keeling（任期 2018 ~ 2019 年），前任主席为 Steven Yates（任期 2018 ~ 2019 年），财务委员为 Judy Deichman（任期 2017 ~ 2020 年），部门委员为 Diane R. Chen（任期 2018 ~ 2021 年）。九大区域委员为 Anita Cellucci、Laura Hicks、Kathy Lester、Heather Moorefield-Lang、Wendy Stephens、Becky Calzada、Sue Heraper、Ann Morgester、Ann Schuster。"③

（三）宗旨目标

AASL 将"改变学校图书馆教与学"④ 作为其发展使命。AASL 的发展愿景是："积极主动解决学校图书馆事业发展问题，把握与预测趋势；积极倡导学校图书馆计划制定，宣传学校图书馆员不可缺少的重要作用；推广学校图书馆事业的最佳案例；提倡图书馆专业的核心价值和道德；

---

① AASL. AASL Bylaws［EB/OL］.［2018 - 07 - 16］. http://www. ala. org/aasl/about/governing-docs/bylaws.

② AASL. AASL Governing Documents［EB/OL］.［2018 - 09 - 22］. http://www. ala. org/aasl/about/governing-docs.

③ AASL. Board of Directors & Executive Committee［EB/OL］.［2018 - 09 - 22］. http://www. ala. org/aasl/about/board.

④ AASL. Mission［EB/OL］.［2018 - 09 - 22］. http://www. ala. org/aasl/about/governing-docs.

努力建成一个开放、友好的组织，鼓励文化和种族多样性；搭建研究者、图书馆员、教育者以及相关群体的合作交流平台；为学校图书馆员提供专业发展机会，提供学校图书馆发展该领域最新信息、研究和理论等重要参考资源。"①

AASL 将目标细化为："AASL 使图书馆成为传播教育与学习的引领者。协会努力确保学校图书馆领域的所有成员联合起来，领导发展相关教育项目，并作为学校积极的合作伙伴参与教与学的过程，为学习者提供信息和培养智慧，为学生塑造终身学习、理性决策和阅读的习惯以及使用先进信息技术的能力。"②

（四）核心活动

AASL 的核心活动主要由两部分组成，制定学校图书馆发展标准以及持续推进学校图书馆员专业发展。

在学校图书馆发展政策方面，AASL 重视学生信息素养教育，结合美国基础教育改革要求，主导《21 世纪学习者标准》（*Standards for the 21st-Century Learner*）及其配套实施方案的制定与实施，在学校图书馆信息资源建设、馆舍建设、人员配备、素养培育以及公共关系发展方面提供指导性意见。AASL 重视学校图书馆工作中的实际需求，定期评估并修订相关发展政策。

在学校图书馆员职业发展方面，AASL 积极与其他专业机构协会合作。AASL 提供在线学习平台"e-Learning"，提供图书馆员为期四到六周的课程，旨在帮助学校图书馆员提升信息服务专业性。此外，AASL 积极推进继续教育资源机构库建设，创新设计继续教育专题，供学校图书馆工作人员学习与探讨。

（五）业界影响

AASL 倡导学界与业界积极交流，主办学术刊物《学校图书馆研究》

---

① AASL. Vision Statement ［EB/OL］.［2018 - 09 - 22］. http：//www. ala. org/aasl/about/governing-docs.

② AASL. Goals ［EB/OL］.［2018 - 07 - 16］. http：//www. ala. org/aasl/about/governing-docs.

(*School Library Research*)，并提供网络开放获取资源。期刊重点关注与学校图书馆教育理论、教学方法以及学校图书馆相关的关键问题，[①] 旨在促进关于学校图书馆项目管理、实施和评价的高质量的原创研究。

AASL 每两年举办一次"国家会议与展览会议"（AASL National Conference & Exhibition），[②] 会议关注学校图书馆员继续教育与职业发展，建立学校图书馆专业人员交流论坛，以促进学校图书馆未成年人信息服务研究可持续发展，业界影响广泛。

八 英国图书馆与信息专业人员协会青少年图书馆组（CILIP-YLG）

（一）历史沿革

青少年图书馆组是 CILIP 下属的特别兴趣组（Special Interest Group）。其前身为英国儿童图书馆员协会，成立于 1937 年。1947 年，英国图书馆与信息专业人员协会批准了儿童图书馆员协会成为其附属机构，并更名为青少年图书馆部（Youth Libraries Section）。因经济问题，发展一度陷入困境，甚至在其会议记录中表示"不可能招募到新成员"。逐步度过危机后，在 1984 年 6 月成员数达到 130 人。[③] 1962 年青少年图书馆部变更为青少年图书馆组。

（二）组织架构

CILIP-YLG 委员会设主席 1 名，统筹委员会发展；设秘书 1 名，负责 YLG 日常事务与网站内容管理；设 YLG 副主席 1 名，辅助主席完成协会工作；设财务委员 1 名，主要负责制定 YLG 每年发展预算，并定期向 CILIP 理事会报告预算执行情况。设前任主席职位 1 名，向 YLG 提供咨询服务，根据自身经验帮助 YLG 明确发展方向。

---

① AASL. School Library Research（SLR）［EB/OL］.［2018 - 07 - 16］. http://www. ala. org/aasl/pubs/slr.

② AASL. Conferences & Meetings［EB/OL］.［2018 - 07 - 16］. http://www. ala. org/aasl/conferences.

③ YLG. About YLG.［OL］.［2018 - 09 - 24］. https://archive. cilip. org. uk/sites/default/files/documents/Brief% 20History% 20Website. pdf.

YLG 现任主席为 Jake Hope，现任秘书为 Sue Polchow，副主席为 Alison Brumwell，前任主席为 Tricia Adams，财务委员为 Helen Thompson。当前常务委员会由以下成员组成：Amy McKay、Joy Court、Julia Hale、Agnes Guyon、Elizabeth McDonald、Ferelith Hordon、Christopher Bertenshaw、Tanja Jennings、Ellen Krajewski、Alexandra Ball、Isobel Powell、Jill Reid 与 Caroline Fielding。

YLG 为图书馆员、图书馆学专业人员以及与未成年人阅读发展相关的人员搭建的沟通交流平台。YLG 所有成员来自理论工作领域与实践领域，合作完成儿童图书馆员继续教育课程设计。YLG 所有成员每年需要协助举办 CILIP 年会，并独立组织未成年人服务分会场建设。

（三）宗旨目标

YLG 目标主要围绕未成年人信息服务专业性提升，在馆员职业发展方面，YLG 主动调研图书馆儿童图书馆员职业发展需求，为其职业发展提供相关支持；重视团队建设，主张与鼓励在 CILIP 特别兴趣小组的成员中建立团体意识；主张在未成年人服务专业领域发挥领导作用，并向 CILIP 通报未成年人图书馆与信息服务主题下的新机遇与挑战；支持 CILIP 会员招募及相关活动，确保在专业领域内 CILIP 的可见性。

（四）核心活动

结合宗旨与目标，YLG 核心活动主要由四部分构成："其一，通过组织、评介和宣传英国最负盛名的'卡内基奖和凯特·格林威奖'，促进儿童和青少年文学领域的卓越成就；其二，YLG 提倡透过推广有关专业问题的最佳实践做法，为儿童及青少年提供优质的公共及学校图书馆服务；其三，YLG 通过图书馆的出版物、年度会议、会议、培训课程和活动，激励、支持和代表所有在图书馆为儿童和年轻人服务的人员；其四，YLG 就与儿童及青少年的书籍、阅读及图书馆服务有关的事宜，向 CILIP、政府、图书业界及有关专业人士提供专业知识、知识及意见。并积极创造机会与同事和相关行业的人建立联系。"

（五）业界影响

YLG 主办学术期刊《未成年人图书馆评论杂志》（*the Youth Library Re-*

view magazine），鼓励未成年人图书馆与信息服务最新理论成果交流与实践经验分享。

此外，YLG 在网站上设置"YLG 每月电子新闻布告栏"（monthly YLG eNews bulletin）板块，方便英国各区域儿童图书馆员进行业务交流。

九　英国图书馆与信息专业人员协会学校图书馆组（CILIP-SLG）

（一）发展简介

CILIP-SLG 认为学校图书馆和学校图书馆服务对于培养有文化的公民是至关重要的，有助于帮助公民充分参与英国繁荣的民主、文化和经济生活。因此，SLG 完全致力于提升其成员专业性，并鼓励和支持他们提供高质量的图书馆和信息服务，以满足用户的需要。

（二）组织架构

SLG 委员会成员每届任期三年。委员可连续担任两届。其中，执行委员会成员的任期为一年，可连任一届。执行委员会成员由 SLG 主席、两位联合副主席、秘书长、财务官员、会议与继续教育组织员以及网站管理与信息联络官组成。SLG 还设 8 名常务委员。

SLG 现任主席为 Caroline Roche，联合副主席由 Rosalind Buckland 与 Lucy Chambers 担任，秘书长为 Ellen Krajewski，财务官员为 Karen Usher，会议与继续教育组织员为 Annie Everall OBE，网站管理与信息联络由 Bev Humphrey 负责。[1]

目前常务委员会由以下成员组成[2]：Darryl Toerien、Jill Florence、David Rose、Michael Margerison、Sarah Pavey、Rebecca Jones、Sheila Compton、Denise Reed。

[1]　SLG. About SLG. ［EB/OL］.［2019 – 06 – 09］. https：//www. cilip. org. uk/members/group_content_view. asp？group = 201313&id = 68787.

[2]　SLG. About SLG. ［EB/OL］.［2018 – 09 – 24］. https：//www. cilip. org. uk/members/group_content_view. asp？group = 201313&id = 68787.

（三）宗旨目标

CILIP-SLG 的目标是促进用以保障充足资源和专业管理的学校图书馆资源中心（resource center）的发展；增加未成年人阅读趣味、提高信息素养，促进信息和新媒体的学习，并推动相关技术的发展；提高学校图书馆的地位；促进学校图书馆充分发挥其服务角色；为相关学校图书馆会员提供咨询、交流、指导和培训的机会；与各个国家、地方和国际组织建立紧密联系，以发挥学校图书馆，学校图书馆工作人员和学校图书馆服务作用。[①]

（四）核心活动

SLG 核心活动主要由以下四部分构成："其一，作为学校图书馆馆员和学校图书馆服务馆员的倡导者，宣传学校图书馆的重要性，提升社会对于学校图书馆的关注度与职业认同；其二，关注学校图书馆员的专业教育与继续教育，SLG 鼓励和促进全体会员的持续专业发展；其三，与图书馆相关专业协会建立伙伴关系，以加强与 CILIP 内部其他特殊利益团体和更广泛行业组织的联系；其四，SLG 自我发展与变革，以维持一个强大的全国学校图书馆委员会并确保区域小组的继续存在，以便支持成员的咨询、资料和培训需要。"[②]

（五）业界影响

SLG 主办学术期刊《学校图书馆》(*School Libraries in View*)，鼓励学校图书馆领域信息服务最新理论成果交流与实践经验分享。此外，SLG 在网站上设置"SLG 每月电子新闻布告栏"(School Library Group's monthly e-newsletter) 板块，方便英国各区域学校图书馆员进行业务交流。

SLG 组织全国范围的学校图书馆建设调查，对学校图书馆信息资源建设与人员资质等基础发展要素进行调查，发布报告《英国学校图书馆事

---

① SLG. About SLG [EB/OL]. [2016 – 09 – 22]. http://www.cilip.org.uk/school-libraries-group/about-slg.

② SLG. Strategic Objectives [EB/OL]. [2016 – 09 – 22]. https://www.cilip.org.uk/members/group_content_view.asp? group = 201313&id = 687873.

业》(*School Libraries in the UK*)①，回顾与反思英国的学校图书馆建设与发展的历程，为图书馆理论创新、服务创新以及管理创新指明方向。

十 英国学校图书馆协会（SLA）

（一）发展简介

SLA 成立于 1937 年，SLA 关注英国及各区域学校图书馆的建设和发展，重点关注学校图书馆人力资源保障问题，SLA 关注学校图书馆员的职业发展情况，借由馆员继续教育项目与协会出版计划等提高馆员职业自律意识，促进学校图书馆服务效能提升。

（二）组织架构

SLA 成员借由选举产生的委员会对协会运营进行管理，委员任期为期三年。"SLA 下设管理委员会负责对协会的战略发展进行规划，设置出版物和培训小组委员会负责学校图书馆发展中的专门事务。SLA 主席需要统筹规划中期会议等 SLA 发展重大事项。协会专设 SLA 资助人（SLA PA-TRONS）职位，资助人可以参与部门政策制定，依据自身工作经验指导 SLA 发展方向。此外，资助人需参与 SLA 外联事务，以扩大协会影响力。协会设置日常运营管理部门，部门成员由部门主任、副主任、财务官员与上一任主任组成，负责 SLA 经济预算、日常信息联络以及 SLA 会务组织等事务管理。SLA 设置 4 名常务管理委员，监督 SLA 预算执行情况并为 SLA 发展提供决策咨询。"②

当前，SLA 委员任期为 2017～2020 年③，主席为 Chris Riddell；SLA 资助人团队由 Kevin Crossley-Holland、Tim Bowler、Aidan Chambers FRSL、Wendy Cooling MBE 与 Frank Cottrell Boyce 组成；SLA 日常运营管理部门主任为 Lesley Martin，副主任为 Sue Bastone，财务官员为 Dawn Woods，上一任主任为 Annike Dase；SLA 现任常务管理委员为 Cathal Coyle、Barbara

---

① SLG. School Libraries in the UK［EB/OL］.［2019 – 05 – 22］. https://medium.com/national-literacy-trust/school-libraries-in-the-uk-the-current-situation-83e9733107fd.

② SLA. SLA People［EB/OL］.［2019 – 06 – 09］. https://www.sla.org.uk/sla-people.php.

③ SLA. SLA People［EB/OL］.［2018 – 09 – 22］. https://www.sla.org.uk/sla-people.php.

Band、Joy Court 与 Bev Humphrey。

(三) 宗旨目标

协会的发展展望是：使每一位学生都拥有得到有效的学校图书馆服务的权利。SLA 支持每个与学校图书馆相关的人，立志为每个学生提供高质量的阅读和学习机会[①]。

SLA 协会认为每一个在英国成长的未成年人都应该借助学校图书馆获得学习与发展的机会，学校图书馆应成为学生提升信息素养的关键场所[②]。

(四) 核心活动

SLA 核心活动主要围绕以下五部分展开。"其一，为英国各区域学校图书馆的发展提供咨询服务与相关支持；其二，SLA 积极推动学校图书馆领域学术交流，鼓励与支持学校图书馆实用书刊的出版，并主办学校图书馆主题学术刊物；其三，SLA 积极推动英国境内的学校图书馆员职业继续教育发展，建立职业继续教育在线平台（Online Continuing Professional Development），对学校图书馆进行学术道德教育[③]，并为馆员设计信息素养提升课程以及提供信息资源组织课程；其四，SLA 积极推动英国本土学校图书馆网络建设，建立学校图书馆分布网络平台（SLA Branches）以提升学校图书馆服务质量与专业性。依托学校图书馆网络体系建设，引入新媒体技术，建立英国'学校图书馆地图'（Map of Schools Library Services）[④]，为英国学生与教师提供便捷服务；其五，SLA 积极在国家层面与英国区域一级发出积极声音，以培育社会对学校图书馆职业认同。"

(五) 业界影响

SLA 积极推动未成年人图书馆与信息服务标准化建设，2014 年组织制定英国《中学图书馆标准》（*Standards for Secondary School Libraries*），在馆

---

① SLA. SLA People [EB/OL]. [2018 – 09 – 22]. https://www.sla.org.uk/sla-people.php.

② SLA. SLA People [EB/OL]. [2018 – 09 – 22]. https://www.sla.org.uk/sla-people.php.

③ SLA. Online Continuing Professional Development [EB/OL]. [2018 – 09 – 29]. https://www.sla.org.uk/online-cpd.php.

④ SLA. Map of Schools Library Services [EB/OL]. [2018 – 09 – 29]. https://www.sla.org.uk/sls-map.php.

舍建设与信息资源建设、人员资质等方面，标准针对中学生特点，对图书馆发展进行指导性建议。在馆舍建设方面，制定《中学图书馆设计指南》（*Design Guidelines for a Secondary School Library*），对书架摆放、照明等提出具体的空间规划要求。

LCYAS 积极推进未成年人图书馆与信息服务专业研究，主办刊物《学校图书馆员》（*The School Librarian*），提供学校图书馆领域学术对话的平台。建设数据库"数字学校图书馆协会"（SLA Digital）为其成员提供《学校图书馆员》期刊的相关数字资源。

为扩大 SLA 影响范围，自 2015 年起，与 CILIP-SLG 合作设置"学生图书馆助理奖"（Pupil Library Assistant of the Year Award），表彰在学校图书馆工作的学生所做出的贡献，对学生在学校图书馆中所获得的技能给予应有的认可。奖项的设置旨在拉近学生与学校图书馆的距离，帮助馆员引导学生"走进图书馆"。

第三节　中国情况

一　中国未成年人图书馆与信息服务协会建设情况

因中小学图书馆与公共图书馆隶属于不同的管理领域，所以在专业协会机构建设方面亦产生联动效应。一般而言，我国公共图书馆未成年人服务管理与指导主要由图书馆学会牵头与组织，而中小学图书馆管理与指导则由教育学会牵头组织。[①] 笔者按照中国国家统计局官网的国家行政区划，对各级图书馆学会与教育学会中的未成年人图书馆与信息服务专业组织进行整理。

（一）中国图书馆学会

中国图书馆学会（简称中图学会）成立于 1925 年，就未成年图书馆与信息服务方面，中图学会成立了 3 个子机构——未成年人图书馆服务专

---

① 当前，中国教育学会尚未设置相关未成年人图书馆与信息服务专业委员会。

业委员会、青少年阅读推广委员会与中小学图书馆委员会——专门承担相应职责，图5-1呈现了未成年图书馆服务方面的组织结构。3个子机构是按照服务主题不同而放在不同的二级机构类目下。

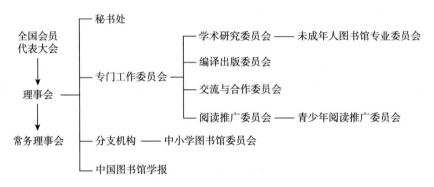

图5-1 中图学会未成年人图书馆与信息服务组织结构

在中图学会的组织下，年会设置全国图书馆未成年人服务论坛，从理论与实践两个角度对未成年图书馆与信息服务专业性提升进行研究。通过交流平台的搭建，树立在未成年人图书馆与信息服务领域的典型和品牌。

在开展活动方面，未成年人图书馆服务专业委员会与青少年阅读推广委员会进行合作开展的"全国少年儿童阅读年"启动式及系列活动。经过多年的举行，逐渐形成品牌效应，在全国起到引领和示范作用。

在职业服务方面，未成年人图书馆服务专业委员会举办就未成年图书馆与信息服务业务指导培训班，如在2015年由中图学会牵头，中小学图书馆委员会和未成年人图书馆服务专业委员会合作举办《中国图书馆分类法（未成年人图书馆版）》（第四版）培训班。①

（二）省级图书馆学会中的未成年人图书馆与信息服务相关子机构

笔者按照民政部公布的《行政区划统计表》，对省级图书馆学会中的未成年人图书馆与信息服务相关子机构设置进行调查，具体情况如表5-2所示。省级图书馆专业协会共计35家，有8家尚未建立未成年人子机构；

① 中图图书馆学会：《中国图书馆分类法（未成年人图书馆版）》（第四版）培训班，http://www.lsc.org.cn/c/cn/news/2015-06/30/news_8162.html.

有 11 家协会尚未公开是否建立未成年人图书馆与信息服务子机构情况等信息。

值得关注的是，上海市、江苏省、湖北省、海南省在未成年人图书馆与服务子机构的设置上，按照服务主体进一步细分，努力与国际专业协会的子机构设置对接。在市级图书馆协会方面，广州市图书馆学会是市级层面唯一一家设置了未成年人服务专业委员会的图书馆学会。整体而言，未成年人图书馆与信息服务专业协会主题实践建设仍付之阙如。

表 5 - 2　省级图书馆学会中的未成年人服务子机构

省区市	图书馆学会名称	未成年图书馆与信息服务机构
北京市	北京市图书馆协会	信息未公开
天津市	天津市图书馆学会	信息未公开
河北省	河北省图书馆学会	信息未公开
山西省	山西图书馆学会	信息未公开
内蒙古自治区	内蒙古自治区图书馆学会	未设置
辽宁省	辽宁省图书馆学会	信息未公开
吉林省	吉林省图书馆学会	未成年人服务委员会
黑龙江省	黑龙江省图书馆学会	信息未公开
上海市	上海市图书馆学会	阅读推广委员会（未成年人阅读推广委员会）
		少年儿童图书馆委员会
		中小学图书馆委员会
江苏省	江苏省图书馆学会	未成年人图书馆服务专业委员会
		中小学图书馆委员会
浙江省	浙江省图书馆学会	少儿与中小学图书馆分委会
安徽省	安徽省图书馆学会	未设置
福建省	福建省图书馆学会	未成年人专业委员会
江西省	江西省图书馆学会	未设置
山东省	山东省图书馆学会	未成年人图书馆服务委员会
河南省	河南省图书馆学会	未设置
湖北省	湖北省图书馆学会	少儿图书馆工作委员会
		中小学图书馆工作指导委员会
湖南省	湖南省图书馆学会	未成年人图书馆服务专业委员会

续表

省区市	图书馆学会名称	未成年图书馆与信息服务机构
广东省	广东图书馆学会	未成年人图书馆服务专业委员会
广州市	广州市图书馆学会	未成年人服务专业委员会
广西壮族自治区	广西图书馆学会	未设置
海南省	海南图书馆协会	未成年人教育委员会
		中小学图书馆分会
重庆市	重庆市图书馆学会	信息未公开
四川省	四川省图书馆学会	社区及乡镇、少儿图书馆专业委员会
贵州省	贵州省图书馆学会	未设置
云南省	云南省图书馆学会	信息未公开
西藏自治区	西藏图书馆学会	未设置
陕西省	陕西省图书馆学会	未设置
甘肃省	甘肃省图书馆学会	公共图书馆、少儿图书馆工作分委员会
青海省	青海省图书馆学会	信息未公开
宁夏回族自治区	宁夏图书馆学会	信息未公开
新疆维吾尔自治区	新疆维吾尔自治区图书馆学会	青少年图书馆专业委员会
香港特别行政区	香港图书馆协会	学校图书馆委员会
澳门特别行政区	澳门图书馆暨资讯管理协会	信息未公开
台湾省	台湾图书馆学会	中小学图书馆委员会

（三）省级教育学会中的未成年人图书馆与信息服务机构

笔者按照民政部公布的《行政区划统计表》，对省级教育学会中的中的未成年人图书馆与信息服务相关子机构设置进行调查，具体情况如表5-3所示。省级图书馆专业协会共计35家，只有吉林省、上海市与广东省的教育学会建立中小学图书馆管理专业委员会；有14家协会尚未公开是否建立未成年人图书馆与信息服务子机构情况等信息。值得关注的是，在市级图书馆协会方面，只有厦门市与广州市是市级层面设置了未成年人服务专业委员会的教育学会。整体而言，教育领域尚未对中小学图书馆建设与管理予以足够的重视。

表 5 - 3　省级教育学会中的未成年人服务子机构

省区市	教育学会名称	未成年图书馆与信息服务机构
北京市	北京市教育学会	信息未公开
天津市	天津市教育学会	信息未公开
河北省	河北省教育学会	未设置
山西省	山西省教育学会	信息未公开
内蒙古自治区	内蒙古自治区教育学会	信息未公开
辽宁省	辽宁省教育学会	未设置
吉林省	吉林省教育学会	教育技术装备管理专业委员会
黑龙江省	黑龙江省教育学会	未设置
上海市	上海市教育学会	中小学图书馆委员会
江苏省	江苏省教育学会	未设置
浙江省	浙江省教育学会	未设置
安徽省	安徽省教育学会	信息未公开
福建省	福建省教育学会	未设置
厦门市	厦门市教育学会	中小学图书馆工作专业委员会
江西省	江西省教育学会	信息未公开
山东省	山东省教育学会	信息未公开
河南省	河南省教育学会	信息未公开
湖北省	湖北省教育学会	信息未公开
湖南省	湖南省教育学会	信息未公开
广东省	广东教育学会	中小学图书馆专业委员会
广州市	广州市教育学会	中学图书管理专业委员会
广西壮族自治区	广西教育学会	信息未公开
海南省	海南省教育学会	信息未公开
重庆市	重庆市教育学会	信息未公开
四川省	四川省教育学会	未设置
贵州省	贵州省教育学会	信息未公开
云南省	云南省教育学会	信息未公开
西藏自治区	西藏教育学会	信息未公开
陕西省	陕西省教育学会	未设置
甘肃省	甘肃省教育学会	未设置
青海省	青海省教育学会	未设置

续表

省区市	教育学会名称	未成年图书馆与信息服务机构
宁夏回族自治区	宁夏教育学会	未设置
新疆维吾尔自治区	新疆维吾尔自治区教育学会	未设置
香港特别行政区	香港教育行政学会	未设置
澳门特别行政区	澳门中华教育会	未设置
台湾省	—	—

二 学界态度与业界诉求

中国目前尚未有专门的未成年人图书馆与信息服务行业协会，但在各级图书馆学会、教育学会下，多设有未成年人图书馆与信息服务专业组织。

中国情境下，行业协会发展需遵循"国家—社会"双向运动的路径，逐步明确协会边界、权利来源与合法性等问题。[1] 但在发展过程中，图书馆行业协会却逐步陷入发展目标偏移与能力脱轨的困境[2]，直接影响协会自治效能发挥，导致行业的发展中立性遭遇质疑。[3] 2013 年以来，政府与图书馆行业协会互动多元关系成为研究重点，讨论聚焦于去行政化动力，政会分离具体内容以及改革路径等。[4] 2014 年，人力资源和社会保障部发布《关于减少职业资格许可和认定有关问题的通知》，明确提出"推进行业协会、学会有序承接水平评价类职业资格具体认定工作"[5]。2016 年，中共中央办公厅与国务院办公厅印发《关于改革社会组织管理制度 促进

---

[1] 郭小聪、宁超：《互益性依赖：国家与社会"双向运动"的新思路——基于我国行业协会发展现状的一种解释》，《学术界》2017 年第 4 期。

[2] 纪莺莺：《国家中心视角下社会组织的政策参与：以行业协会为例》，《人文杂志》2016年第 4 期。

[3] 熊跃敏、周杨：《我国行业调解的困境及其突破》，《政法论丛》2016 年第 3 期。

[4] 易继明：《论行业协会市场化改革》，《法学家》2014 年第 4 期。

[5] 中华人民共和国人力资源和社会保障部：《关于减少职业资格许可和认定有关问题的通知》，http://www.mohrss.gov.cn/SYrlzyhshbzb/ldbk/rencaiduiwujianshe/zhuanyejishurenyuan/201408/t20140814_138388.htm。

社会组织健康有序发展的意见》①，为图书馆行业协会转型升级指明方向。

（一）学界态度

在国家管理体制改革的大背景下，图书馆行业管理整合是图书馆事业发展的必然路径，图书馆界学者就图书馆行业协会的转型进行了一些理论阐发，主要观点可以归纳为有必要建立中国图书馆协会。但在建设方式上，因学会与协会的区别，学者观点分歧较大，一部分学者主张结合目前中国的现状，由中国图书馆学会过渡到中国图书馆协会；另一部分学者主张保持现有图书馆学会的学会性，另新建图书馆协会。②

在此背景下，未成年图书馆与信息服务协会建设也亟须转型与升级。很多学者通过介绍美国、英国、澳大利亚等国未成年人图书馆与信息服务行业建设模式，总结成功经验，均认为未成年图书馆与信息服务协会应抓住图书馆行业协会转型契机，自我升级，扩大协会在服务专业化指导的影响力。

（二）业界诉求

由第六次全国公共图书馆评估少儿服务的评估指标可知，未成年人图书馆服务人员的继续教育等专业发展问题日益成为业界服务专业性提升的关键。与此同时，指标还重点强调了基层辅导与学会工作的重要性。根据第二章中对全国 9 家少年儿童图书馆专业人才资质的调研可知，当前未成年人图书馆与信息服务建设面临极大的专业发展缺口，亟须相关协会发挥作用，借鉴国际经验，承担职业继续教育的责任，提升服务专业性。

当前，未成年人服务主体之间存在资源配置、发展水平的差异，无法进行资源的有效组织和流动。国内未成年人服务正在从实践层面向理论层面深化的过程中，中图学会作为国家行业协作组织，应顺应趋势，引导建立区域未成年人专业委员会作为行业的协调协作组织，推动全国范围内未成年人服务体系建设，指导未成年人服务向规范化、标准化发展。

① 中共中央办公厅、国务院办公厅：《关于改革社会组织管理制度 促进社会组织健康有序发展的意见》，http://www.gov.cn/xinwen/2016-08/21/content_5101125.htm。

② 宋飞、徐跃权：《对我国图书馆行业协会建设的研究述评》，《图书馆学研究》2011 年24 期。

第四节 关于行业协会专业性的讨论

一 建设与完善未成年人图书馆与信息服务专业协会组织

拉尔夫·斯塔塞曾提出组织动力学发展的组织图式发展框架①，为组织建设提供了"向外"与"向内"两种方向的建设思路参考。同时，IFLA发布的相关协会建设指南，如《图书馆协会组织结构指南》（*Guidelines for the Organizational Structure of Associations*）、《图书馆协会的计划和服务指南》（*Association Programs and Services*）、《图书馆协会的政策的制定及程序指南》（*Developing Policies and Procedures for the Library Association*）、《图书馆协会财务管理指南》（*Guidelines for Financial Management of Library Associations*）、《图书馆协会管理和领导指南》（*Guidelines for Governing and Leading Library Associations*）、《图书馆协会运营指南》（*Guidelines for Library Association Operations*）、《扩大图书馆行业的宣传——跨界发展与政府关系指南》（*Guidelines for Library Association Operations*），亦为这两种方向建设的可行性提供佐证。因此，笔者尝试搭建未成年人图书馆与信息服务专业协会建设框架，见图 5 - 2。

如图 5 - 2 所示，专业协会建设的第一步是建立有一套规章用于处理协会内部事务以及指导对外关系。专业协会在此过程中需要确立必要的政策和程序框架，运用集体的合力应对面临的各种内外事务。②值得注意的是，相关章程与政策需要经审议通过后方可付诸实施。

（一）健全协会组织架构

在确定的组织章程规范下，未成年人图书馆与信息服务专业协会需要从"对内"视角出发，着重关注协会内部组织架构建设。在此过程中，需要反思现有组织管理结构，并积极对现有架构进行创新，以便加强与落实

---

① 拉尔夫·斯塔塞：《战略管理与组织动力学》，中国市场出版社，2009，第 12 ~ 19 页。
② IFLA. Guidelines for the Organizational Structure of Associations [EB/OL]. [2018 - 09 - 29]. http://archive. ifla. org/VII/s40/pub/ifla-osa. pdf.

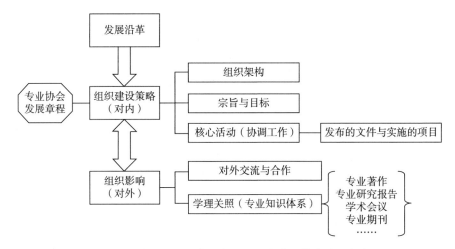

图 5 - 2 未成年人图书馆与信息服务专业协会建设框架

协会行使本行业内的组织、管理与调控职能,[1]实现协会转型与升级的重要目标。

与此同时,我们可以借鉴国外未成年人图书馆与信息服务专业协会发展的实践,IFLA 等在协会设置上设置执行委员会负责协会的日常管理与宣传,落实协会工作规划。ALSC 等专设财务委员负责管理协会经济发展等事务,努力降低协会经济方面发展内耗,以维持协会的正常运营。IASL 等还结合地理区域未成年人图书馆事业发展情况,设计区域管理组织架构,努力拓宽行业影响的覆盖面。无论是协会的下属机构还是专门协会,均有较为完整的、专业分工明确的组织架构。依托组织架构,有序稳步指导未成年人图书馆与信息服务机构发展。与此同时,国际未成年人图书馆与信息专业服务协会为推动行业内的交流与对话,主要采用扁平化的组织架构,借助民主选举的方式,提升专业信息纵向流通速度。参考 IFLA《图书馆协会组织结构指南》[2],未成年人图书馆与信息服务组织结构如图 5 - 3 所示。

---

① 宋飞、徐跃权:《对我国图书馆行业协会建设的研究述评》,《图书馆学研究》2011 年第 24 期。

② IFLA. Guidelines for the Organizational Structure of Associations [EB/OL]. [2018 - 09 - 29]. http://archive. ifla. org/VII/s40/pub/ifla-osa. pdf.

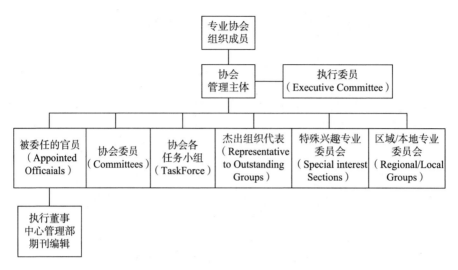

图 5 - 3　未成年人图书馆与信息服务专业协会组织结构示例

（二）制定协会发展战略

在依托相关政策与流程与扁平化的组织架构，专业协会需要完善协会内部运作与管理流程。一般而言，管理内容涉及协会日常事务管理、财政事务管理、人员管理以及未成年人图书馆专业发展管理等。与此同时，协会内部发展的核心与重点在于协会应该定期制定并执行长期性的规划且密切关注并确保各项目标的实现。协会必须制定战略规划以便于为协会领导层指明工作方向。战略规划需要定期进行检查、评估与修订，使之适应不断发生的内外变化。

未成年人图书馆与信息服务专业协会的战略规划是协会能否发挥行业协调能力的重要支撑。因而，相关协会可以根据《儿童权利公约》中的表述，设计适合协会发展的战略规划以及具体实施计划。

二　推进专业协会核心活动和服务建设

通过对上述 10 家国际未成年图书馆与信息服务协会进行调查，我们可以发现：未成年人图书馆与信息服务领域的工作重心主要围绕未成年人服务标准编制与推广、未成年人服务特色项目与馆员之职业教育等方面，为专业协会业界影响力传播奠定基础。

1. 未成年人服务核心项目建设

上述 10 家国际未成年人图书馆与信息服务专业委员均着重关注未成年人图书馆与信息服务核心品牌建设。借助各类项目的建设，支持未成年人阅读、读写能力以及素养发展。笔者在参与《广东省公共图书馆事业发展报告（2013～2017）》项目时，发现：未成年人服务品牌的建设存在严重的同质化现象，区域特色不明显，在未成年人素养培育方面成果不为社会所重视。[①] 参考国际专业协会经验，推进未成年人图书馆与信息服务核心品牌/项目建设是发挥专业协会行业协调功能的有力抓手。在未来，未成年人图书馆与信息服务机构需要摸索出适合本机构的核心项目建设路径，形成未成年人服务品牌，发挥未成年人图书馆与信息服务的社会教育功能。

2. 建设与完善馆员职业教育机制

在对上述专业协会核心活动的分析中，可以了解到英国 SLA 与 SLG 合作定期对英国本土的学校图书馆、公共图书馆少儿服务部门等公共文化服务机构进行调研，摸查未成年图书馆服务人员资质情况，并对服务人员的职业发展需求进行分析，因而可为下一阶段的职业教育课程的科学设计提供重要参考资料。与此同时，ALA 现已逐步建立未成年人图书馆员职业继续教育的认证，形成了较为完整的图书馆员职业教育体系。基于上述客观描述，笔者尝试搭建职业教育与儿童图书馆员专业性职业继续教育流程的发展框架，如图 5-4 所示。

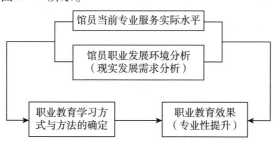

图 5-4 未成年图书馆与信息服务职业继续教育流程

---

① 张靖等：《广东省公共图书馆事业发展报告（2013～2017）》，社会科学文献出版社，2018，第 233～240 页。

笔者认为由中图学会牵头是发挥未成年人图书馆与信息服务职业继续教育流程框架功能的有效方式。在此期间，需要由中图学会遴选一批具有较强专业研究能力的未成年图书馆与信息服务研究机构，通过委托未成年图书馆与信息服务专业提升相关项目、承担未成年图书馆职业培训工作、编写服务培训教材等方式，将其打造为未成年图书馆专业性提升研究基地，为未成年图书馆工作提供核心专业人才队伍。基于此，持续推进未成年图书馆与信息服务人员的专业培训，可以基本实现未成年图书馆与信息服务人员工作基本知识全覆盖。其间，结合未成年图书馆与信息服务相关标准的发布实施，重点对重要未成年标准进行应用培训与研讨，以强化相关领域业务人员对标准的理解与把握。此外，未成年图书馆与信息服务行业协会需进一步完善与政府相关未成年管理部门的合作机制，为面向未成年人的公共文化服务机构专业性整体提升打下坚实基础。

三 推进未成年人图书馆与信息服务专业协会对外交流与协作

从"向外"视角出发，未成年图书馆与信息服务专业协会应与其他学科或实践领域开展对话与交流。例如，可与教育协会等积极交流，拟定相关合作协议，在未成年人核心素养教育主题下持续推进专业知识的学理探究与实践经验分享。在此过程中，未成年人图书馆与信息服务专业协会可以积极向外宣传协会发展的核心理念与最新研究及实践成果，并吸收其他领域发展的成果经验。此外，未成年人图书馆与专业协会还应积极与政府等管理部门对话，积极向政府管理者呈现协会发展最新成果与实效，以获得政府在政策等方面的支持。

整体而言，对外交流与合作是专业协会发挥优势、补齐短板的有效手段。中国未成年人图书馆与信息服务协会在推进对外交流与协作的基础上，应尝试逐步搭建立足中国情境的未成年人公共文化服务发展话语体系，以此不断加强图书馆与信息服务领域人士在未成年人教育与发展主题中的话语权。

| 第六章 |

专业性之标准指南

　　国际图书馆界未成年人服务专业性的提升，很大程度上是参照专业标准内容与指标展开实践，国际未成年图书馆与信息服务标准往往由相关的行业协会以及联盟制定与发布，以达成统一的专业化实践目标、服务体系和一致性的实施路径。对这些协会及联盟制定的标准进行考察，能够为我们提供一个国际化的整体视野。因此，在分析和学习国际未成年服务专业标准的过程中，应尤为重视这些协会与组织的专业标准框架以及标准细节。

　　需要指出的是，我国的未成年图书馆与信息服务标准制定与实施正在逐步向前推进，国际图书馆界制定的相关标准可为我国推进未成年图书馆与信息服务标准建设提供借鉴。但在此过程中，国际标准的适用性和缺点需要我们慎重对待，但其思路和优点亦对我们有所启发。

　　本章通过调查 ISO（International Organization for Standardization）、IFLA以及 ALA 等重要图书馆协会标准建设情况，按照标准制定背景、制定主体、主要内容以及影响对未成年人图书馆标准进行分析，以期指导中国未成年人专业标准化实践和发展。

第一节　调查设计与实施

一　整体思路

本章所研究的国际图书馆未成年人服务政策标准，是指由相关图书馆服务行业协会制定的有关规范和发展图书馆未成年人服务规范、服务指南、服务标准等，制定的政策标准在全球范围内，或本国、本地区内产生一定的影响，并对图书馆未成年人服务起指导作用。

作者将在收集整理标准基础之上，通过结构分析，梳理未成年人图书馆与信息服务的专业标准化范畴，提炼国际专业标准制定与管理的一般过程；而后从内容分析的角度出发，按照"标准制定的基本情况—标准制定目标—标准的主要内容"这一逻辑思路，分析标准部分或层次内部间相互制约和相互依赖的关系，以及各部分之间相互作用的机制。最后，参照中国现行标准化相关法律，尝试搭建较为系统的专业标准体系理论框架。与此同时，笔者将第五章专业协会调研结果以及国外未成年人标准研究论文相结合作为辅助视角，以关注未成年人图书馆与信息服务对于其专业标准体系的持续建构。

二 资料收集情况

值得注意的是，因本章着重于标准这一文件类型进行分析，故"Statement""Manifesto""Policy"等声明、宣言以及政策文件不纳入本章的研究范围。国际未成年人图书馆与信息服务主要由行业协会制定，笔者以第五章所述的 10 家国际未成年人图书馆与信息服务行业协会制定发布的与图书馆未成年人服务相关的专门标准为基础，收集标准。截至 2019 年 5 月 30 日，共选取国际及主要国家未成年人图书馆专门服务政策标准 18 份。

标准内容类型主要分为综合性标准与专门性标准两大类，在标准属性方面主要为推荐性标准（指南）。上述标准主题涵盖空间建筑规划、服务指导、活动项目开展、专业人员资质提升和学校图书馆建设等多个方面。

第二节 专业标准（指南）的制定和管理

一 专业标准化范畴

（一）专业标准责任机构

由第五章专业协会中可知，在未成年人图书馆与信息服务领域，专业标准（指南）制定与管理主要由行业协会负责。笔者对国际重要图书馆标准制定机构进行整理，具体情况如表6－1所示。以期总结未成年人图书馆标准制定的相关特点，为我国未成年人图书馆标准化机构完善工作机制与管理架构提供借鉴。

表6－1　国际未成年图书馆标准管理机构

序号	组织名称	管理机构	管理范围
1	International Organization for Standardization（ISO）	TC 46 Information and documentation	全球
2		TC 171 Document management applications	
3	IFLA	Committee on Standards	全球
4	IASL	Executive Officers	全球
5	ALA	ALSC	美国
6		YASLA	
7		AASL	
8	CILIP	YLG	英国
9		SLG	
10	SLA	SLA Board	英国

总体而言，部分行业协会选择专门负责标准化的下属机构负责标准的制定与管理；而部分协会选择由其下属的各专业机构直接负责，而后由最高执行机构进行审议。

标准责任机构的职责一般由以下五部分构成。其一，重点关注未成年人图书馆标准工作以提高协会标准在本国以及国际范围的影响力；其二，对未成年图书馆专业领域的标准制定/修订过程进行战略规划设计并实施；其三，按照本国或国际标准制定/修订的一般程序，就某一具体标准的批准和生效向图书馆行业协会提出建议并监督其实施；其四，即时地就未成年图书馆专门或相关标准的制定/修订情况进行发布和宣传；其五，加强其他标准化组织之间的联系等，并定期对标准的适用性、时效性进行调研与分析，以及时对标准进行修订。

（二）专业标准内容范畴

未成年图书馆与信息服务隶属于社会管理与公共文化领域，其主要提供的为公共文化服务产品，具有公共物品的非竞争性等特点。参考 IFLA、ALA 等重要国际未成年人图书馆标准责任机构的标准主题可以发现：这些机构在制定标准时，形成较为一致的标准化范畴边界。笔者对标准主题进行分类后，绘制了国际未成年图书馆标准化内容范畴边界框架，具体如图6-1所示。

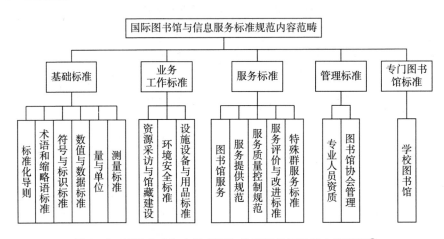

图6-1 国际未成年人图书馆与信息服务标准化内容范畴[1]

但是参考国外相关未成年人标准研究论文可以发现，目前国际图书馆界在未成年人方面的标准化理论研究较为匮乏，主要是针对实践领域的切实需要而建立相关标准。因而学界与业界主要集中关注标准的分类、管理和设计以及标准体系的模型、有效性与必要性研究。[2]

二 标准制定原则

目前，国际图书馆界在未成年图书馆与信息服务标准的制定方面，主要遵循以下四大原则，以保证未成年图书馆标准化流程科学规范。

（一）公益性发展原则

公益性是提供面向未成年人服务的图书馆的重要特征之一。制定和实

---

① 刘兹恒、孟晨霞：《ISO 和 IFLA 的图书馆标准规范体系对我国图书馆标准化工作的启示》，《图书情报研究》2015 年第 1 期。

② 柯平、申晓娟：《文化行业标准化研究》，国家图书馆出版社，2015，第 21 ~ 22 页。

施未成年人图书馆与信息服务标准的目的是规范图书馆工作流程、促进资源共享、提升面向未成年人服务能力以及带动整个图书馆行业的协调发展，使图书馆服务效益达到最大化。因此，国际图书馆界在未成年人图书馆与信息服务标准体系建设中着重体现社会效益，以社会整体利益最大化为目标。

（二）公开透明原则

《ISO 道德规范》（*ISO Code of Ethics*）是国际上普遍认可并采用的标准制定原则，公开透明是其中的核心原则，国际图书馆界亦秉持这一理念。标准制定全流程均是公开、公平与透明的，以促进未成年人图书馆与信息服务标准可以获得相关利益方的广泛认可。国际图书馆界关于未成年人标准立项、项目进展以及项目成果信息均可在其协会官网上浏览，突出表现了公开透明的原则。

（三）持续更新原则

近年来国际图书馆界就面向未成年人图书馆服务规模、服务能力、服务水平等都在不断进步。然而随着公众信息需求的不断改变与提升，对图书馆的期望与要求也在逐步提高。因此国际图书馆界根据社会环境以及当地的经济发展情况、各国未成年人图书馆事业发展情况以及各地区公众的信息需求对未成年人图书馆与信息服务图书馆标准不断进行修订，以使标准能够准确、全面地指导标准适用区域的未成年人图书馆与信息服务健康、可持续发展。

（四）逐步推进原则

标准制定与管理是一个连续的、从局部到整体的复杂过程。在此过程中，不可能一步到位、一次性完成未成年人图书馆与信息服务标准规范建设的全部工作。因此国际图书馆界在制定与修订未成年人图书馆与信息服务标准规范时，采用先易后难、由点到面的发展思路，优先解决各区域、各类型未成年图书馆发展中面临的关键问题，通过循序渐进的方式，在实践中进行自我评价与持续改进，不断提高图书馆标准体系的科学性和实用性。结合标准体系建设，自上而下，以逐步填补未成年图书馆与信息服务标准的阙如。

三 标准化流程

重要国际与国家标准化组织或机构均结合实际，设计适合本组织的标准化流程。笔者根据 ISO、IFLA 等组织标准化流程，结合标准的生命周期规定，绘制未成年人图书馆与信息服务标准化一般流程，具体如图 6-2 所示。值得注意的是，在标准化流程中，若标准内容完全采纳国际标准或其他国家标准，一般都会设置"快速通道"机制，以减少不必要的标准制定环节，提高标准制定与管理效率。

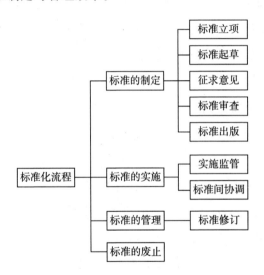

图 6-2 国际图书馆与信息服务标准化一般流程

第三节 国际图联相关专业标准指南

以促进未成年人图书馆与信息服务可持续发展为原则，IFLA 相关委员会制定了一系列指南（标准）类规范性文件。[①] 这些文件属于推荐性标准，不具备强制性，其只为世界范围内的图书馆服务提供参考与借鉴。截至目

---

① 范并思、吕梅、胡海荣：《公共图书馆未成年人服务》，北京师范大学出版社，2015，第43 页。

前，IFLA 标准委员会共审议通过五份各国专门针对未成年图书馆服务的指南，其基本情况如表 6-2 所示。

表 6-2 IFLA 未成年人图书馆与信息服务标准

序号	名称	制定部门	制定时间	修订情况
1	青少年图书馆服务指南	IFLA-LCYAS	1996	2008 年修订
2	儿童图书馆服务指南	IFLA-LCYAS	1991	2003 年修订
3	婴幼儿图书馆服务指南	IFLA-LCYAS	2007	无
4	0~18 岁儿童图书馆服务指南	IFLA-LCYAS	2018	无
5	学校图书馆指南	IFLA-SLS	2002	2015 年修订

一 《青少年图书馆服务指南》

IFLA-LCYAS 于 1996 年制定《青少年图书馆服务指南》，并于 2006 年进行修订。目前修订版本已被翻译成 13 种语言，均可通过 IFLA 网站获取全文。

指南秉持《公共图书馆宣言》精神，旨在为儿童图书馆员、决策制定者（图书馆管理者）、政策制定者、图书馆学专业学生以及相关利益者提供青少年图书馆服务参考框架。指南起草团队在 2006 年修订版本中，从理论与实践两方面出发，对青少年图书馆与信息服务提出可行的专业性提升建议。为提升指南的可操作性（促进指南应用），特增加"最佳实践"（Best Practice）部分，选取全球青少年图书馆服务实践优秀案例。

修订版指南正文主要由六部分组成："第一部分为指南引言；第二部分为目标服务群体的界定、青少年需求描述、服务资源建议与实例、图书馆服务建议与实例、图书馆活动项目建议与实例和人员资质要求；第三部分主要为图书馆对外合作与交流建议；第四部分为图书馆服务规划与评估；第五部分为宣传与推广；第六部分为最佳实践介绍，选取来自丹麦、德国、法国、克罗地亚和美国等 9 个优秀实践案例；附录 A 提供了图书馆自我评测的清单；附录 B 为青少年图书馆服务发展的 40 个条件。"①

---

① Guidelines for Library Services for YoungAdults. ［OL］. ［2018-10-18］. https://www.ifla.org/publications/guidelines-for-library-services-for-young-adults-revised-? og=51.

二 《儿童图书馆服务指南》

IFLA-LCYAS 于 1991 年制定《儿童图书馆服务指南》，并于 2003 年发布修订版本。目前修订版已被翻译成 21 种语言，均可通过 IFLA 网站获取全文。

指南旨在成为世界范围内不同规模与不同经济状况的儿童图书馆馆员、图书馆的管理者和决策者及图书馆学专业学生和教师们的重要参考资料。信息时代与全球化背景下，图书馆事业发展亟待转型。在此背景下，指南鼓励将技术因素引入儿童图书馆服务专业性提升，以期为儿童图书馆服务效能提升提供参考。

修订版指南主要由三部分组成，面向 13 岁及以下的儿童以及与这一群体密切相关的周边群体，如家长、教师等。"第一部分为儿童服务使命；第二部分为满足儿童的需要、目标群体、目标、经费、馆藏资源建设、馆舍、服务、对外合作与交流、宣传、人员资质、图书馆管理与评估；第三部分为指南意见征集。"①

三 《婴幼儿图书馆服务指南》

《婴幼儿图书馆服务指南》是 IFLA 第三部即图书馆服务大众专业部（IFLA Division III. -Libraries Serving the General Public）下属所有专业组 2006 ~ 2007 年联合项目的重要成果，主要由 IFLA-LCYAS 负责起草，于 2007 年以 IFLA 专业报告的形式发布。目前指南已被翻译成 16 种语言，均可通过 IFLA 网站获取全文。

指南秉持着联合国《儿童权利公约》文件精神，基于脑科学研究领域关于阅读服务对低幼儿童语言能力有正面积极影响的研究结果，制定该指南。旨在拓宽图书馆员、图书馆管理者和决策者、图书馆与信息科学专业的学生及科研人员的发展思路。以期规范 1 ~ 3 岁的婴幼儿图书馆服务并向婴幼儿家庭和从事早期启蒙教育的机构组织提供阅读服务参考。

---

① Guidelines for Children's Library Services. ［OL］. ［2018 – 10 – 18］. https://www.ifla.org/publications/guidelines-for-children-s-library-services? og = 51.

指南主要由四部分组成："第一部分为引言部分，明确指南目标与适用范围；第二部分为婴幼儿图书馆服务任务、婴幼儿及其家庭需求、目标受众、婴幼儿图书馆服务目标、服务、馆藏建设与发展、馆舍、对外交流与合作、宣传与推广、馆员资质、图书馆管理、图书馆评估与经费；第三部分为婴幼儿图书馆服务自我评测清单；第四部分为最佳实践，选取来自美国、克罗地亚、俄罗斯、丹麦、西班牙、瑞典、荷兰、加拿大、韩国、挪威、芬兰、英国、意大利古巴、德国和法国等 26 个优秀实践案例。"①

四　《0～18 岁儿童图书馆服务指南》

IFLA-LCYAS 基于《儿童图书馆服务指南》（2003）文本进行拓展与延伸，于 2018 年正式发布《0～18 岁儿童图书馆服务指南》。

许多国家图书馆在应用《儿童图书馆服务指南》（2003）时，发现该文件在不同的社会、文化与经济环境下适用性有待改善。IFLA-LCYAS 在调研的基础上，结合联合国《改变我们的世界：2030 可持续发展议程》（*Transforming Our World: the 2030 Agenda for Sustainable Development*）中对可持续发展的要求，立足《儿童权利公约》，起草覆盖不同年龄阶段的未成年人图书馆服务指南，旨在以赋能为导向，提升未成年人图书馆与信息服务专业性。

指南主要由九部分组成："第一部分为引言，对指南目标群体进行说明；第二部分为儿童图书馆使命与目标以及图书馆管理；第三部分为人力资源，包含儿童图书馆员的教育、职业伦理与道德、图书馆经费与管理以及图书馆协作；第四部分为图书馆馆藏建设与管理；第五部分为儿童图书馆项目与社区延伸活动；第六部分为儿童图书馆服务空间设计，包含年龄功能分区、馆舍布置、采光、图书馆空间可及性、健康与安全等；第七部分为宣传与推广；第八部分为图书馆评估与影响；第九部分为参考文献。"②

---

① Guidelines for Library Services to Babies and Toddlers. ［OL］.［2018 - 10 - 18］. https://www. ifla. org/public ations/ifla-professional-reports - 100？og = 8708.

② 张靖等：《0 - 18 岁儿童图书馆服务指南》中译本 ［EB/OL］.［2019 - 05 - 01］. https://www. ifla. org/files/assets/libraries-for-children-and-ya/publications/ifla-guidelines-for-library-services-to-children_aged-0-18-zh. pdf。

五 《学校图书馆指南》

IFLA-SLS（时称学校图书馆和资源中心部）于 2002 年发布《学校图书馆指南》，并于 2015 年发布修订版本。目前修订版本已被翻译成 12 种语言，均可通过 IFLA 网站获取全文。

该指南旨在协助学校图书馆专业人员和教育决策者致力于保障所有师生都能受惠于由符合资质的学校图书馆工作人员所提供的、有效的学校图书馆活动和服务。同时，该指南将国际图联/联合国教科文组织《学校图书馆宣言》中所宣明的关于学校图书馆发展的基本原则作为指南起草的核心原则，基于《联合国儿童权利宣言》《联合国儿童权利公约》《联合国土著人民权利宣言》（*United Nations Declaration on the Rights of Indigenous Peoples*）等文件精神以及 IFLA 协会发展核心价值制定具体条款。

修订版指南由八部分组成："第一部分为指南绪论，包括目录、前言、概要、建议与引言；第二部分为学校图书馆使命与目标，包含学校图书馆角色与定位、愿景、使命、服务及评估；第三部分为学校图书馆的法律和经济框架，包括学校图书馆法律依据与法律问题、道德依据与道德问题、学校图书馆发展的基础设施支持、政策、计划、资金；第四部分为学校图书馆人力资源，涉及学校图书馆员、专业馆员、辅助人员以及志愿者的资质要求与道德标准；第五部分为学校图书馆的实体和数字资源；第六部分为学校图书馆活动，涉及素养培育与阅读推广、信息素养教育、教师专业发展以及学校图书馆员的教导职责；第七部分为学校图书馆评估和公共关系；附录部分为《学校图书馆宣言》、学校图书馆预算方案、探究式学习教学模型、学校图书馆评估清单示例。"①

---

① 张靖等：《学校图书馆指南（第二版）》中译本［EB/OL］.［2019－05－01］. https://www.ifla.org/files/assets/school-libraries-resource-centers/publications/ifla-school-library-guide-lines-zh.pdf.

第四节　主要国家相关专业标准指南

一　主要国家相关专业标准指南整体情况

美国、英国等国家在未成年人图书馆与信息服务标准方面，由图书馆行业协会牵头制定了多份专业标准，对世界未成年人图书馆与信息服务领域发展有着重要参考作用。从综合性标准（指南）到专门性标准，标准建设已较为成熟。值得一提的是，加拿大图书馆行业较为重视未成年人图书馆的信息素养教育职能的实现，加拿大图书馆协会（Canadian Library Association，CLA）下属加拿大学校图书馆协会（Canadian Association for School Library）分别专门制订了学校图书馆信息素养教育相关标准。目前，主要国家未成年人图书馆与信息服务领域的 13 份重要标准基本信息如表 6 - 3 所示。

表 6 - 3　主要国家未成年人图书馆与信息服务标准

序号	牵头机构	文件题名	最新版本
1	ALA-ALSC	Competencies for Librarians Serving Children in Public Libraries 公共图书馆儿童馆员服务能力	2015
2	ALA-YALSA	Teen Space Guidelines 青少年服务空间指南	2012
3	ALA-YALSA	Core Professional Values for the Teen Services Profession 青少年服务行业的核心专业价值	2015
4	ALA-YALSA	Teen Programming Guidelines 青少年活动指南	2015
5	ALA-YALSA	Teen Services Competencies for Library Staff 图书馆员青少年服务资质	2017
6	ALA-AASL	Standards for Initial Preparation of School Librariaus 学校图书馆员初步培养标准	2010
7	ALA-AASL	Standards for the 21st-Century Learner 21 世纪学习者的标准	2007
8	ALA-AASL	National School Library Standards 国家学校图书馆标准	2018

续表

序号	牵头机构	文件题名	最新版本
9	CILIP	Salary Guide 2014—2015：Schools 学校图书馆馆员薪酬标准（2014—2015）	2014
10	SLA	The Primary School Library Guidelines 小学图书馆指南	2014
11	SLA	Standards for Secondary School Libraries 中学图书馆指南	2014
12	CLA	Achieving Information Literacy：Standards for School Library Programs in Canada 实现信息素养：加拿大学校图书馆活动标准	2003
13	CLA	Leading Learning：Standards of Practice for School Library Learning Commons in Canada 引领学习：加拿大学校图书馆学习空间实践标准	2014

二 标准内容分析

（一）《公共图书馆儿童馆员服务能力》

《公共图书馆儿童馆员服务能力》由美国 ALA 下属 ALSC 教育委员会（Education Committee）制定，于 1989 年正式发布。教育委员会分别在 1999 年，2009 年与 2015 年组织修订。该指南可在 ALA-ALSC 官网获取全文。

标准旨在为儿童图书馆员以及其他图书馆工作人员的职业资格准入与认证的实际工作提供指导，以期持续提升儿童图书馆服务人员专业性。标准鼓励图书馆与信息科学专业毕业的硕士研究生任职于未成年人图书馆与信息服务机构，并鼓励未成年人图书馆领域研究学者积极参与未成年人服务标准制定与推广。

标准由七部分组成："第一部分为青少年服务义务；第二部分为信息咨询与用户服务能力；第三部分为图书馆项目（活动）组织能力；第四部分为对青少年资源的管理能力；第五部分为图书馆宣传与活动推广能力；第六部分为未成年人图书馆管理能力；第七部分为专业与职业发展"①。

---

① Competencies for Librarians Serving Children in Public Libraries ［OL］.［2018 - 10 - 18］. http：// www. ala. org/alsc/edcareeers/alsccorecomps.

（二）《青少年服务空间指南》

YALSA 于 2011 年组建一支工作小组起草《青少年服务空间指南》。为增强指南适用性，工作小组于 2011 年 6 月广泛征集全美图书馆社区意见，对指南初稿进行修改，2012 年 5 月发布正式版本。当前，全文可在 ALA 网站上获取。

指南侧重对青少年图书馆服务使命的介绍与图书馆实体空间、虚拟空间重要性的说明，旨在为图书馆管理者、青少年图书馆员以及社区成员等在设计与搭建青少年服务空间时提供参考，并鼓励开展公共图书馆青少年服务空间的交流与对话。

指南由五部分组成："第一部分为引言；第二部分为实体空间设计的六条建议；第三部分为虚拟空间设计的四条建议；第四部分为相关资源参阅；第五部分为实体与虚拟青少年服务空间设计参考模型。"①

（三）《青少年服务行业的核心专业价值》

YALSA 于 2013～2014 年组建青少年服务核心价值工作小组（the Professional Values Task Force of the YALSA）研究与起草青少年图书馆服务核心价值，于 2015 年正式发布《青少年服务行业的核心专业价值》。目前，指南全文可通过 ALA 网站获取。

YALSA 旨在建立青少年图书馆服务伦理守则，为图书馆管理者、青少年图书馆员以及图书馆与信息科学专业人员等群体提供参考与借鉴。内容沿袭《ALA 伦理准则》（*the American Library Association's Code of Ethics*）基本框架与基本原则，立足未成年人图书馆服务情境。

标准由三部分组成："第一部分为引言；第二部分为九大核心价值，即责任心、协作、善良、专业、包容、创新、正直、服务职责和社会责任。"②

（四）《青少年活动指南》

YALSA 于 2014～2015 年组建一支工作小组起草《青少年活动指南》。

---

① Teen Space Guidelines ［OL］. ［2018－10－18］. http：//www. ala. org/yalsa/guidelines/teenspaces.

② ALA. Core Professional Values for the Teen Services Profession ［OL］. ［2018－10－18］. http：//www. ala. org/yalsa/core-professional-values-teen-services-profession.

为提升指南实用价值，工作小组于 2014 年 12 月广泛征集全美公共图书馆社区反馈意见，对指南内容进行调整与完善，2015 年 5 月发布正式版本。当前，全文可在 ALA 网站上获取。

指南旨在为未成年图书馆馆员在设计、组织与举办以及评价图书馆活动时提供指导，从而帮助图书馆员掌握未成年人服务技能以及获取服务相关资源，以期改善社区所有青少年的生活。虽然每条指南条款与实际图书馆活动并不完全对应，但图书馆工作人员需要将指南内容尽可能内化并在活动环节上有所体现，以便更好地支持青少年的教育、技能与兴趣培育和社群建设。指南起草者编制参考资源列表，以为图书馆工作人员提供青少年图书馆活动设计最优方案参考。

标准由四部分组成："第一部分为引言；第二部分为青少年图书馆活动的十条建议；第三部分为青少年图书馆服务重要参考资料；第四部分为青少年图书馆活动词条释义。"[①]

（五）《图书馆员青少年服务资质》

YALSA 于 1981 年制定《图书馆员青少年服务能力》（*Competencies for Librarians Serving Youth*），于 2010 年进行修订，并将指南标题修改为《图书馆员青少年服务能力：青少年应该得到最好的》（*Competencies for Librarians Serving Youth*：*Young Adults Deserve the Best*）。2017 年，YALSA 对指南进行再次修订并更名为《图书馆员青少年服务资质》，修订版是该协会指导图书馆青少年服务的重要文件，全文可在 ALA 网站上获取。

为了适应时代服务范式转变，帮助现有图书馆员和图书馆过渡到新的服务模式和新的人员配备，YALSA 更新《图书馆员青少年服务能力》。标准依据图书馆青少年服务范式转变的客观现实，旨在帮助图书馆员成为青少年发展方面扮演以动手能力和兴趣培养为目标的学习协助者角色。

指南由三部分组成："第一部分为服务能力，包括青少年成长与发展、与青少年的互动能力、学习环境、学习经历、青少年参与和领导力、社区

---

① ALA. Teen Programming Guidelines [OL]. [2018 – 10 – 18]. http://www.ala.org/yalsa/teen-programming-guidelines.

与家庭互动、文化能力和反应能力、平等使用、成果和评估与持续学习；第二部分为相关参阅资料；第三部分为致谢。"①

（六）《学校图书馆员初步培养标准》

学校图书馆服务专业性与学校图书馆工作人员资质密切相关，AASL组织学校图书馆领域人员起草《学校图书馆员初步培养标准》，并提交美国国家教师教育鉴定委员会专业领域研究委员会（Specialty Areas Studies Board of the National Council for Accreditation of Teacher Education）审议通过，于 2010 年 10 月正式发布。当前，全文可在 ALA 网站上获取。

标准结合美国图书馆与信息科学专业中未成年人服务研究方向硕士课程设置，旨在明确学校图书馆员准入资质，以提升学校图书馆业务建设水准与服务效能。标准起草者罗列标准条款所涉及的学理依据，为学校图书馆员资格准入提供理论支撑。

标准主要由六部分组成："第一部分为引言；第二部分为教与学标准；第三部分为素养与阅读标准；第四部分为信息与知识标准；第五部分为图书馆宣传与管理标准；第六部分为图书馆活动与管理。"②

（七）《21 世纪学习者的标准》

2007 年 AASL 与大学与研究图书馆协会（Association of College & Research Libraries）联合制定并颁布了《21 世纪学习者的标准》。而后，为配合标准的实施，AASL 将《21 世纪学习者的标准》中最重要的标准内容以单行本形式发布，即《21 世纪学习者行动手册》（*Standards for the 21st-Century Learner In Action*）、《学习者权利保障：学校图书馆计划的指导方针》（*Empowering Learners：Guidelines for School Library Programs*）和《21 世纪馆员评价方法》（*A 21st-Century Approachto School Librarian Evaluation*）。当前，全文可在 ALA 网站上获取。

---

① ALA. Teen Services Competencies for Library Staff ［OL］.［2018 - 10 - 18］. http://www. ala. org/yalsa/guidelines/yacompetencies.

② AASL. Standards for Initial Preparation of School Librarians ［EB/OL］.［2018 - 10 - 18］. http:// www. ala. org/aasl/sites/ala. org. aasl/files/content/aasleducation/schoollibrary/2010_standards_with_ rubrics_and_statements_1 - 31 - 11. pdf.

标准旨在推进与落实21世纪学生信息素养教育，标准中明确学校图书馆服务教学的功能，强调学校图书馆培育学生终身学习的理念。标准制定主要依据美国基础教育改革发展要求，旨在协调基础教育公平与效能的统一，以期提高学生综合成绩，缩短不同群体之间差距。

标准主要有三部分组成："第一部分为共同信念；第二部分为学习者应具备的技能、可参考的资源以及工具，包括批判思维与知识获取、信息评价、信息应用与创新、信息共享和个人发展；第三部分为21世纪学习者标准实施框架，即技能—行为规范—责任—自我—评级策略。"①

（八）《国家学校图书馆标准》

AASL于2014年启动"面向学习者、学校图书馆员与学校图书馆的国家学校图书馆标准"（*National School Library Standards for Learners, School Librarians, and School Libraries*）研究项目，采用网络调查法与专家咨询法等梳理美国情境下学校图书馆与社会间的多元互动关系，并在其基础上，进行美国学校图书馆标准的编制。当前，全文可在ALA官网上获取。

标准旨在促进美国学校图书馆事业的可持续发展，为学校图书馆员日常工作提供实际的指导与参考，并借此服务于学习型社区的建立。标准从学习者赋能的角度出发，强调信息社会中的学校图书馆在学习文化氛围建设中的重要作用。

标准主要由四部分组成："第一部分为共同信念；第二部分为支撑素材；第三部分为职业发展；第四部分为权利与义务。"②

（九）《学校图书馆馆员薪酬标准（2014—2015）》

CILIP-SLG参照英国国家职业薪资水平，依照CILIP职业资格认证体系，于2014年发布《学校图书馆馆员薪酬标准（2014—2015）》。当前，全文可在CILIP官方网站上获取。

标准以IFLA《亚历山大信息素养和终身学习宣言》（*Alexandria Procla-*

---

① Standards for the 21st-century learner [S]. Chicago: American Association of School Librarians (AASL), 2007.

② AASL. AASL Standards Framework [EB/OL]. [2019 – 05 – 19]. https://standards.aasl.org/framework/.

mation on Information Literacy and Lifelong Learning）精神为依归，秉持"平
等获取信息是英国每个年轻人的权利"等国家共识。SLG 从提升未成年人
服务专业性出发，强调学校图书馆人力资源的合理配置，并鼓励学校图书
馆员参与学校课程设置以及学生核心素养培育。

标准内容主要由六部分组成："第一部分为引言；第二部分为岗位定
级与职责；第三部分为信息职业、教育与资格认证；第四部分为人员职业
发展；第五部分为英格兰与威尔士地区学校馆员薪酬建议；第六部分为苏
格兰地区学校馆员薪酬建议；第七部分为北爱尔兰地区学校馆员薪酬
建议。"①

（十）《小学图书馆指南》

CILIP 联合英国高阶儿童与教育图书馆员协会（The Association of Senior
Children's and Education Librarians）、学校图书馆协会（School Library Asso-
ciation，SLA）、苏格兰图书馆协会（the Scottish Library Association）、威尔
士图书馆协会（the Welsh Library Association）以及北爱尔兰图书馆协会
（the Northern Ireland Branch of the Library Association）等未成年人图书馆与
信息服务专业协会，于 2014 正式发布了《小学图书馆指南》。当前，指南
全文可在 CILIP 官方网站上获取。

指南旨在为英国学校图书馆发展各相关方提供实用的参考，面向 4 ~
11 岁的独立的学习者，鼓励学校图书馆为这一年龄段的群体提供高质量的
信息服务。同时，指南指出在英国各地区的适用性问题，并建议参阅各地
区学校图书馆相关文件，在应用时作适当调整。

指南主要由十三部分组成："第一部分为发展适应学校发展需求的图
书馆；第二部分为政策；第三部分为环境创设；第四部分为人员；第五部
分为预算与经费；第六部分为资源选择；第七部分为图书馆组织；第八部
分为图书馆管理系统；第九部分为素养，是图书馆关注的重点；第十部分
为信息素养；第十一部分为图书馆评估；第十二部分为案例；第十三部分

---

① CILIP. CILIP Salary Guide 2014 – 15：Schools［EB/OL］.［2019 – 05 – 19］. https：//archive. cil-
ip. org. uk/sites/default/files/media/document/2017/cilip_ school _ librarian _ salary _ guidelines _
2014 – 15_0. pdf.

为附录。"①

(十一)《中学图书馆指南》

SLA 基于对英国境内中学图书馆建设情况的调查，发现："由于学校经费紧张，中学图书馆发展经常被学校管理者忽视，处于资源紧缺的状况中。"② 于 2014 年正式发布了《中学图书馆指南》。当前，指南全文可在 SLA 官网获取。

指南旨在为中学图书馆建设与服务提供指导建议，以为 12 ~ 18 岁青少年提供高质量的信息服务作为指南文本的核心目标。同时，指南内容特设置文本参阅环节，旨在为学校图书馆员及学校图书馆管理者提供实用的参考与建议。

标准主要由五部分组成："第一部分为人员配置；第二部分为学校图书馆员职业定位；第三部分为学校图书馆实体环境与虚拟环境建设；第四部分为信息资源建设与管理；第五部分为学校图书馆预算。"③

(十二)《实现信息素养：加拿大学校图书馆活动标准》

进入 21 世纪，CLA 下属学校图书馆协会（Canadian Association for School Libraries）联合加拿大国家标准编制委员会（National Standards Writing Committee）积极组建儿童信息素养标准编制专家团队，于 2003 年正式发布《实现信息素养：加拿大学校图书馆活动标准》。当前，全文可在 CLA 官网获取。

指南旨在为加拿大儿童提供平等获取高质量的学校图书馆活动与服务，面向学校图书馆发展的可持续性发展为学校图书馆长期发展规划与信息素养教育提供建议。同时，指南鼓励基础教育学制各阶段中学校图书馆间加强合作，并就学校图书馆服务效能评估提供实用工具。

指南主要由七部分组成："第一部分为引言；第二部分为加拿大学校

---

① SLA. Primary School Library Guidelines [EB/OL]. [2019 – 05 – 18]. http://primaryschoollibraryguidelines. org. uk/.

② SLA. Primary School Library Guidelines Introduction [EB/OL]. [2019 – 05 – 18]. http://primaryschoollibraryguidelines. org. uk/.

③ SLA. Primary School Library Guidelines [EB/OL]. [2019 – 05 – 18]. https://www. sla. org. uk/ dwl. php？ doc = sla-secondary-standards – 2015. pdf.

图书馆发展愿景；第三部分为信息素养教育框架；第四部分为学校图书馆活动管理标准；第五部分为信息素养教育协作团队建设；第六部分为参考书目；第七部分为附录。"①

（十三）《引领学习：加拿大学校图书馆学习空间实践标准》

CLA 积极组建学校图书馆网络话语（Voice for School Libraries Network）与学校图书馆建议委员会（School Libraries Advisory Committee），立足加拿大学校图书馆事业现状，于 2014 年正式发布《引领学习：加拿大学校图书馆学习空间实践标准》。当前，全文可在 CLA 官网获取。

指南参照加拿大基础教育改革发展理路，以培育学生"学会学习"为发展宗旨，旨在引导学校图书馆建构学习型社群（learning communities）。同时，指南从实用角度出发，以期为加拿大学校图书馆的负责人提供长期规划参考以及切实可行的策略。

指南主要由六部分组成："第一部分为转变学校图书馆成为学校空间；第二部分为引领学习框架；第三部分为学校图书馆建设推进策略；第四部分为词汇表；第五部分为附录；第六部分为参考书目。"②

第五节　中国情况

中国标准化工作实行管理与分工负责相结合的管理体制。③《中华人民共和国标准化法》第一章第五条规定"国务院标准化行政主管部门统一管理全国标准化工作。国务院有关行政主管部门分工管理本部门、本行业的标准化工作。区域性标准化工作由本区域标准化行政主管部门负责"④。在

---

① CLA. Achieving Information Literacy：Standards for School Library Programs in Canada ［EB/OL］. ［2019 – 05 – 18］. http://accessola2. com/SLIC-Site/slic/ail110217. pdf.

② CLA. Leading Learning：Standards of Practice for School Library Learning Commons in Canada ［EB/OL］. ［2019 – 05 – 18］. http://apsds. org/wp-content/uploads/Standards-of-Practice-for-SchoolLibrary-Learning-Commons-in-Canada – 2014. pdf.

③ 刘兹恒：《ISO、IFLA 图书馆标准规范体系研究》，国家图书出版社，2016，第 104 ~ 110 页。

④ 《中华人民共和国标准化法》［EB/OL］. ［2019 – 05 – 18］. 中国人大网，http://www. npc. gov. cn/npc/xinwen/2017 – 11/04/content_2031446. htm.

中国，国家市场监督管理总局负责国家标准化工作。其机构职责为："以国家标准化管理委员会名义，下达国家标准计划，批准发布国家标准，审议并发布标准化政策、管理制度、规划、公告等重要文件；开展强制性国家标准对外通报；协调、指导和监督行业、地方、团体、企业标准工作；代表国家参加国际标准化组织、国际电工委员会和其他国际或区域性标准化组织；承担有关国际合作协议签署工作；承担国务院标准化协调机制日常工作。"①

一　专业标准化范畴

当前，现行图书馆与信息服务标准层级涉及国家标准、行业标准、地方标准、团体标准与企业标准这五大层次，标准化管理现状如图 6 - 3 所示，其中需要说明的是，全国图书馆标准化技术委员会在实际标准化工作中需要完成文化和旅游部下达的行业标准编制/修订的相关任务。

在未成年人图书馆与信息服务领域，负责国家标准编制/修订的归口单位主要有以下三个：全国信息与文献标准化技术委员会、全国文献影像技术标准化技术委员会与全国图书馆标准化技术委员会。未成年人图书馆与信息服务行业标准化工作的主管单位主要为文化和旅游部与教育部。其中，由文化和旅游部主导公共图书馆领域的未成年人服务标准化工作，教育部及其下属基础教育司负责学校图书馆标准化工作。

（一）专业标准责任机构

1. 全国信息与文献标准化技术委员会

全国信息与文献标准化技术委员会（TC4）成立于 1979 年②，由国家标准化管理委员会筹建及进行业务指导，负责专业范围为信息和文献。下设四个分委会，分别为书面语言转写分技术委员会（TC4/SC2）、自动化分技术委员会（TC4/SC4）、统计分技术委员会（TC4/SC8）与识别与描述分

---

① 中华人民共和国国家标准化委员会：《机构职责》［EB/OL］.［2019 - 05 - 18］. http://www. sac. gov. cn/zzjg/jgzz/#。

② 全国信息与文献标准化技术委员会：《TC4 介绍》［EB/OL］.［2019 - 05 - 18］. http:// www. std. gov. cn/search/orgDetailView? data_id = 5DDA8BA3FD9718DEE05397BE0A0A95A7。

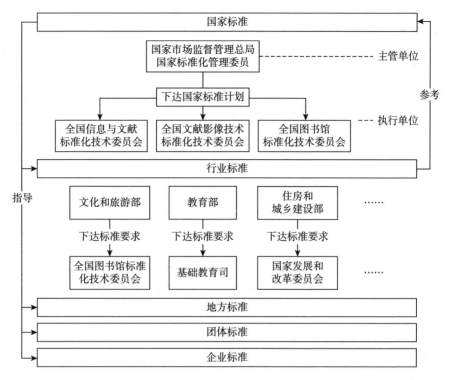

图 6 – 3　中国未成年人图书馆与信息服务标准化管理现状

注：笔者参考图书馆与信息服务领域标准管理单位情况绘制

技术委员会（TC4/SC9），涉及的专业领域为："计算机在信息情报文献中的应用、统计和工作指标以及用于信息组织和内容产业的信息标识、描述和相应的元数据及模型的标准化"①。

2. 全国文献影像技术标准化技术委员会

全国文献影像技术标准化技术委员会（TC86）成立于 1984 年，由国家标准化管理委员会筹建及进行业务指导。负责专业范围为负责全国文件的输入、输出质量、记录、存储和使用文件影像的实现、检验和质量控制方法、文件影像工作流程应用、制作和使用信息所需设备涉及的应用要求和质量标准、相关的术语等专业领域标准化工作。下设五个分委会，分别

---

① 全国信息与文献标准化技术委员会，http://www.std.gov.cn/search/orgDetailView？data_id = 5DDA8BA3FD9718DEE05397BE0A0A95A7。

为质量分技术委员会（TC86/SC1）、缩微摄影技术标准化分技术委员会（TC86/SC4）、电子影像技术应用分技术委员会（TC4/SC8）、技术绘图应用分技术委员会（TC86/SC6）与一般问题分技术委员会，涉及的专业范围为："负责文献缩微制品及电子影像的质量检测与加工、产品、设备的控制程序，交换方式与保存问题等领域的标准化工作；负责词汇与文献成像技术的合法许可问题等领域的标准化工作等。"①

3. 全国图书馆标准化技术委员会

全国图书馆标准化技术委员会（TC389），成立于 2008 年，由文化和旅游部筹建及进行业务指导。负责专业范围为图书馆管理、服务，图书馆古籍善本的收藏、定级、维修、保护，图书馆环境等。当前尚未设置下属分委会。

4. 教育部基础教育司

基础教育司是教育部下属司局机构，其机构职责为："承担基础教育的宏观管理工作，拟订推进义务教育均衡发展政策，拟订普通高中教育、幼儿教育、特殊教育的发展政策；会同有关方面提出加强农村义务教育的政策措施，提出保障各类学生平等接受义务教育的政策措施；会同有关方面拟订义务教育办学标准，规范义务教育学校办学行为；拟订基础教育的基本教学文件，推进教学改革；指导中小学校的德育、校外教育和安全教育；指导中小学教学信息化、图书馆和实验设备配备工作。"②

（二）专业标准内容范畴

截至 2019 年 5 月，专业标准机构已经发布了图书馆与信息服务相关标准 223 项（含即将实施），其中国家标准 178 项，相关行业标准 45 项。与此同时，全国信息与文献标准化技术委员会正在推进的国家标准计划 21 项；全国文献影像技术标准化技术委员会正在推进的国家标准计划 5 项；全国图书馆标准化技术委员会正在推进的国家标准计划 15 项，其中与未成

---

① 全国信息与文献标准化技术委员会，http://www.std.gov.cn/search/orgDetailView? data_id = 5DDA8BA4008C18DEE05397BE0A0A95A7。

② 《基础教育司介绍》，http://www.moe.gov.cn/jyb_zzjg/moe_350/201807/t20180730_343824.html。

年人图书馆与信息服务相关的标准计划为《中小学图书馆评估指标》。我国主要图书馆与信息服务专业标准内容体系如图 6 – 4 所示。

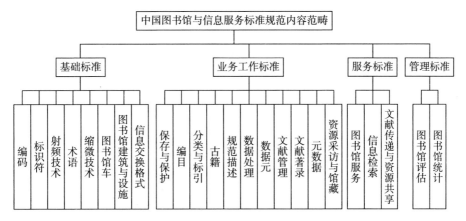

图 6 – 4　中国图书馆与信息服务标准化内容范畴①

二　标准化流程

当前，根据 1997 年发布的国家标准《国家标准制定程序的阶段划分及代码》（GB/T 16733 – 1997），中国的标准化流程主要由 9 个环节组成，具体如图 6 – 5 所示②。值得注意的是，中国国国家标准委员会为减少不必要的标准编制流程，主要在以下两方面设置"快速程序"机制："其一是等同采用、等效采用国际标准或国外先进标准可由立项阶段直接进入征求意见阶段；其二是对现有国家标准的修订项目或对中国其他各级标准的转化项目可直接进入审查阶段。"③

三　未成年人图书馆与信息服务标准体系建设

未成年人图书馆与信息服务标准体系是未成年人图书馆事业可持续发

---

① 刘兹恒：《ISO 和 IFLA 的图书馆标准规范体系对我国图书馆标准化工作的启示》，国家图书馆出版社，2015，第 113 ~ 115 页。

② 中华人民共和国国家技术监督局：《国家标准制定程序的阶段划分及代码》，http://std. cahec. cn/uploadfile/2016/0715/20160715128282. pdf。

③ 同上。

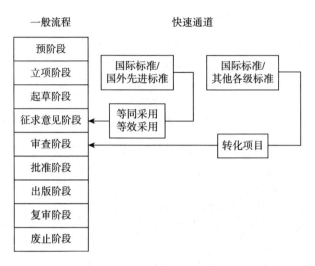

图 6 – 5　中国图书馆与信息服务标准化一般流程①

展的支撑，主要是以专门标准为基础，同时包括所有与未成年人图书馆与信息服务有关的相关规范等标准文件构成的相互补充与相互关联的标准保障系统。

（一）整体情况

2007 年，文化和旅游部印发的《文化标准化中长期发展规划》（2007—2020）指出"加强公共文化服务体系的标准化建设"②。而后，全国图书馆标准委员会在《全国图书馆标准化工作"十三五"规划纲要》明确"未成年人是公共文化服务标准化进程中的重点领域与重点关注对象"。③ 在逐步推进图书馆与信息服务标准体系建设进程中，未成年人图书馆与信息服务标准体系是其中的重要组成。与此同时，联合国《儿童权利公约》、中国《未成年人保护法》、《中华人民共和国公共文化服务保障法》、《中华人民共和国公共图书馆法》、《中国儿童发展纲要（2011 – 2020

---

① 中华人民共和国国家技术监督局：《国家标准制定程序的阶段划分及代码》，http://std. cahec. cn/uploadfile/2016/0715/20160715128282. pdf。

② 中华人民共和国文化和旅游部：《文化标准化中长期发展规划》（2007 – 2020），http:// www. gov. cn/gzdt/2007 – 08/06/content_707569. htm。

③ 全国图书馆标准委员会：《全国图书馆标准化工作"十三五"规划纲要》，http://www. nlc. cn/tbw/bzwyh_gywm2. htm。

年)》和《中国学生发展核心素养》等重要法律与文件，是保障与推进未成年人图书馆与信息服务标准化建设的重要支撑。当前，中国未成年人图书馆与信息服务标准体系建设现状具体如图6-6所示。

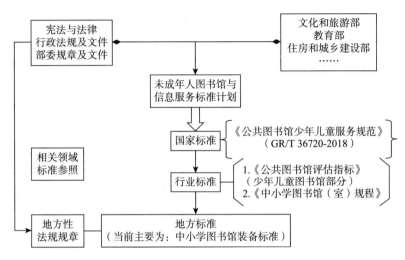

图6-6 中国未成年人图书馆与信息服务标准体系建设现状

（二）专门标准

当前，未成年人图书馆与信息服务专门标准主要有三份，分别为《公共图书馆少年儿童服务规范》（GB/T 36720 - 2018）、《公共图书馆评估指标》（少年儿童图书馆部分）和《中小学图书馆（室）规程》。

1. 《公共图书馆少年儿童服务规范》（GB/T 36720 - 2018）

2018 年 9 月，国家市场监督管理总局与中国国家标准化委员会发布国家标准《公共图书馆少年儿童服务规范》（GB/T 36720 - 2018）。标准由文化和旅游部提出，由全国图书馆标准化技术委员会归口管理。标准起草单位为湖南省少年儿童图书馆、国家图书馆与天津市少年儿童图书馆。[①] 该标准于 2019 年 4 月 1 日起正式施行。

标准内容主要由十一部分组成："第一部分为前言；第二部分为范围；第三部分为术语和定义；第四部分为总则；第五部分为服务资源；第六部

---

① 全国图书馆标准委员会：《公共图书馆少年儿童服务规范基本信息》，http://www.std.gov.cn/gb/search/gbDetailed? id = 5DDA8BA1FEAB18DEE05397BE0A0A95A7。

分为服务政策；第七部分为服务内容和要求；第八部分为服务宣传；第九部分为合作共享；第十部分为服务绩效评价；第十一部分为参考文献。"①

2.《公共图书馆评估指标》（少年儿童图书馆部分）

2015 年 1 月，文化和旅游部发布行业标准《公共图书馆评估指标》以指导全国第六次公共图书馆评估定级。标准现由全国图书馆标准化技术委员会归口管理。标准内容起草单位为国家图书馆、天津市少年儿童图书馆等。其中标准的第四至六部分为省级、市级与县级少年儿童图书馆评估指标。②

《公共图书馆评估指标》"第 4 部分：省级少年儿童图书馆"、"第 5 部分：市级少年儿童图书馆"、"第六部分：县级少年儿童图书馆"在整体指标结构上保持一致，只在对应指标的最低限值不同。主要由两部分组成："第一部分为少年儿童图书馆等级必备条件，包括年文献外借量（万册次）、年万人开展读者活动场次、读者满意率、纸质图书馆藏质量、业务统计分析、年财政拨款总额、纸质文献馆藏量、建筑面积；第二部分为少年儿童图书馆评估标准，涉及服务效能、业务建设与保障条件三大方面。"③

3.《中小学图书馆（室）规程》

1991 年，教育部牵头制定了中小学图书馆建设标准《中小学图书馆（室）规程》。2003 年，教育部发布修订版本《中小学图书馆（室）规程（修订）》。而后，结合国家公共文化服务体系建设的国家战略要求，教育部再次对规程内容进行修订，于 2018 年发布新版《中小学图书馆（室）规程》，文本内容已成为中小学图书馆具体工作开展的根本依据。

规程主要由七部分组成："第一部分为总则；第二部分为体制与机构；

---

① 全国图书馆标准委员会：《公共图书馆少年儿童服务规范》，http://www.gb688.cn/bzgk/gb/newGbInfo? hcno =745658E2CF579538DE274FE931E5DC93。

② 全国图书馆标准委员会：《公共图书馆评估指标基本信息》，http://www.std.gov.cn/hb/search/stdHBDetailed? id =5DDA8BA2B53418DEE05397BE0A0A95A7。

③ 中华人民共和国文化和旅游部：《文化部办公厅关于开展第六次全国县级以上公共图书馆评估定级工作的通知》，http://zwgk.mct.gov.cn/auto255/201701/t20170117_477673.html? keywords =。

第三部分为图书配备与馆藏文献信息建设；第四部分为图书馆与文献信息管理；第五部分为应用与服务；第六部分为条件与保障；第七部分为附则，包括中小图书馆（室）藏书量与中小图书馆（室）藏书分类比例表。"①

四　未成年人图书馆与信息服务相关标准参阅

（一）基础设施建设标准

1.《公共图书馆建筑防火安全技术标准》

《公共图书馆建筑防火安全技术标准》（WH 0502 - 1996）于 1996 年 2 月发布，由文化部归口管理，标准适用于各类综合性公共图书馆的新建、改建和扩建工程及其附属设备和专用设备的防火安全技术，学校图书馆、科研及各种专业图书馆（室）、其他各类型图书馆（室）均可参照标准的条文。

标准主要由十一部分组成："第一部分为范围；第二部分为引用标准；第三部分为建筑分类和耐火等级；第四部分为建筑基地、总平面和平面布置；第五部分为防火分区和建筑构造；第六部分为安全疏散和消防电梯；第七部分为消防给水和固定灭火装置；第八部分为防烟、排烟和通风、空气调节；第九部分为电气；第十部分为室内装饰；第十一部分为附录"。②

2.《公共图书馆建设标准》

《公共图书馆建设标准》（建标 108 - 2008），于 2008 年 8 月发布，由住房和城乡建设部、国家发展和改革委员会负责归口管理。标准是公共图书馆建设项目科学决策和合理确定项目建设、投资水平的全国性统一标准；是编制、评估和审批公共图书馆建设项目建议书及可行性研究报告的依据；是有关部门审查公共图书馆建设项目初步设计和检查工程建设全过程的尺度。

① 中华人民共和国教育部：《中小学图书馆（室）规程》，http://www.moe.gov.cn/srcsite/A06/jcys_jyzb/201806/t20180607_338712.html.。
② 中华人民共和国文化和旅游部：《公共图书馆建筑防火安全技术标准》，http://www.china-lawedu.com/falvfagui/fg22016/51441.shtml。

标准主要由六部分组成："第一部分为总则；第二部分为规模分级、项目构成与选址；第三部分为总建筑面积和分项面积；第四部分为总体布局与建设要求；第五部分为建筑设备；第六部分为附录。"①

3. 《图书馆建筑设计规范》

《图书馆建筑设计规范》（JGJ 38 - 2015）于 2016 年 5 月发布，由住房和城乡建设部归口管理。在 1999 年发布的《图书馆建筑设计规范》基础上，结合图书馆发展的实际需求，补充了图书馆功能空间设计标准与智能化发展规范。

标准主要由九部分组成："第一部分为总则；第二部分为术语；第三部分为基地和总平面；第四部分为建筑设计；第五部分为文献资料防护；第六部分为防火设计；第七部分为室内环境；第八部分为建筑设备；第九部分为附录。"②

4. 《中小学建筑设计规范》

《中小学建筑设计规范》（GB 50099 - 2011），于 2010 年 12 月发布，由住房和城乡建设部归口管理。标准旨在辅助中小学校建设满足国家规定的办学标准，创设安全、适用、经济、绿色、美观的教育环境，明确中小学校图书室应包括学生阅览室、教师阅览室、图书杂志及报刊阅览室、视听阅览室、检录及借书空间、书库、登录、编目及整修工作室。

标准主要由十一部分组成："第一部分为总则；第二部分为术语；第三部分为基本规定；第四部分为场地和总平面；第五部分为教学用房及教学辅助用房；第六部分为行政办公用房和生活服务用房；第七部分为主要教学用房及教学辅助用房面积指标和净高；第八部分为安全、通行与疏散；第九部分为市内环境；第十部分为建筑设备；第十一部分为附录。"③

---

① 中华人民共和国住房和城乡建设部：《公共图书馆建设标准》，http：//www. mohurd. gov. cn/wjfb/200902/t20090226186362. html。

② 中华人民共和国住房和城乡建设部：《图书馆建筑设计规范》，http：//www. zhaojianzhu. com/guojiaguifan/52749. html。

③ 中华人民共和国住房和城乡建设部：《中小学建筑设计规范》，http：//www. soujianzhu. cn/Norm/JzzyXq. aspx？id = 215。

（二）社会工作标准

1. 《儿童社会工作服务指南》

《儿童社会工作服务指南》（MZ/T 058－2014）发布于 2014 年 12 月，由全国社会工作标准化技术委员会（SAC/TC534）归口管理。标准内容起草单位为南开大学、北京社会管理职业学院、北京市儿童福利院、成都市未成年人救助保护中心。标准规定了儿童社会工作服务原则、服务的范围和类别、服务流程、服务技巧、督导、服务管理和人员要求等，适用于有需要的儿童提供的社会工作服务。

标准主要由十一部分组成："第一部分为范围；第二部分为规范性引用文件；第三部分为术语和定义；第四部分为服务原则；第五部分为服务的主要类别；第六部分为服务流程；第七部分为服务方法；第八部分为督导；第九部分为服务管理；第十部分为人员要求；第十一部分为附录。"①

2. 《青少年社会工作服务指南》

《青少年社会工作服务指南》（GB/T 36967－2018）发布于 2018 年 12 月，并与 2019 年 7 月正式施行。由全国社会工作标准化技术委员会（SAC/TC534）归口上报及执行，主管部门为民政部。标准内容起草单位为"中央团校、山东青年政治学院、上海市阳光社区青少年事务中心、中国社会工作学会、北京厚德社会工作事务所、华东理工大学、上海青年管理干部学院、上海科学技术职业学院、南京市爱心传递社会工作服务中心、山东女子学院、济南山青社会工作服务中心、广州市民政局、广州市团校、广州市社会工作协会、深圳市龙岗区至诚社会工作服务中心"②。标准明确以青少年为对象，运用社会工作专业价值、理论、方法和技巧帮助其解决现实问题、促进其全面发展的社会服务活动即青少年社会工作服务。

标准主要由九部分组成："第一部分为范围；第二部分为规范性引用文

---

① 中华人民共和国民政部：《儿童社会工作服务指南》，http://laws. swchina. org/regulation/2014/1230/19927_2. shtml。

② 全国标准信息公共服务平台：《青少年社会工作服务指南》，http://www. std. gov. cn/gb/search/gbDetailed？id＝7E2903B0D6955A63E05397BE0A0AF660。

件；第三部分为术语和定义；第四部分为原则；第五部分为内容；第六部分为方法；第七部分为流程；第八部分为管理；第九部分为参考文献。"[1]

第六节　关于标准指南专业性的讨论

一　国际未成年人图书馆与信息标准的适用性研究

在本章第三、第四节中对国际图书馆界与主要国家专业协会发布的未成年人图书馆与信息服务系列标准基本情况进行了梳理，但是上述标准全部是西方语境主导下的标准，标准内容在中国语境是否适用值得进一步分析与研究。

（一）适用性研究的持续推进

国内外图书馆界学者热衷于以 IFLA 标准内容作为研究的重要参照[2]，立足本国（或本地区）现有标准，主要采用内容分析法与比较研究法，对图书馆编目[3]、数字参考咨询[4]、信息素养[5]、图书馆绩效评估[6]等主题的 IFLA 标准进行分析，旨在更新本地现行标准内容以及构建本地图书馆发展指标体系[7]。

---

[1]　民政部：《青少年社会工作服务指南》标准全文，http://www.gb688.cn/bzgk/gb/newGbInfo? hcno = 223A8EC8286260C3D6930F937583687B。

[2]　Young-Seok K. An Analysis on the Status of the Public Library Staff in 16 Metropolitan Governments in Korea [J]. Journal of Korean Library and Information Science Society, 2013, 44 (4)：323 – 342.

[3]　Cathy W, Jia M. Towards accessibility to digital cultural materials：a FRBRized approach [J]. OCLC Systems & Services, 2006, 22 (3)：271 – 232.

[4]　Pnina S, Sarah M H. Virtual reference service evaluation：Adherence to RUSA behavioral guidelines and IFLA digital reference guidelines [J]. LIBRARY & INFORMATION SCIENCERESEARCH, 2008, 30 (2)：122 – 137.

[5]　Veeresh B. H, Vidya V. H. Information Literacy in Indian Schools：Trends and Developments [J]. International Journal of Knowledge Content Development & Technology, 2018, 8 (4)：4 – 17.

[6]　Marcileia Aparecida. P, Waldomiro de Castro P. S, PERFORMANCE MEASUREMENT IN LIBRARIES：literature review and presentation of indicators [J]. INFORMACAO & SOCIEDADE-ESTUDOS, 2018, 28 (1)：269 – 284.

[7]　Amara. M, Kanwal A. Library/information education programs in Pakistan：a comparison with IFLA Guidelines [J]. LIBRARY REVIEW, 2017, 66 (4)：297 – 309.

2016 年 6 月，全国图书馆标准化技术委员会发布的《全国图书馆标准化工作"十三五"规划纲要》中强调："完善国际标准采标机制，加强国际先进标准的本土化研究和应用；学习和借鉴国外图书馆标准化工作的先进经验，促进我国图书馆标准规范制修订水平不断提高。"[1] 因而，有必要思考对国际经验批判性借鉴等问题，关注国际标准或主要国家的标准在中国的适用性。但是，当前主要理论与实践研究还是集中于对国际标准的翻译与解读，关于本地适用性的研究成果只有零星几篇。由此，可以窥见中国图情界对未成年人图书馆与信息服务标准本地适用性研究的不足。在未来，关涉未成年人图书馆与信息服务标准的本土适用性研究应成为学界理论研究的重点，以关照标准化实践工作的需求。

（二）标准适用性调研——以《学校图书馆指南》为例

课题组以 IFLA《学校图书馆指南》为例，分两阶段对指南文本的本土适用性展开调查与分析。以指南引言部分的 16 条建议为基础，提取调查指标并形成二级半结构化问卷，如图 6-7 所示[2]。调查主要采用非随机抽样，利用问卷调查并辅以半结构访谈的方式，对广东地区学校图书馆主要负责人进行调查。

调查结果显示《学校图书馆指南》总体上在中国是"部分适用"，具体而言有如下几点。"（1）标准内容更适用于中学图书馆；（2）标准更适用于未来指导；（3）标准认定的普适性价值并不被普遍认知或认同；（4）不同类型的标准建议有着不同的适用性"[3]。

透过课题组对《学校图书馆指南》的适用性考察的实证研究，可以发现适用性研究是国际经验批判性借鉴的基础，是完善国际标准采标机制的重要前提。因而，相关标准化专业管理机构应持续推进对未成年人图书馆与信息服务标准的本土适用性考察，以推进标准内涵的专业性提升。

---

① 全国图书馆标准化技术委员会：《全国图书馆标准化工作"十三五"规划纲要》，http://www.nlc.cn/tbw/bzwyh_gywm2.htm。

② 张靖、林琳、张盈：《IFLA 国际标准的中国适用性调查——以〈学校图书馆指南〉为例》，《图书情报知识》2017 年第 1 期。

③ Zhang. etc. On the Applicability of IFLA Standards in Different Local Contexts: the Case of IFLA School Library Guidelines in China [J]. Library Quarterly, 2019 (3)。

《指南》内容		请受访者：①根据所在学校及图书馆的当前局部勾选相应建议的适用性程度，即是否符合当前情况；②并就选项作具体说明				请受访者：①勾选相应建议对于所在学校及图书馆未来五年发展指导的适用性程度，即是否可以将之作为未来五年的发展指导建议；②并就选项具体说明；③如果相应建议在未来五年的发展中不适用，请在说明一栏评估未来多少年该建议具有适用性			
《指南》十六条建议（一级指标）	《指南》建议分解（二级指标）								
建议1：……	建议1.1：……	□完全适用	□部分适用	□不适用	□不清楚	□完全适用	□部分适用	□不适用	□不清楚
		说明：				说明：			
	建议1.2：……	□完全适用	□部分适用	□不适用	□不清楚	□完全适用	□部分适用	□不适用	□不清楚
		说明：				说明：			

图6-7　未成年人图书馆与信息服国际标准适用性调查

二　构建本土未成年人图书馆与信息服务标准体系

透过对国际组织 IFLA 标准化工作机制的梳理，以及国家标准与国家标准基本情况的整理，我们可以看出：孤立的标准难以推动未成年人图书馆与信息服务事业的可持续发展。因而，现阶段，有必要采取整体和顶层之视角、遵循现代治理之思路，考虑构建面向未成年人的适应整个图书馆事业发展变化需要的标准规范体系。

（一）建构依据与原则

未成年人图书馆与信息服务标准体系的构建依据主要由四部分组成：（1）标准及标准化相关法律与法规，如《中华人民共和国标准化法》与《企业标准化管理办法》；（2）"标准之标准"即标准体系编制的具体标准，如《标准体系表编制原则和要求》（GB/T 13016-2009）、《服务业组织标准化工作指南》（GB/T 24421-2009）和《标准化工作导则　第1部分：标准的结构和编写规则》（GB/T1.1-2009）；（3）公共文化服务领域法律，如《公共文化服务保障法》和《公共图书馆法》；（4）未成年人保护领域相关法律，如《中华人民共和国教育法》、《中华人民共和国义务教育法》和《中华人民共和国未成年人保护法》。

基于上述法律制度文件，结合《标准体系表编制原则和要求》（GB/T

13016 – 2009）① 中关于体系构建原则的表述与要求，以及 ISO 与 IFLA 等重要国际组织在未成年人服务标准化工作原则②。因此，在未成年人标准体系构建中需着重把握以下四大原则。

一是标准体系全面性。对图书馆与信息服务范围内现行、即将施行以及即将起草的各类与未成年相关的标准进行系统梳理，自上而下提出完整的未成年人图书馆与信息服务标准体系框架，该框架中的所有子部分需要覆盖图书馆与信息服务机构的业务建设、服务、管理与保障等方面，在标准形式与类型上需要包含各种要求类别（强制性与推荐性）和适用范围。

二是标准体系的系统性。标准体系的各个子部分之间虽然是相辅相成的，但是子部分之间应设置较为明确的边界。在面向框架体系完整性设计的同时，规避子部分之间出现重复或相互不协调等难题。

三是标准体系预见性。标准框架的设计须具备"提前意识"，对标公共文化服务事业发展中重点需求，并参照现实着重预设未成年人公共文化服务体系及子体系标准条目。

四是标准体系可扩充性。标准体系框架需充分考察图书馆事业发展进程，为后续标准的制定与补充留有余地。信息技术、经济与社会发展以及基础教育发展的变革以及图书馆服务体系建设深化，未成年人专门标准发布数量将会不断增加，因此，结合图书馆事业及公共文化服务发展进程，及时调整与更新标准体系条目。

（二）体系建构特点

1. 应充分借鉴国内外现有未成年人标准

诚如上述，国际图书馆界与主要国家的专业协会等发布了一系列未成年人服务标准，这些推荐性指南对未成年人服务影响深远。同时，我国也制订了与未成年人公共文化服务密切相关的系列标准，如《公共图书馆服务规范》、《公共图书馆评估指标》（第 4、5、6 部分）、《公共图书馆少年

---

① 中华人民共和国国家质量监督检验检疫总局：《标准体系表编制原则和要求》，中国标准出版社，2009，第 3 页。

② 刘兹恒、孟晨霞：《ISO 和 IFLA 的图书馆标准规范体系对我国图书馆标准化工作的启示》，《图书情报研究》2015 年第 8 期。

儿童服务规范》以及《中小学图书馆（室）规程》等。上述现行标准文本为标准体系框架构建提供指导与借鉴。通过将国内标准规制程度与国际先进标准对标，有利于进一步明确未成年人图书馆与信息服务机构的服务定位以及合理规划设计标准体系工作机制。

2. 应重点把握未成年人群体服务原则

一是阶段性原则，以未成年人为主体的标准体系构建需要把握未成年人生理与心理发展的阶段性特征，结合不同年龄阶段的未成年人需求设计对应的服务标准保障子体系并重视不同年龄间服务标准的衔接。如 2009 年广东省教育厅发布《儿童青少年分级阅读内容选择标准》与《儿童青少年分级阅读水平评价标准》，对分级服务内容标准研究提供指导。二是安全性原则，安全标准是未成年公共文化服务标准体系构建的重要前提。有必要对服务环境创设、设施设备安全等方面进行明确的标准规划，参考 ISO等国际组织关于儿童安全标准的设置，明确标准条目界限。三是平等性原则，《公民权利和政治权利国际公约》（Pacte international relatif aux droits civils et politiques）和《儿童权利公约》均明确应向未成年人提供平等的服务，尊重未成年人知识自由，保障未成年人发展权利。未成年人公共文化服务标准体系的构建需要重视对特殊儿童群体（留守儿童、身体残障儿童、阅读困难儿童等）标准建设规划，从而落实未成年人服务的均等化建设。

3. 应考虑与现行标准规范的衔接问题

未成年人图书馆与信息服务事业在实践中与多个领域存在交叉，涉及文化口径的行政管理部门、教育口径的行政管理部门以及企业等多个参与主体，不同时期因不同发展目标由不同管理部门制定的标准难以形成一个整体①。当前，公共文化事业发展出现了"中部洼地"现象②，且因标准修订更新不及时等，亦造成了未成年人服务相关标准间上下不协调问题。基于此，在未成年人图书馆与信息信息服务体系构建时，极有必要将区域

---

① 李小涛、邱均平：《公共文化服务标准的计量分析》，《重庆大学学报》（社会科学版）2015 年第 21 期。

② 李国新：《突破"中部洼地"促进均衡发展》，《图书馆》2016 年第 10 期。

协调、上下协调等因素作为体系构建应着重把握的特殊点。

（三）整体框架设想

标准是"为了在一定的范围内获得最佳秩序，经协商一致制定并由公认机构批准，共同使用的和重复使用的一种规范性文件"[①]。标准体系是"一定范围内的标准按其内在联系形成的科学的有机整体"[②]。笔者主要依据 2014 年文化部所制定的《关于开展公共文化服务标准化试点工作的通知》中的公共文化服务标准三大类别："公共文化服务保障标准""公共文化技术标准"与"公共文化服务评价标准"[③]，以这三大类别为基础对未成年人图书馆与信息服务标准体系构建进行内容体系设计，整体框架如图 6-8 所示。

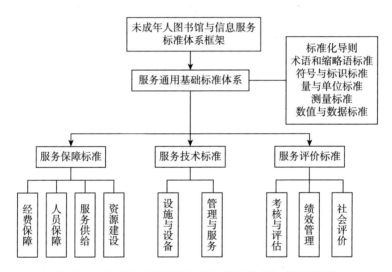

图 6-8　未成年人图书馆与信息服务标准体系框架设想

①　中华人民共和国国家质量监督检验检疫总局：《标准化工作指南》"（第一部分）：标准化和相关活动的通用词汇"，中国标准出版社，2002，第　页。

②　中华人民共和国国家质量监督检验检疫总局、中国国家标准化管理委员会：《标准体系表编制原则和要求》，中国标准出版社，2009，第　页。

③　罗熙鸣、陈思嘉、何英蕾、徐剑：《广东省基本公共文化服务标准体系研究》，《标准科学》2016 年第 6 期。

| 第七章 |
专业性之职业道德

国际图书馆界未成年人服务专业性的提升，与馆员自身职业道德规范关系紧密。国际未成年图书馆与信息职业道德主要相关的行业协会或联盟制定，主要借由图书馆员职业道德相关文件或未成年人专门服务标准的章节内容形式发布。对相关协会或联盟制定的职业道德文件及相关表述进行考察，能够为我们提供一个之于国际化职业道德建设的整体视野。因此，在分析和学习国际未成年服务专业道德的过程中，应尤为重视这些协会与组织的职业道德框架以及规范细节。

需要指出的是，我国的未成年图书馆与信息服务职业道德建设正在稳步推进，正在逐步完善职业道德规范体系研究及理论体系架构研究。因此，国际图书馆界制定的相关职业道德文件是我国推进未成年图书馆与信息服务人员职业道德建设的重要参考。但在此过程中，国际职业道德在价值观层面及实践推进层面的适用性需要我们慎重思考并作进一步研究，但其发展理路亦对我们有所启发。

本章通过调查 45 个国家（或地区）的图书馆员职业道德文件以及 IFLA 与 ALA 等协会未成年人服务标准。按照职业道德规范制定时间、制定主体、主要内容以及影响的逻辑，对未成年人职业道德规范进行分析，以期指导中国未成年人职业道德的实践和发展。

第一节　调查设计与实施

一　整体思路

本章所研究的国际图书馆未成年人职业道德规范，是指由相关图书馆服务行业协会制定的相关规范和发展图书馆未成年人服务职业道德政策等，制定的政策及规范在全球范围内，或本国、本地区内产生一定的影响，并对图书馆未成年人服务专业性提升起指导作用。

笔者将在收集整理标准基础之上，通过内容分析，明确就职业道德等职业发展价值观层面的内部间相互协调和互相支撑的关系，以及与专业服务内容等其他部分之间相互作用的机制。结合中国未成年人保护的相关法律法规，尝试搭建较为系统的未成年人职业道德体系理论框架。与此同时，笔者将第六章专业调研结果以及国外未成年人标准研究论文相结合作为辅助视角，关注未成年人标准中关于职业道德的重要表述，以期可以推进对未成年人图书馆职业道德体系的持续建构及理论研究。

二　资料收集情况

笔者主要以国际图联下属信息获取与表达自由委员会（Committee on Freedom of Access to Information and Freedom of Expression，FAIFE）罗列的"各个国家图书馆员职业道德"（National Codes of Ethics for Librarians by countries）清单为资源收集的主要线索，并将专著《图书馆权利与道德》第四部分中的"职业道德"作为辅助线索，共收集 46 个国际或国家专业协会发布的职业道德文件（含中国大陆地区），共计 46 份，并作进一步整理与分析。部分职业道德规范体现了图书馆员对保障未成年人图书馆权利的承诺，可作为图书馆员日常工作的参照，属于指导性的未成年人服务政策。故第六章中不涉及的协会"Statement""Manifesto""Policy"等声明、宣言以及政策文件内容将在本章中有所呈现。

第二节 图书馆员职业道德规范

一 图书馆员职业道德规范整体情况

IFLA-FAIFE 对世界范围内的图书馆员职业道德发展情况进行调研，于 2019 年正式发布了"图书馆员职业道德地图"（Professional Code of Ethics Map）。

二 国际图联《图书馆员及其他信息工作者的伦理准则》

IFLA-FAIFE 于 2012 年制定《图书馆员及其他信息工作者的伦理准则》，并于 2006 年进行修订。目前修订版本已被翻译成 20 种语言，均可通过 IFLA 官方网站获取全文。

准则内容以各国图书馆员职业道德文件为参考，提出了一系列有关职业伦理的建议，旨在为图书馆员及其他信息工作者提供指导，并为图书馆和信息机构制订或修订其自身准则提供借鉴。2010～2012 年，准则编制团队采用专家咨询法与问卷调查法，了解全球范围图书馆员及相关从业者的意见，鼓励图书馆员和其他信息工作者在制定政策和处理问题时考虑并遵守文件中的原则，以期改进图书馆员对职业的认知。[1]

准则正文主要由七部分组成："第一部分为引言；第二部分为信息获取；第三部分为面向个人和社会的责任；第四部分为隐私、安全和透明；第五部分为开放获取与知识产权；第六部分为中立、个人操守和专业技能；第七部分为同事及雇主/员工关系。"[2]

三 主要国家的职业道德规范

职业道德规范文本属于综合性的政策性文件，体现了图书馆员对维护

① IFLA. Professional Codes of Ethics for Librarians ［EB/OL］.［2019 - 05 - 31］. https://www.ifla.org/faife/professional-codes-of-ethics-for-librarians#nationalcodes.
② IFLA. Code of Ethics for Librarians and other Information Workers ［EB/OL］.［2019 - 05 - 31］. https://www.ifla.org/files/assets/faife/codesofethics/chinesecodeofethicsfull.pdf.

与保障公民图书馆权利的承诺，应成为图书馆服务人员日常工作的指南。当前，主要国家职业道德规范全文均可在其国家图书馆专业协会官网上获取。其内容主要涉及六方面："图书馆员与资源的关系、图书馆员与同事的关系、图书馆员与用户的关系、图书馆员与图书馆的关系、图书馆员与职业的关系、图书馆员与社会的关系。"① 基于此，笔者着重关注"图书馆员与用户关系"这一维度，探究主要国家专业协会在职业道德规范层面是如何推进未成年人图书馆权利保障与智识自由的。基本情况如表 7-1 所示。

表 7-1　主要国家图书馆员职业道德建设的国际情况

序号	名称	国别	制定与更新时间	与未成年人用户相关的陈述
1	Code of Ethics 职业伦理准则	美国	1939 1995 2008	为所有的图书馆用户提供最高水平的服务
2	Code of Ethics for Librarians 图书馆员职业伦理准则	印度尼西亚	1945	—
3	Code of Ethics 职业伦理准则	巴西	1962	—
4	Code of Ethics of the Librarians in Israel 以色列图书馆员职业伦理准则	以色列	1965	全面、准确、无偏私地回答每位用户的咨询
5	Code of Ethics Pisition Statement 职业伦理声明	加拿大	1976	努力拓宽图书馆对社会的服务范围……为所有用户提供信息资源
6	Colegio de Bibliotecarios de Chile A. G. 智利图书馆员职业伦理准则	智利	1977	—
7	Code of Ethics 职业伦理准则	日本	1980	社区民众有平等使用图书馆的权利
8	Code of Professional Practice for Library and Information Professionals 专业图书馆实践与信息职业伦理准则	英国	1983	保护和促进每个用户在法律许可范围内自由、平等检索资源和信息的权利

---

① 刘泳洁、盛小平、曾君君：《〈中国图书馆员职业道德准则（试行）〉修订的实证分析》，《情报理论与实践》2016 年第 7 期。

序号	名称	国别	制定与更新时间	与未成年人用户相关的陈述
9	Code of Ethics 职业伦理准则	马来西亚	1989	—
10	Code of Ethics 职业伦理准则	牙买加	1991	保证国家的每一个公民都能方便地获得准确、最新和公正的信息
11	Code of Professional Ethics 职业伦理准则	墨西哥	1991	图书馆有责任促进各个阶层的人对信息的利用
12	Code of Ethics 职业伦理准则	塞尔维亚	1992	图书馆员与用户的关系是建立在尊重和保护权利的基础上，不论用户的国籍、种族、社会地位、宗教信仰、性别与年龄差异
13	Professional Charter for Librarians in Public Libraries 公共图书馆馆员职业宪章	荷兰	1993	图书馆员尊重用户自由和平等利用信息的权利
14	Code of Ethics 职业伦理准则	中国香港	1995	保护和促进每位用户自由、平等利用信息资源的权利
15	Code of Professional Ethics 职业伦理准则	尼加拉瓜	1995	—
16	Code of Ethics and Professional Conduct for Librarians in Nigeria 尼日利亚图书馆员职业行为伦理准则	尼日利亚	1995	用户权利与尊严：不论用户的国籍、种族、社会地位、宗教信仰、性别与年龄差异
17	Code of Ethics of Slovenian Librarian 斯洛文尼亚图书馆员职业伦理准则	斯洛文尼亚	1995	图书馆员对用户的态度应该建立在平等、无偏私与尊重的基础上
18	The Turkish Librarian's Association (TKD) Professional Ethics Principles 土耳其图书馆员协会职业伦理准则	土耳其	1996	为所有人提供无歧视的平等的服务
19	Code of Ethics of a Librarian 图书馆员职业伦理准则	乌克兰	1996	不考虑社会状态、种族、国籍、性别与政治立场
20	Code of Ethics for Librarians 图书馆员职业伦理准则	韩国	1997	图书馆员要促进民主社会的发展，确保人类的自由和尊严

序号	名称	国别	制定与更新时间	与未成年人用户相关的陈述
21	Code of Ethics of Lithuanian Librarians 立陶宛图书馆员职业伦理准则	立陶宛	1998	不论用户的国籍、种族、社会地位、宗教信仰、性别与年龄差异
22	Code of Professional Conduct and Ethics 职业行为与伦理准则	斯里兰卡	1998	为所有人提供无歧视的最优服务
23	Code of Ethics 职业伦理准则	瑞士	1998	—
24	Code of Ethics for Information Professionals in Portugal 葡萄牙图书馆员与信息职业伦理准则	葡萄牙	1999	每个公民都有权要求专业协会的解释和向专业协会申诉
25	Code of Ethics 职业伦理准则	乌拉圭	2000	—
26	Code of Ethics of the librarians and information specialists of Estonia 爱沙尼亚图书馆员与职业伦理准则	爱沙尼亚	2001	承认每位用户和社团的信息隐私权
27	Code of Ethics 职业伦理准则	保加利亚	2002	尊重所有用户的权利，保护其隐私信息
28	Code of Ethics 职业伦理准则	克罗地亚	1992 2002	所有用户都享有平等利用信息的权利
29	Professional code of behaviour of the Armenian Librarian 职业伦理准则	亚美尼亚	2003	不论用户的国际、种族、社会地位、政治观点、宗教信仰、性别和年龄差距
30	The Librarians' Code of Ethics 图书馆员职业伦理准则	法国	2003	尊重每一位用户
31	Code of Ethics 职业伦理准则	捷克	2004	为社会全体成员收集、存储与传递信息
32	Code of Ethics 职业伦理准则	冰岛	2004	—
33	Code of ethics of Hungarian librarians 匈牙利职业伦理准则	匈牙利	2006	为所有人提供无歧视的平等的服务
34	Code of Ethics for Registered Librarians 注册图书馆员职业伦理准则	菲律宾	1992 2006	图书馆员应忠于他们所服务的公众

续表

序号	名称	国别	制定与更新时间	与未成年人用户相关的陈述
35	Statement on Professional Ethics 职业伦理声明	澳大利亚	2007	必须对所有用户提供高水平的服务
36	Code of Ethics 职业伦理准则	博茨瓦纳	2007	为所有人提供无歧视的信息服务
37	Ethics and Information Ethical principles of the library and information professionals 图书馆与信息职业伦理准则	德国	2007	为所有用户提供平等服务
38	Code of Ethics 职业伦理准则	爱尔兰	2007	保护每一位用户自由表达的权利
39	National Code of Ethics of ALBAD 卢森堡图书馆协会职业伦理准则	卢森堡	2010	—
40	The Code of Ethics for Russian Librarian 俄罗斯职业伦理准则	俄罗斯	1999 2011	在尊重用户的个人与信息需求的基础上建立起与用户之间的关系
41	Code of Ethics 职业伦理准则	毛里求斯	2013	为所有人提供无歧视的、平等信息服务
42	Code of Ethics and Conduct 职业伦理与行为准则	南非共和国	2013	—
43	Code of Ethics 职业伦理准则	西班牙	2013	为所有公民提供免费与平等信息服务
44	Librarians' code of ethics: fundamental principles 图书馆员职业伦理准则：根本原则	意大利	1997 2014	图书馆员对用户和职业的责任

注："—"表示是因为语种的问题，笔者无法准确获取相关表述

从上述相关表述中可以发现：45 份国际（含 IFLA）的职业道德规范一般以"所有用户"的形式，保障未成年人图书馆权利与知识自由。

第三节　未成年人专业标准指南中的相关规范

当前，国际尚未出台专门的儿童馆员职业道德规范指南/标准，但是在 IFLA 及主要国家的未成年人图书馆与信息服务标准中却对儿童馆员职

业发展价值观与道德标准有专门论述，为儿童馆员职业道德规范的发展提供了国际参考。

一 国际图联未成年人图书馆服务指南中的相关规范

（一）《0—18 岁儿童图书馆服务指南》

指南第二部分"人力资源—能力与知识"中专门论述了儿童馆员的职业道德标准问题，其具体表述如下：

> 儿童图书馆员在从事与儿童及其家人、同事，以及社群内伙伴组织相关工作时，应践行高道德标准。应在平等的基础上对待社群内的所有儿童和青少年，不论其能力和背景如何。儿童图书馆员致力于信息、知识和服务的平等及免费获取。这一点可参阅《国际图联全球愿景报告摘要》。儿童图书馆员应具备文化能力，不以个人态度和观点区分服务对象、提供服务活动以及选择、展示和利用服务资源。
>
> 由国际图联管理委员会（Governing Board）2012 年签署的《国际图联道德规范与职业操守》，为个体图书馆员和其他信息工作者提供了一系列道德命题的指南。该指南当然也适用于儿童图书馆员，涵盖以下领域：
>
> - 信息获取
> - 面向个人和社会的责任
> - 隐私、保密和透明
> - 开放获取和知识产权
> - 中立、个人诚信和专业技能
> - 同事关系和雇主/雇员间关系
> - 案例和更多信息请参阅该文件

国际图联信息获取自由与表达自由委员会收集了 60 多份来自世界各地的图书馆员职业道德规范。这些指南通常由相关国家的图书馆/图书馆员协会通过，在某些情况下或由政府机构实施。关于记录性知识和信息的平等获取以及智识自由等核心价值现已写入《世界人权宣言》第 19 条以及国际图联核心价值当中。

(二)《学校图书馆指南》

指南第三章"学校图书馆人力资源"中专门论述了学校馆员的职业道德标准，其具体表述如下：

> 在学校图书馆工作的每一个人，包括志愿者，均有责任在与彼此、与学校社群所有成员打交道时遵守道德高标准。他们必须竭力将图书馆用户的权利置于自己的舒适和便利之前，并避免在提供图书馆服务时因个人态度和信仰而产生偏见。所有儿童、青年和成年人，不论其能力和背景如何，均应受到公平的对待，他们的隐私权和知情权必须得到维护。
>
> 在学校图书馆工作的每一个人，包括志愿者，均应努力恪守图书馆事业的核心价值观：管理工作、服务、智识自由、理性主义、基本素养与学习、获取记录性知识和信息的公平、隐私，以及民主。关于获取记录性知识和信息的公平、智识自由等核心价值，在《世界人权宣言》第 19 条和国际图联的价值观中均有具体表述。①

二 主要国家未成年人图书馆与信息服务标准中的相关规范

笔者对主要国家的 13 份标准中进行了内容分析，摘录了与儿童馆员职业道德规范相关的重要陈述，具体如表 7 - 2 所示。值得关注的是，《青少年服务行业的核心专业价值》以标准的形式，对青少年图书馆服务专业人员职业道德进行了具体的规定。

---

① 张靖等：《〈学校图书馆指南〉中译本》，https://www.ifla.org/files/assets/school-libraries-resource-centers/publications/ifla-school-library-guidelines-zh.pdf。

表 7 - 2　主要国家未成年人图书馆与信息服务标准

序号	名　称	相关陈述
1	公共图书馆儿童馆员服务能力（美国）	职业与职业发展：理解儿童的个人和文化价值观、信仰和社会文化身份，包括种族，阶层和性别认同
2	青少年服务空间指南（美国）	—
3	青少年服务行业的核心专业价值（美国）	责任心、协作、善良、专业、包容、创新、正直、服务职责和社会责任
4	青少年活动指南（美国）	创设体现社区中所有青少年的需求和身份的活动
5	图书馆员青少年服务资质（美国）	平等获取
6	学校图书馆员初步培养标准（美国）	—
7	21 世纪学习者的标准（美国）	—
8	国家学校图书馆标准（美国）	职业发展：将学校图书馆发展与当地社群需求、学习者特长与获益相对接
9	学校图书馆馆员薪酬标准（2014 - 2015）（英国）	—
10	小学图书馆指南（英国）	—
11	中学图书馆指南（英国）	—
12	实现信息素养：加拿大学校图书馆活动标准	为在校学生提供平等的服务
13	引领学习：加拿大学校图书馆学习空间实践标准	—

从表 7 - 2 中，我们可以看出：未成年人图书馆与信息服务专业标准中关于职业道德的相关表述主要关注未成年人信息获取自由与平等获取，体现了对未成年人图书馆权利的保障与维护。

第四节　中国情况

一　《中国图书馆馆员职业道德准则（试行）》

中国图书馆学会六届四次理事会 2002 年 11 月 15 日通过《中国图书馆员职业道德准则（试行）》。准则序言中明确：文本是"以中共中央颁布的《公民道德建设实施纲要》为指导，总结了中国图书馆活动的实践经验，为履行图书馆承担的社会职责而制定的行业自律规范"①。其正文内容如下：

    1. 确立职业观念，履行社会职责。

    2. 适应时代需求，勇于开拓创新。

    3. 真诚服务读者，文明热情便捷。

    4. 维护读者权益，保守读者秘密。

    5. 尊重知识产权，促进信息传播。

    6. 爱护文献资源，规范职业行为。

    7. 努力钻研业务，提高专业素养。

    8. 发扬团队精神，树立职业形象。

    9. 实践馆际合作，推进资源共享。

    10. 拓展社会协作，共建社会文明。②

    上述 10 条规范标志着图书馆员职业发展进入新阶段③，李国新教授曾撰文《〈中国图书馆员职业道德准则〉的制定、突破和问题》，详细阐述了中国图书馆员职业道德规范制定的过程与内容演进。④ 从内容出发，可以发现 2002 年出台的《中国图书馆馆员职业道德准则（试行）》的文字具有极强的时代感，较为全面的体现了"图书馆员与社会的关系；图书馆员与读者的关系；图书馆员与图书馆的关系；图书馆与图书馆的关系；以及图书馆与社会的关系"⑤，确定了图书馆事业发展的理性视角⑥，为图书馆员

---

① 中国图书馆学会：《中国图书馆员职业道德准则（试行）》，https://lib. xcu. edu. cn/info/5676/3862. htm。

② 同上。

③ 李国新：《〈中国图书馆员职业道德准则〉的制定、突破和问题》，《大学图书馆学报》2003 年第 5 期。

④ 同上。

⑤ 刘泳洁、盛小平、曾君君：《〈中国图书馆员职业道德准则（试行）〉修订的实证分析》，《情报理论与实践》2016 年 7 期。

⑥ 程焕文：《图书馆职业道德：21 世纪中国的基本图书馆精神》，《图书情报工作》2004 年第 12 期。

日常工作提供了重要参考。与此同时，《中国图书馆馆员职业道德准则（试行）》从"所有人"的角度出发，亦是未成年人图书馆与信息服务人员职业发展的重要依据。

二 未成年人图书馆与信息服务相关法律、政策与标准中的相关表述

笔者将与未成年人图书馆与信息服务相关的制度文件进行了梳理，并从内容角度，对与未成年人图书馆与信息服务人员的相关表述进行了整理，具体情况如表7-3所示。

表7-3 未成年人图书馆与信息服务相关法律、政策与标准中的相关表述

序号	制度性文件名称（制定时间）	制定机构	相关表述
1	中华人民共和国公共图书馆法（2018）	全国人大常委会	第三十三条 公共图书馆应当按照平等、开放、共享的要求向社会公众提供服务；第五十条 公共图书馆及其工作人员有下列行为之一的，由文化主管部门责令改正，没收违法所得：（一）违规处置文献信息；（二）出售或者以其他方式非法向他人提供读者的个人信息、借阅信息以及其他可能涉及读者隐私的信息；（三）向社会公众提供文献信息违反有关法律、行政法规的规定，或者向未成年人提供内容不适宜的文献信息①
2	关于加强新时期中小学图书馆建设与应用工作的意见（2015）	文化部	（七）充分发挥育人作用；（十）强化队伍建设②
3	关于进一步加强少年儿童图书馆建设工作的意见（2010）	文化部	要加强理论研究和学术研讨，促进图书馆员的知识更新，全面提高少年儿童图书馆人才队伍的专业素养和知识水平。要加强职业道德教育，进一步增强图书馆员服务意识，使他们成为合格的教育工作者。③

① 《中华人民共和国公共图书馆法》，中国人大网，http://www.npc.gov.cn/npc/xinwen/2017-11/04/content_2031427.htm。

② 中华人民共和国文化和旅游部：《关于加强新时期中小学图书馆建设与应用工作的意见》，http://www.sxtulian.com/156/297/83。

③ 中华人民共和国文化和旅游部：《关于进一步加强少年儿童图书馆建设工作的意见》，http://www.gov.cn/zwgk/2010-12/14/content_1765361.htm。

续表

序号	制度性文件名称 （制定时间）	制定机构	相关表述
4	公共图书馆少年儿童服务规范（2018）	文化和旅游部、全国图书馆标准化技术委员会	公共图书馆少年儿童服务馆员应具备良好的职业道德和职业素养，理解并尊重少年儿童，具备为少年儿童服务的相关专业知识，愿意为少年儿童服务。①
5	中小学图书馆（室）规程（2018）	教育部	图书馆应当设专职管理人员并保持稳定性。图书馆管理人员编制在本校教职工编制总数内合理确定。图书馆管理人员应当具备基本的图书馆专业知识与专业技能。中学图书馆管理人员应当具备大学本科以上文化程度，小学图书馆管理人员应当具备大学专科以上文化程度。②

透过表 7-3，可以发现：相关表述主要是对未成年人图书馆与信息职业道德整体方向的把控，主要集中于以下三方面：“图书馆应向未成年人提供免费服务；未成年人应享受平等图书馆权利，包括平等服务、平等资源、平等教育等；图书馆有责任发挥育人作用。”

三 学界态度与业界诉求

（一）学界态度

虽然我国目前尚未出台针对未成年人服务的图书馆员职业道德规范，但是图书馆学界已经逐渐意识到了从学理角度探究未成年人信息公平与平等获取的必要性，众多学者针对此问题做了思考与探讨。其中李超平认为，图书馆未成年人服务中的信息公平与平等获取问题具有复杂性，“保障信息公平与平等获取这一职业理念的形成较之居高临下的社会教育职能，体现了图书馆职业的一种进步。然而，我们必须清醒地看到维护未成年人图书馆权利并非一句简单的口号，它在转换为行动的过程中会遭遇各

---

① 全国图书馆标准委员会：《公共图书馆少年儿童服务规范基本信息》，http://www.std.gov.cn/gb/search/gbDetailed?id=5DDA8BA1FEAB18DEE05397BE0A0A95A7。

② 中华人民共和国教育部：《中小学图书馆（室）规程》，http://www.moe.gov.cn/srcsite/A06/jcys_jyzb/201806/t20180607_338712.html.。

种来自现实的挑战"①。未成年人服务作为图书馆业务的重要一环,"图书馆如何应对'数字鸿沟'带来的挑战?在公共文化服务体系整体架构下,如何借助'基层(末端)发力'打通'未成年人图书馆与信息服务最后一公里'?如何联动基础教育改革,为未成年人创设泛在的平等的信息学习环境?"一系列的问题还有待学理层面的进一步的解析。

(二)业界诉求

自美国《儿童互联网保护法》(*Children's Internet Protection Act*)发布后的大量法律案例②的出现,"如何将保障未成年人信息公平与平等获取的理念落地?"成为全球图书馆业界实践关注的重点。在中国,由于区域发展的不平衡,出现了图书馆事业发展的"中部洼地"现象③,导致未成年人信息公平与平等获取难以全面落地。业界相关方面已经意识到问题的严重性与紧迫性,纷纷自发举行相关业务交流与培训,但是由于相关交流与培训却未以现行图书馆职业道德规范为参照,因而未能对智识自由的落地起到明显帮助。同时,我国目前尚未出台专门的未成年人专业馆员职业道德规范,政策与标准中的相关陈述也难以为实践发展提供足够的支撑,所以使得图书馆在未成年人智识自由、信息素养教育以及专业技能发展等都未能予以足够的实践关怀。因此,业界对职业道德以及配套可操作细则的需求也越来越大。

第五节 关于职业道德专业性的讨论

于良芝教授曾提出:"职业道德规范是在专业活动中,引导、规范、约束从业人员行为的伦理准则,一般包括:对自己从事的业务的准则、对客户的准则、对第三方的准则、对整个行业的准则。而在图书馆与信息服

---

① 李超平、马辛旻、毕达:《图书馆未成年人服务中的智识自由:国外案例评析》,《图书馆》2013 年第 5 期。
② 何燕华、潘燕桃:《美国图书馆权利案例研究——英美图书馆权利案例研究之一》,《图书馆建设》2011 年第 1 期。
③ 李国新、张勇:《推动公共图书馆事业"中部崛起"》,《中国图书馆学报》2016 年第 6 期。

务中，这个职业比较突出的伦理规范准则包括：信息自由获取准则、信息平等获取准则、保护用户隐私准则与尊重知识产权准则。"① 根据笔者掌握的相关职业道德文本与现有研究成果，参照未成年人核心素养发展的时代背景，未成年人图书馆与信息服务领域职业道德规范建设可具体分为以下三方面："未成年人信息公平与平等获取、未成年人信息素养教育以及未成年人隐私保护"。

一　保障未成年人信息公平与平等获取

如本章前几节所述，信息获取自由是保障公民图书馆权利的重要组成。信息获取自由强调：图书馆员应认同个人具有不受干预获取信息的权利②，并用实际行动保护用户不受干预地获取他们所需要的信息；在信息资源建设和文献提供中保持中立③。关涉未成年人图书馆与信息服务中，则直接体现为对未成年人阅读自由的保障。在实际环境中，图书馆服务人员在文献资源建设与提供方面，应对"少年儿童出版物的广泛收集和全面呈现"④。但是在此过程中，图书馆员需要将《中华人民共和国未成年人保护法》、《中华人民共和国教育法》以及《中国儿童发展纲要（2011－2020年）》等法规作为参照，尽可能保护未成年人在阅读时不受不良信息的干扰与侵害。以期在儿童能够自由选择文献信息资源的同时，也确保儿童身心得到必要保护。⑤

此外，保障未成年人阅读自由还涉及未成年人平等使用图书馆资源的问题。国际图书馆员职业道德规范均强调："图书馆员应为所有用户提供无差别的服务，不论用户的国籍、种族、社会地位、宗教信仰、性别与年龄差异。"但在实际操作中，图书馆提供的知识服务中存在许多儿童使用图书馆的障碍⑥，例如地理位置的障碍、图书馆空间障碍、图书馆服务时

① 于良芝：《图书馆学概论》，国家图书馆出版社，2016，第223~227页。
② 同上。
③ 程文义：《勿左勿右客观中立》，http://blog.sina.com.cn/s/blog_4978019f0102e2dy.html。
④ 刘洪辉：《图书馆阅读自由杂谈》，《图书馆建设》2013年第9期。
⑤ 夏凡：《图书馆所应关注的儿童权利》，《图书馆建设》2006年第1期。
⑥ 罗曼：《网络信息过滤对美国公共图书馆的影响》，《图书馆杂志》2005年第5期。

间障碍等。为解决此类问题,《中华人民共和国公共图书馆法》中鼓励设置独立的未成年人服务空间;《广州市公共图书馆条例》中则直接明确:"市人民政府应当设立少年儿童图书馆。区人民政府可以设立少年儿童图书馆。且少年儿童图书馆每周的开放时间不少于四十八小时,在学校寒暑假期间,每天开放时间应当适当延长。"[①] 上述法规从实际出发,为保障未成年人阅读自由提供法理依据。

二 加强未成年人信息素养教育

通过技术手段推进未成年人周围信息环境的净化是保护未成年人发展与教育的一种重要方式,但是在现实环境中,这一方式在未成年人图书馆权利保障的轨道前进时会不可避免地产生一定位移。因而,加强未成年人信息素养教育,让未成年人群体逐步学会获取信息、避免不良信息与合理使用信息就成了保障未成年人智识自由的重要路径。现阶段,未成年人信息素养教育应在《中国学生发展核心素养》框架下有序展开[②]。其中,核心素养框架中的各素养之间相互联系、互相补充、相互促进。中国未成年人信息素养教育在核心素养框架的影响下,迎来了新的发展机遇。

推进未成年人信息素养教育,对图书馆与信息服务人员的专业技能与素养有了一定的要求。图书馆与信息服务人员需要在未成年人信息素养教育的内容、形式、机制和体制等方面尽可能地进行创新。其一,内容创新方面,图书馆与信息服务人员需要思考如何融合学校教育中各个学科素养制定具体化的指导目标,以及如何搭建未成年人信息素养教育的内容标准框架。其二,教育实践创新方面,信息素养教育应置于社会实践情境中进行,图书馆与信息服务人员需要思考如何最大可能地整合正规学校教育与非正规教育体系中的信息素养教育实践。其三,教育机制创新方面,如何具体将信息素养教育细化与分段,设计科学合理的信息素养现代课程体系。其四,教育体制创新方面,当前亟须建立一个连贯的、由相关机构和

---

① 广州数字图书馆:《广州市公共图书馆条例》,http://www.gzlib.gov.cn/policiesRegulations/78168.jhtml。

② 核心素养研究课题组:《中国学生发展核心素养》,《中国教育学刊》2016 年第 10 期。

群体共同构建的教育支持体系，以推进未成年人信息素养教育的可持续发展。图书馆与信息服务人员需要思考所在机构在此过程中如何发挥示范作用，以争取政府、科研院所以及其他未成年人服务相关机构的支持。

三　保护未成年人隐私

"图书馆信息职业很早就对用户隐私保有本能的尊重，随着计算机技术的快速发展以及国家机器对公民监控的强化，图书馆信息职业把保护用户隐私作为图书馆员职业道德加以强调。"[①] 同时图书馆学情报学为"保护用户隐私"这一准则提供了理论依据："其一，隐私之于个人尊严和人格完整的必要性：个人维护自己尊严和人格完整的先决条件就是自主性，而隐私的泄露威胁了这一先决条件；其二，隐私是作为个人生存权利的自然延伸的属性：个人的生存权利包括不受干扰地生活的权利，而不受干扰已经隐含了隐私不受侵犯的条件。"[②]

在图书馆与信息服务领域内，成年读者的隐私权保护越来越受到重视，但未成年人由于其年龄的局限性，其隐私权往往被忽视[③]。因而，图书馆与信息服务人员不能随意泄露未成年人个人资料（包括个人家庭信息、健康状况等）。更重要的是，图书馆与信息服务人员不能随意公开未成年人在享受图书馆与信息服务时所产生的信息，包括个人阅读偏好与行为数据、图书馆活动记录以及信息传递记录等。此外，图书馆与信息服务人员还应该更加重视对特殊儿童群体（如自闭症儿童、读写障碍儿童、身体残障儿童）的隐私保护。

---

① Garoogi R. Librarian/patron confidentiality: an ethical challenge. Library Trends, 1991, 40 (2): 216.

② 于良芝：《图书馆学概论》，国家图书馆出版社，2016，第 223~227 页。

③ 夏凡：《图书馆所应关注的儿童权利》，《图书馆建设》2006 年第 1 期。

| 第八章 |

中国情境下的未成年人图书馆与
信息服务专业性建设

　　根据课题组的调研，从国际整体情况分析，未成年人图书馆与信息服务具有较为明显的专业性职业特征。而我国目前的未成年人图书馆与信息服务情况，总体而言，在专业性方面，与国际领先同行存在差距。而不论是从文化体制深化改革、基础教育深化改革的宏观层面，还是从图书馆与信息服务职业转型、图书馆学教育转型的中观层面，中国的未成年人图书馆与信息服务都感受到了强烈的专业性建设需求和要求。因此，本章拟从本土情境和当前情况出发，结合国际经验，对我国的未成年人图书馆与信息服务专业性建设问题进行初步的探讨。

第一节　未成年人图书馆与信息服务的专业性：
国际情况调研总结

　　前述第二章至七章以"专业性职业"的五大特征为主线，增加专业标准一条，从六个方面对国际图书馆界未成年人服务的专业性情况进行了调研和分析。调研情况总结如下。

一　未成年人图书馆与信息服务的职业资质

　　"专业性职业"由掌握和运用高深专业知识和技能的专家组成①，图书

---

① 于良芝：《图书馆学概论》，国家图书馆出版社，2016，第45页。

馆员职业的招聘信息能够体现这一专业人员的职业资质需求与要求。^① 课题组从美国、英国、加拿大等国家的图书馆员招聘启事出发，了解国际业界未成年人图书馆与信息服务的人员资质要求。通过检索美国图书馆协会（ALA）招聘网站 JobLIST^②、英国图书馆与信息专业人员协会（CILIP）招聘网站 Lisjobnet^③ 等，课题组梳理了 80 条相关招聘启事。分析发现，在学历、学位及学科背景方面，大多岗位（60%）要求应聘者具备图书馆学或图书情报学相关学科背景的硕士以上学历，除学科背景外，更有多个岗位在认证方面做出要求；在专业知识和技能方面，主要涉及图书馆基础知识与技能、服务对象的相关知识、沟通能力与技巧、组织策划的能力、建立公共关系的能力、馆藏资源建设等六类专业知识和技能的要求；在基本职业能力方面，主要强调属于人际关系能力的团队协作能力以及属于个人综合能力的解决问题的能力和创新能力；在其他方面，对于应聘者的个人性格、工作经验、工作要求和外语、相关证书等有所要求。

二　未成年人图书馆与信息服务的知识体系

"专业性职业"区别于普通职业的一个明显特征是要求其从业者相较于他人拥有高度专业化的知识。^④ 在整理 29 种代表性教材/专著以及 3 种学术期刊所载论文的基础上，课题组对未成年人图书馆与信息服务的专业知识范畴进行了结构和内容分析，将未成年人图书馆与信息服务专业知识体系分为理论知识和应用知识两个部分。学者 Thomas 指出公共图书馆未成年人服务由专门馆藏、专门空间、专业人员、针对少年儿童的服务与活动、合作网络五个要素组成^⑤。结合这五个要素以及上述教材、专著和刊物相关内容，课题组提出，在理论知识层面，可以分为以下几点：（1）关于

---

① 严丹、马吟雪：《高校图书馆岗位需求变化与机构设置趋势探析》，《图书馆建设》2018年第 10 期。

② ALA. JobLIST. ［EB/OL］. ［2019 – 06 – 17］. https：//joblist. ala. org/.

③ CILIP. Lisjobnet. ［EB/OL］. ［2019 – 06 – 17］. https：//informationprofessionaljobs. com/.

④ Morgan J G. On Work, Race, and the Sociological Imagination by Everett C. Hughes; Lewis A. Coser ［J］. Canadian Journal of Sociology, 1996.

⑤ Thomas F. H. The genesis of children's services in the American public library, 1875 – 1906 ［D］. Madison：University of Wisconsin-Madison, 1982.

服务对象的理论知识,（2）关于服务主体即提供者的理论知识,（3）关于服务专门馆藏的理论知识,（4）关于服务内容和方式的理论知识,（5）关于服务空间设计的理论知识,（6）关于服务管理的理论知识;而在应用知识层面,则包括两点:（1）服务活动的应用知识、（2）服务合作网络的应用知识,（3）服务最佳案例的应用知识。

三 未成年人图书馆与信息服务的专业教育

课题组通过调查目前在图情领域较有影响力的 AASL-CAEP（学校图书馆学教育计划）[①] 和 iSchools 联盟院校的培养方案,梳理两类院校中与未成年人图书馆与信息服务专业教育有关的教育项目、课程和教师情况。调查发现,在培养目标设置方面,作为学校图书馆学教育计划核心部分的 AASL-CAEP 计划,其项目侧重于学校图书馆专业人员的培养,而 iSchools 联盟院校的教育则以培养新型信息职业者作为重要目标[②];在课程设置侧重点方面,两个计划中的专业教育项目有相当数量的课程偏重学校图书馆或学校媒体中心的专业人才培养,但 AASL-CAEP 计划更侧重于传统图书馆学的知识讲授,而 iSchools 联盟重点突出计算机信息技术/媒体方面的课程;在项目课程结构方面,二者均注重图书馆的资源类课程建设,同时结合社会需求注重信息类课程;在项目毕业要求方面,学生都需要完成相应的学分/学时,并且不少学校对成绩有明确的要求,重视实践经验,少数项目对于资格认证有所要求。

四 未成年人图书馆与信息服务的行业协会

有正规的行业协会是"专业性职业"的重要特征,目前图书馆专业组织的主要形式有两种,即图书馆协会和图书馆学会。课题组调查了世界范围内九个发展较为成熟且影响较大的未成年人图书馆与信息服务专业协

---

① American Library Association. AASL-CAEP School Librarianship Education Programs [EB/OL]. [2018 – 08 – 03]. http://www.ala.org/aasl/about/ed/caep/programs.
② 沙勇忠、牛春华:《iSchool 联盟院校的课程改革及其启示》,《图书情报知识》2008 年第 11 期。

会，围绕其发展历程、组织架构、宗旨目标、核心活动和业界影响进行了分析。调查发现，这些行业协会的共同特点有二：一是均有较为完整的、专业分工明确、扁平化管理的组织架构，借助民主选举的方式，提升专业信息纵向流通速度，确保专业性工作的展开；二是均将未成年人图书馆员的职业教育纳入协会年度工作的规划，确保馆员的继续教育，促成馆员的专业性发展，在实践中促进职业发展教育功能发挥，最终提升整个行业的服务专业性。

五 未成年人图书馆与信息服务的标准指南

未成年人图书馆与信息服务专业性的提升离不开参照专业标准展开专业实践。课题组通过调查 ISO、IFLA 以及 ALA 等重要图书馆专业组织的标准建设情况，共收集了相关政策标准 19 份，按照标准制定背景、制定主体、主要内容以及影响进行分析。调查发现，在未成年人图书馆与信息服务标准建设方面，一般由行业协会作为标准管理机构牵头制定；在专业标准的内容方面，主要包括基础标准、业务标准、服务标准、管理标准和专门图书馆标准等；在制定标准时，遵循公益性发展原则、公开透明原则、持续更新原则以及逐步推进原则。

六 未成年人图书馆与信息服务的道德规范

图书馆职业道德是图书馆员在工作中形成的道德规范和基本行为准则。[①] 未成年人图书馆与信息服务道德规范从属于图书馆职业道德，是保障未成年人图书馆与信息服务专业性的前提条件。课题组以 IFLA 下属信息获取与表达自由委员会（Committee on Freedom of Access to Information and Freedom of Expression，FAIFE）网站和专著《图书馆权利与道德》[②] 为线索，收集整理了 46 个国家和地区的 46 份图书馆职业道德规范文本，从中提取与未成年人服务相关的论述；进而梳理了 IFLA 及主要国家的未成年人图书馆与信息服务标准中论及专业馆员职业道德的内容。调查发现，

---

① 谭祥金：《图书馆职业道德论》，《中国图书馆学报》1997 年第 2 期。
② 程焕文、张靖：《图书馆权利与道德》，广西师范大学出版社，2007，第 1~4 页。

上述与未成年人图书馆与信息服务相关的职业道德文本共同指向以下几个方面：（1）服务中的平等原则和意识；（2）服务中的专业素质水准；（3）服务中的职业责任意识。

第二节　未成年人图书馆与信息服务专业性建设的中国需求

一　文化体制深化改革视域

2013 年 11 月，党的十八届三中全会做出全面深化改革重大战略决策，会议部署了 15 个领域 336 项重大举措。此后，以习近平同志为核心的党中央以巨大的政治勇气和智慧，推动广范围、大力度的全面深化改革。[1]《中共中央关于全面深化改革若干重大问题的决定》[2] 第十一部分做出"完善文化管理体制、建立健全现代文化市场体系、构建现代公共文化服务体系、提高文化开放水平"的具体部署。文化体制改革担负着回答一系列重大时代课题的重任，而其中若干课题，均与本书探讨的未成年人图书馆与信息服务有所关联，其中以构建现代公共文化服务体系重大文化战略关系最为显著，可从相关政策文本中论及未成年人的表述中窥得一斑。

（一）　中央文化政策对于未成年人的关注

2014 年 2 月，中央全面深化改革领导小组审议通过《深化文化体制改革实施方案》。2015 年 1 月，中共中央办公厅、国务院办公厅印发《关于加快构建现代公共文化服务体系的意见》（以下简称《意见》），对加快构建现代公共文化服务体系，推进基本公共文化服务标准化均等化，保障人民群众基本文化权益做了全面部署。《意见》第二点"统筹推进公共文化

---

①　《让文化创新创造活力充分迸发》，http://finance.sina.com.cn/roll/2019 - 01 - 03/doc-ihqf-skcn3590284.shtml。

②　《中共中央关于全面深化改革若干重大问题的决定》，新华网，http://politics.people.com.cn/n/2013/1115/c1001 - 23559207.html。

服务均衡发展"第六小点"保障特殊群体基本文化权益",特别指出[①]：未成年人是公共文化服务的重点对象之一；积极开展面向未成年人的公益性文化、公益性文化艺术培训服务，演展和科技普及活动；开展学龄前儿童基础阅读促进工作和向中小学生推荐优秀出版物、影片、戏曲工作；指导互联网网站、互联网文化企业等开发制作有利于青少年身心健康的优秀作品；将中小学生定期参观博物馆、美术馆、纪念馆、科技馆纳入中小学教育教学活动计划；加强乡村学校少年宫建设；实施青少年体育活动促进计划。2017 年 5 月，中共中央办公厅、国务院办公厅印发《国家"十三五"时期文化发展改革规划纲要》（下文简称《纲要》）。《纲要》第六点"加快现代公共文化服务体系建设"第三小点"创新公共文化服务运行机制"，述及"开发和提供适合老年人、未成年人、农民工、残疾人等群体的基本公共文化产品和服务"。[②]

（二）文化部"十三五"系列规划对于未成年人的关注

为落实《中华人民共和国国民经济和社会发展第十三个五年规划纲要》和《国家"十三五"时期文化发展改革规划纲要》，文化与旅游部于 2017 年先后出台了《"十三五"时期文化发展改革规划》这一指导"十三五"时期文化系统发展改革工作的总体规划以及文化产业发展、文化科技创新、繁荣群众文艺发展、全国公共图书馆事业发展、公共数字文化建设和全国古籍保护工作系列规划。这些规划分别从公共文化服务均等化、未成年人素养培育和学校教育等不同的角度关注了未成年人。

其中《"十三五"时期文化发展改革规划》在第四点"构建现代公共文化服务图体系"第一小点"全面推进基本公共文化服务标准化均等化"中与《纲要》相为呼应，提出需要"开发和提供适合未成年人的基本公共文化产品和服务"，同时在专栏二"现代公共文化服务体系建设"中也提

---

① 中共中央办公厅、国务院办公厅：《关于加快构建现代公共文化服务体系的意见》（全文），http://www.gov.cn/xinwen/2015 - 01/14/content_2804250.htm。

② 中共中央办公厅、国务院办公厅：《国家"十三五"时期文化发展改革规划纲要》，http://www.xinhuanet.com/politics/2017 - 05/07/c_1120931794.htm。

到开展针对未成年人等特殊群体的文化产品和文化服务品牌扶持计划。①
《"十三五"时期全国公共图书馆事业发展规划》在第二点"重点任务"
第三小点"提高服务效能，推进公共图书馆服务均等化建设"中述及"加
强老年人、未成年人、残疾人、农民工和农村留守妇女儿童等特殊群体适
用资源建设和设施配备"、"加强对少年儿童的阅读指导，开展面向农村留
守儿童的基础阅读促进工作。推进公共图书馆与独立建制少儿图书馆的阅
读资源共享，为中小学图书馆开展阅读活动提供资源保障和业务支持"，
并提及针对少年儿童阅读服务的"全国少年儿童图书馆阅读提升计划"②。
《"十三五"时期公共数字文化建设规划》同样在第二点"重点任务"第
三小点"创新服务方式，提升服务效能"中指出"大力推进少年儿童数字
图书馆建设，通过网站、手机、手持阅读器、数字电视、电子数据库等多
种模式向青少年提供数字图书馆服务"，提出构建和完善面向未成年人等
特殊群体的数字图书馆。③《"十三五"时期繁荣群众文艺发展规划》在第
二点"重点任务"第二小点"广泛开展群众文艺活动"和"专栏二：群
众文艺示范性活动"的表述中着眼于未成年人的艺术素养培育，明确提出
要办好中国少年儿童合唱节这一群众文艺品牌活动，并面向广大学生积极
开展戏曲艺术相关的艺术普及活动。④《"十三五"时期文化产业发展规
划》在第二点"推进供给侧结构性改革，推动转型升级提质增效"的专栏
八"国际文化产业分工合作"中提到中国需要推进动漫产业在国际中的合
作，为实现青少年民心相通发挥作用；并在第三点"坚持创新驱动，促进
重点行业全面发展"的"游戏业"部分提出要"加快研发适应不同年龄的
游戏产品，为不同用户人群提供多样化的游戏消费选择"。⑤《"十三五"
时期文化科技创新规划》将"文化＋互联网"与文化艺术教育相结合，指

---

① 中华人民共和国文化和旅游部：《"十三五"时期文化发展改革规划》，http://www.gov.
cn/xinwen/2017–02/23/content_5170224.htm。
② 同上。
③ 同上。
④ 文化部：《"十三五"时期繁荣群众文艺发展规划》，http://www.cssn.cn/zx/yw/201705/
t20170510_3513551_4.shtml。
⑤ 文化部：《"十三五"时期文化产业发展规划》，http://www.cssn.cn/ysx/ysx_ysqs/201704/
t20170421_3494721.shtml。

出教育机构开设相关文化科技课程的必要性。①

（三） 新近国家文化立法对于未成年人的关注

《中华人民共和国公共文化服务保障法》多处提及未成年人：第一章
"总则"第九条"各级人民政府应当根据未成年人、老年人、残疾人和流
动人口等群体的特点与需求，提供相应的公共文化服务"，第十条"国家
鼓励和支持公共文化服务与学校教育相结合，充分发挥公共文化服务的社
会教育功能，提高青少年思想道德和科学文化素质"；第三章"公共文化
服务提供"第三十一条指出"公共文化设施开放收取费用的，应当每月定
期向中小学生免费开放"。②

《中华人民共和国公共图书馆法》在第四章"服务"第三十四条中规
定"政府设立的公共图书馆应当设置少年儿童阅览区域，根据少年儿童的
特点配备相应的专业人员，开展面向少年儿童的阅读指导和社会教育活
动，并为学校开展有关课外活动提供支持。有条件的地区可以单独设立少
年儿童图书馆"，并在第三十七条和第五章"法律责任"第五十条中规定
公共图书馆不得向未成年人提供内容不适宜的文献信息。③

二　教育体制机制深化改革视域

《中共中央关于全面深化改革若干重大问题的决定》④ 第十二、十三部
分论及社会方面深化改革的主要任务和重大举措，其中第十二部分总第 42
点"深化教育领域综合改革"所提到的"全面贯彻党的教育方针，坚持立
德树人，加强社会主义核心价值体系教育，完善中华优秀传统文化教育，
形成爱学习、爱劳动、爱祖国活动的有效形式和长效机制，增强学生社会
责任感、创新精神、实践能力。强化体育课和课外锻炼，促进青少年身心

---

① 文化部：《"十三五"时期文化科技创新规划》，http://cul. cssn. cn/wh/ttxw/201705/
t20170504_3507644_3. shtml。

② 《中华人民共和国公共文化服务保障法》，新华网，http://www. ndcnc. gov. cn/ggwhfwbzf/
quanwen/201702/t20170227_1304894. htm。

③ 《中华人民共和国公共图书馆法》，中国人大网，http://www. npc. gov. cn/npc/xinwen/2017 –
11/04/content_2031427. htm。

④ 《中共中央关于全面深化改革若干重大问题的决定》，新华网，http://politics. people. com.
cn/n/2013/1115/c1001 – 23559207. html。

健康、体魄强健。改进美育教学，提高学生审美和人文素养。大力促进教育公平，健全家庭经济困难学生资助体系，构建利用信息化手段扩大优质教育资源覆盖面的有效机制，逐步缩小区域、城乡、校际差距。……推进学前教育、特殊教育、继续教育改革发展"等任务和举措均可在本书所探讨的未成年人图书馆与信息服务领域找到相关切入。

（一）教育体制机制改革相关措施与未成年人图书馆与信息服务

2010 年，《国家中长期教育改革和发展规划纲要（2010—2020 年）》第三部分"体制改革"第三十一条中明确规定："树立终身学习观念，为持续发展奠定基础。树立系统培养观念，推进小学、中学、大学有机衔接，教学、科研、实践紧密结合，学校、家庭、社会密切配合，加强学校之间、校企之间、学校与科研机构之间合作以及中外合作等多种联合培养方式，形成体系开放、机制灵活、渠道互通、选择多样的人才培养体制"[①]，为属于文化服务领域的未成年人与图书馆信息服务与基础教育联动定下了基调。2017 年，《国家教育事业发展"十三五"规划》以前者为基础，并着眼于"建立适应全民学习、终身学习的现代教育体系，完善现代职业教育体系"[②]。同年，《关于深化教育体制机制改革的意见》从顶层治理视角向下，旨在建立和发展"以学生发展为本的新型教学关系"，宣传和普及"终身学习等科学教育理念"[③]。2019 年，《中国教育现代化 2035》提出了推进教育现代化的八大基本理念："更加注重以德为先，更加注重全面发展，更加注重面向人人，更加注重终身学习，更加注重因材施教，更加注重知行合一，更加注重融合发展，更加注重共建共享。"[④] 同年，《加快推进教育现代化实施方案（2018—2022）》具化未成年人教育与信息服务，任务六明确"着力构建基于信息技术的新型教育教学模式、教育服

---

① 国务院：《国家中长期教育改革和发展规划纲要（2010—2020 年）》，http://www.gov.cn/jrzg/2010 - 07/29/content_1667143.htm。
② 国务院：《国家教育事业发展"十三五"规划》，http://www.moe.gov.cn/jyb_xxgk/moe_1777/moe_1778/201701/t20170111_295319.html。
③ 国务院：《关于深化教育体制机制改革的意见》，http://www.xinhuanet.com//politics/2017 - 09/24/c_1121715834.htm。
④ 中共中央、国务院：《中国教育现代化 2035》，http://www.gov.cn/zhengce/2019 - 02/23/content_5367987.htm。

务供给方式以及教育治理新模式"。

系列教育改革文件将"终身学习"作为教育发展的根本理念，与本书所探究的未成年人图书馆与信息服务专业性提升宗旨高度一致。终身学习等理念一直以来均为包括面向未成年人在内的图书馆与信息服务所倡导和践行。由此，未成年人图书馆与信息服务或可视作文化系统和教育系统联动发展的有力抓手。

（二）教育部《中小学图书馆（室）规程》

1989 年 1 月，国家教育委员会在北京召开全国中小学图书馆工作会议，会议强调"每所中小学要有图书馆，这是实施义务教育的必备条件之一"。[①] 1991 年 8 月教育部首次颁布《中小学图书馆（室）规程》（6 章 26 条），2003 年 3 月发布修订的《中小学图书馆（室）规程（修订）》（5 章 21 条），2018 年 5 月发布新修订的《中小学图书馆（室）规程》（7 章 39 条）。

"图书馆是中小学校的文献信息中心，是学校教育教学和教育科学研究的重要场所，是学校文化建设和课程资源建设的重要载体，是促进学生全面发展和推动教师专业成长的重要平台，是基础教育现代化的重要体现，也是社会主义公共文化服务体系的有机组成部分。"[②] 《中小学图书馆（室）规程》是新时代中小学图书馆（室）建设的纲领性文件，是未成年人图书馆与信息服务参与国家基础教育改革的重要依据。

（三）素养培育相关标准与未成年人图书馆与信息服务

培养怎样的人？如何促进未成年人的学习与发展？如何改变"学科本位"与"知识本位"的现状[③]是基础教育改革的重要议题。教育部通过委托研究项目的方式，组织专家团队研究 0 ~ 3 岁、3 ~ 6 岁与 6 ~ 18 岁等年龄段的未成年人学习与发展的基本规律以及对应阶段核心素养的科学厘

[①] 中华人民共和国教育部：《教育历史上的今天》，http://www.moe.edu.cn/jyb_sjzl/moe_1695/tnull_30595.html。

[②] 同上。

[③] 国务院新闻办公室：《中国学生发展核心素养》，https://www.scio.gov.cn/zhzc/8/4/Document/1491185/1491185.htm。

定。2012 年《3—6 岁儿童学习与发展指南》、2016 年《中国学生发展核心素养》以及 2018 年《0—3 岁儿童学习与发展指南》研发报告相继出台。《3—6 岁儿童学习与发展指南》第二章第二点"阅读与书写准备"关注未成年人的阅读素养培育，强调阅读环境的创设与阅读指导的重要性。[①]《中国学生发展核心素养》在基本要素"科学精神"部分，点明未成年人信息素养培育的必要性和重要性。[②]《0—3 岁儿童学习与发展指南》研发报告提出社会需要"提供到哪里求助的信息以及年幼儿童成长和发展的额外信息"[③]，早期教育需要未成年人图书馆与信息服务的参与。系列素养培育相关标准与报告均与本书探讨的未成年人图书馆与信息服务内容有着紧密的联系，并为未成年人图书馆与信息服务专业性提升提供重要参考。

三 图书馆与信息服务职业转型视域

（一）图书馆与信息职业转型的整体视角

21 世纪以来，国家从顶层视角向下推进现代文化治理体系建设，依托文化发展战略和政策等制度保障文件，推进文化领域发展转型。在此过程中，主要从以下三个方面指导与规范图书馆与信息服务职业的转型："一是构建覆盖城乡的现代公共图书馆服务体系，二是中华古籍保护计划、非物质文化遗产保护等中华优秀文化传承发展工程，三是推广全民阅读，建设学习型社会。"[④]

现代公共图书馆服务体系建设的一个重要目标便是保障公共图书馆服务的均等化，而未成年人作为社会弱势群体的重要组成部分，正是均等化的服务所关注的重要对象，另外，随着这一群体的不断扩大及其需求的不断增长，图书馆与信息职业在现代公共图书馆服务体系建设文化战略和政

---

① 教育部：《3—6 岁儿童学习与发展指南》，http://www.moe.gov.cn/srcsite/A06/s3327/201210/t20121009_143254.html。

② 核心素养研究课题组：《中国学生发展核心素养》，搜狐教育，http://www.sohu.com/a/254516486_99903105。

③ 官群、姚茹、Richard Wagner、孟万金：《中国〈0～3 岁儿童学习与发展指南〉研发报告》，《中国特殊教育》2018 年第 5 期。

④ 程焕文、潘燕桃、张靖、肖鹏、陈润好：《新时代中国图书馆学教育的发展方向》，《中国图书馆学报》2019 年第 3 期。

策推动下的转型必然将未成年人图书馆与信息服务纳入核心业务范畴。

2017 年，国务院《关于实施中华优秀传统文化传承发展工程的意见》强调"在哲学社会科学及相关学科专业和课程中应增加中华优秀传统文化的内容以及加强中华优秀传统文化相关学科建设"①，而现代公共文化服务、现代图书馆服务中面向未成年人展开的活动，以及学校图书馆服务，正是在未成年人群体中推进"中华优秀文化传承发展工程"的重要途径。

自 2014 年至 2019 年，"全民阅读"已经被六次写入《政府工作报告》，表明国家对"推广全民阅读，建设学习型社会"的重视。《"十三五"时期全国公共图书馆事业发展规划》中明确了"全国少年儿童图书馆阅读提升计划"的重要性，强调应深入推进全国少年儿童阅读②。未成年人阅读是我国"全民阅读"活动自 2006 年开展以来继续蓬勃发展、迈向新阶段的重要方向。

（二）图书馆与信息职业转型的具体关照

《中华人民共和国公共图书馆法》于 2017 年颁布，为新时期图书馆与信息职业的发展指明了重要方向。细读文本，图书馆职业社会教育功能的回归在法案中尤其明显。例如法案明确"公共图书馆是指向社会公众免费开放，收集、整理、保存文献信息并提供查询、借阅及相关服务，开展社会教育的公共文化设施"③；又如，第四章"服务"第三十四条明确规定"公共图书馆应开展面向少年儿童的阅读指导和社会教育活动，并为学校开展有关课外活动提供支持"④。作为重要教育对象，图书馆与信息职业在实现其社会教育功能时，必然要对未成年人予以重点关注。

四　图书馆学教育转型视域

中国的图书馆学教育近百年来正在经历着深刻的变革，特别是改革开

---

① 国务院：《关于实施中华优秀传统文化传承发展工程的意见》，http://www.gov.cn/zhengce/2017 -01/25/content_5163472.htm。

② 中华人民共和国文化和旅游部：《"十三五"时期全国公共图书馆事业发展规划》，http://www.gov.cn/xinwen/2017 -07/07/content_5230578.htm。

③ 《中华人民共和国公共图书馆法》，中国人大网，http://www.npc.gov.cn/npc/xinwen/2017 -11/04/content_2031427.htm。

④ 同上。

放以来，中国图书馆学教育规模持续扩大，多层次、全方位、多元化的办学体系逐渐形成并完善，但也同时面临着在信息化时代教学体系和教学内容变革的挑战。① 目前，中国图书馆学教育转型主要呈现出两个趋势：其一是受国际 iSchool 运动影响的"去图书馆化"的图书馆学教育转型趋势；其二是受国内公共文化事业发展和建设影响的以文化战略需求为导向的图书馆学教育转型趋势。② 图书馆学教育无论是在数字时代抑或顺应国家公共文化发展潮流的转型过程中，均应给予未成年人图书馆与信息服务的专业性以足够的关照。

（一）图书馆学教育应关照图书馆"数字一代"需求与行为

21 世纪以来，信息与通信技术的飞速发展极大地改变了人们的信息需求和信息行为，生于这一时期的未成年人已然成了"数字一代"。联合国儿童基金会（United Nations International Children's Emergency Fund，UNICEF）在2017 年发布的年度旗舰报告《2017 年世界儿童状况：数字时代的儿童》中指出"目前平均每半秒钟就会增添一名使用数字设备的儿童，他们占据了全球互联网用户的三分之一……数字技术是一把双刃剑，全社会各机构需要共同努力，为儿童营造更加便捷且安全的数字空间，增加儿童获取信息的渠道，使儿童受益于数字技术"。③新时代未成年人的信息需求和信息行为发生了巨大的改变，许多未成年人在成长的过程中便与各种数字产品分不开，需要获得数字信息素养教育活动的支持。图书馆作为社会文化教育机构，肩负着为儿童提供数字资源、赋予儿童数字技能、培养儿童数字素养的使命。这些使命的完成，需要图书馆学教育更新专业知识体系、修订人才培养方案。

目前在针对未成年人提供图书馆与信息服务的专业知识中，较多的内容集中于图书馆未成年人阅读推广、未成年人阅读服务空间环境营造、未

---

① 肖希明：《中国百年图书馆学教育与社会的互动发展》，《中国图书馆学报》2017 年第 3 期。

② 程焕文、潘燕桃、张靖、肖鹏、陈润好：《新时代中国图书馆学教育的发展方向》，《中国图书馆学报》2019 年第 3 期。

③ UNICEF. Children in a Digital World—THE STATE OF THE WORLD'S CHILDREN 2017〔EB/OL〕. (2017 – 02 – 06)〔2019 – 06 – 25〕. https://www.unicef.org/publications/files/SOWC_2017_ENG_WEB.pdf.

成年人阅读资源建设等传统领域,①对于未成年人数字信息需求和行为的关注不够。图书馆学教育亟待重视"数字一代"未成年人的信息需求与信息行为,补充和更新未成年人数字阅读、未成年人数字素养、数字童书、数字少儿游戏、数字出版、未成年人网络信息行为、未成年人信息安全等专业知识,以培养专业的未成年人图书馆与信息服务人员。

(二)图书馆学教育应重视未成年人公共文化服务

近年来,我国图书馆学教育开始开设公共文化服务相关课程,如中山大学的"现代公共文化服务体系建设"研究生课程,但仍以综合性课程为主。随着课程建设的推进,主题更为具体、教学更为深入的公共文化服务类课程将不断增加,其中未成年人公共文化服务相关内容应成为图书馆学教育的一个重要分支。

第三节 未成年人图书馆与信息服务专业性建设的中国路径

根据对国际情况的调研以及与国内现状的对比,课题组认为,我国目前未成年人图书馆与信息服务专业性建设的主要优势在于业界的实践积累和日益关注,主要问题在于专业教育系统建设的缺失。而专业性建设的关键在于专业馆员,专业馆员培养的正途还是专业教育,尤其是专业学历教育,因此,未成年人图书馆与信息服务专业学历教育的建设是未成年人图书馆与信息服务专业性建设的主线。这一主线在近十年环境营造和前奏酝酿动议下,已然受到学界和业界的关注,一些图书馆学教育机构开始了有关未成年人图书馆与信息服务专业学历教育的探讨,而主线建设的启动亦可反向增强多方合力,共同推动我国未成年人图书馆与信息服务的专业性建设。

(一)环境营造

近十年来,未成年人图书馆与信息服务已有丰富的实践积累。业界从

---

① 王巧丽:《我国公共图书馆婴幼儿服务研究》,硕士学位论文,华东师范大学,2017,第10页。

业人员系统对本机构、本区域的未成年人阅读推广服务实践进行总结，形成了关于未成年人中文阅读分级服务①、绘本阅读与早期阅读推广②、亲子阅读与家庭阅读推广③、儿童数字阅读服务④等方面的实践案例集合。随着服务与实践的深入，如何发展未成年人推广长效机制成为服务与图书馆业务建设的重点与难点。此外，新媒体与新技术的不断发展，"体验式与探究式"服务实践成为研究的主要关注点。其间经过多年建设与积累，青少年创客空间实践⑤逐渐成为未成年人图书馆与信息服务实践核心品牌建设的重要部分。

与实践探索相配合，有关未成年人图书馆与信息服务的课题研究也日益受到重视。自2010年起，国家社会科学基金与教育部人文社会科学基金的相关主题立项课题不断涌现。如国家社会科学基金所支持的"我国未成年人数字化阅读实证研究"（2012年）、"农村留守儿童的媒介使用与媒介素养教育研究"（2012年）、"新媒介环境下青少年社会化阅读及其引导机制研究"（2013年）、"青少年新媒体健康信息行为研究"（2015年）、"社会资本视角下未成年人整体信息援助研究"（2016年）、"未成年人公共文化服务的文化治理功能、机制与模式研究"（2017年）、"全民阅读时代青少年数字阅读行为的实证研究"（2017年）、"儿童中文阅读分级标准体系研究"（2018年）、"公共文化服务均等化背景下城乡流动儿童阅读环境和阅读行为研究"（2018年）、"公共图书馆低幼儿童服务理论、模式与保障研究"（2018年）、"文化自信视野下青少年优秀传统文化阅读推广研究"（2018年）、"中国青少年期刊融合发展研究"（2018年）等；教育部人文

---

① 周力虹、刘芳：《图书馆未成年人数字分级阅读服务研究》，《图书馆建设》2014年第12期。
② 殷宏淼：《基于绘本的早期阅读推广实践研究——以国家图书馆少年儿童馆为例》，《图书馆研究与工作》2019年第2期。
③ 颜卫勤：《"童萌汇"小书坊：亲子阅读推广新品牌》，《图书馆研究与工作》2018年第11期。
④ 方嘉瑶：《多元合作在数字阅读推广中的运用——以"扫码看书，百城共读"为例》，《图书馆研究与工作》2019年第6期。
⑤ 守美、聂雯、赵文军：《深圳图书馆创客空间运行模式研究》，《图书情报工作》2018年第16期。

社会科学基金所支持的"西部地区农村留守儿童媒介素养教育模式与实践路径研究"（2010 年）、"文学叙事与儿童阅读研究"（2014 年）、"孩子们的现代主义——现代儿童绘本造型观念与方法研究"（2015 年）、"德育视域下中外儿童绘本的比较研究"（2015 年）、"分级阅读与儿童文学教育研究"（2016 年）、"高层次认知能力对中国儿童阅读理解的影响研究"（2017 年）、"基于新时代文化建设的儿童有声读物创作研究"（2018 年）、"基于听障儿童言语康复的绘本设计研究"（2018 年）、"移动互联网背景下青少年新媒体素养研究"（2018 年）、"生态范式下青少年数字阅读素养及评价机制研究"（2018 年）、"儿童科普 AR 图书设计要素对阅读效果影响机制研究"（2019 年）、"认知双加工视角中的青少年网络偏差行为控制与网络素养提升研究"（2019 年）等。

再者，相关实践和学术交流平台也开始搭建和活跃。如中国图书馆学会打造的"全国图书馆未成年人服务论坛"，该论坛于 2013 年创设，每三年举办一次，旨在为全国公共图书馆、少年儿童图书馆、中小学图书馆及各类阅读推广机构的未成年人服务工作者及此领域研究者搭建一个互相交流、充分研讨、共同提高的平台，积极促进图书馆未成年人服务理论研究与工作实践深度融合。[①] 学术会议方面，2019 年，中山大学资讯管理学院、国家文化遗产与文化发展研究院主办"未成年人阅读、学习与赋能国际研讨会：面向合作的专业化与标准化"。为期四天的会议共设 8 场学术论坛，36 个学术报告，2 场海报展示，4 场研讨和 4 场实践参访[②]。国内外一流高校的多位教授带来多场学术研究前沿和专业教育报告，主题涉及未成年人图书馆智能服务，阅读推广理论，未成年人阅读行为、兴趣及习惯，未成年人图书馆信息服务专业人才培养的课程设置、职业要求、实施方案等。会议以多维度、多层次、多形式促进国内外学界与业界的交流、碰撞。借助此会议平台，也增进了国内外相关领域的学术交流和学习，一方面促进

---

① 中图学会：《中国图书馆学会品牌专业论坛》，http://www.lsc.org.cn/contents/1342/13504.html。

② 刘菡、杨乃一、李思雨、张靖：《未成年人阅读、学习与赋能国际研讨会综述》，《图书馆建设》2019 年第 3 期。

了国际相关标准在中国的落地，另一方面也向国际图联标准编制组织和人员传递了以中国为代表的其他国家或地区在国际标准解读和使用中的困境，并借此表达了在国际标准制定过程中的中国要求和中国声音①。

（二）前奏酝酿

未成年人图书馆与信息服务相关职业继续教育。"全国图书馆未成年人服务提升计划—少儿阅读推广人培育行动"与中小学图书馆馆员培训是未成年人图书馆与信息服务继续教育的两大组成部分。"少儿阅读推广人培育行动"是中国图书馆学会在长期从事阅读推广工作经验积累的基础上孕育而成的，旨在培育一批具有一定资质，可以开展阅读辅导、提升读者阅读兴趣和阅读能力的专业人士。② 培训内容由学界专家理论系统讲授与业界专家经典案例分析组成。过程中既有专家主题授课，亦有专题互动交流。培训分为基础级、提高级和研究级三个级别，学员需逐级培训并参与系统上级考核，逐步从基础实践向理论研究提升③。中小学馆员继续教育主要由两部分组成，即中图学会下属中小学图书馆委员会开展的中小学图书馆员继续教育和教育系统负责组织实施的中小学图书馆员继续教育。其中，中国图书馆学会中小学图书馆委员会以线下"中小学图书馆工作者研修班"与线上课程方式提供继续教育，主题涵盖中小学图书馆文献资源管理及建设、中小学图书馆基础设施建设和馆员队伍建设、中小学图书馆读者工作等9个方面④。同时，教育系统中由各地区教育学会下属的中小学图书管理专业委员会（或各地区教育装备中心）牵头，以定期培训、不定期专题培训、脱产短期培训及竞赛类培训等形式⑤提升中小学图书馆服务

① 刘菡、杨乃一、李思雨、张靖：《未成年人阅读、学习与赋能国际研讨会综述》，《图书馆建设》2019年第3期。
② 中国图书馆学会：《"阅读推广人"培育行动第九期培训班成功举办》，http://www.lsc.org.cn/contents/1198/1744.html。
③ 中国图书馆学会：《"全国图书馆未成年人服务提升计划"（四川站）暨"阅读推广人"培育行动（第十三期）在成都举办》，http://www.lsc.org.cn/contents/1198/13630.html。
④ 中图书馆学会：《陈力在全国图书馆未成年人服务提升计划启动仪式上的讲话》，http://www.lsc.org.cn/contents/1216/8763.html。
⑤ Zhang Jing, Cheng Jingqi, Xie Han 等. Reforms in Education for School Librarians in China [M] // SCHULTZ-JONES BA, OBERG D. GLOBAL ACTION ON SCHOOL LIBRARY EDUCATION AND TRAINING. Berlin/Munich: De Gruyter Saur, 2018: 105-122。

专业性。

未成年人图书馆与信息服务相关教材出版。如前所述，为促进"阅读推广人"培育工作科学化、规范化发展，中国图书馆学会邀请图书馆界、教育界、新闻出版界知名专家学者，组建了"阅读推广人"培育指导委员会，并出版了"阅读推广人"培育系列教材，该系列主要有三本分册与未成年人图书馆与信息服务相关，即《图书馆儿童阅读推广》、《图书馆绘本阅读推广》与《图书馆家庭阅读推广》。此外，文化和旅游部牵头的"全国基层文化队伍培训教材·公共图书馆系列"中的《公共图书馆的未成年人服务》也是当前未成年人图书馆与信息服务专业性提升的重要参考教材。

未成年人图书馆与信息服务课程建设。笔者根据教育部指定的高考专业信息查询网站"阳光高考"① 中所列出的开设图书馆学专业的高校以及中国学位与研究生教育信息网②中所列出的开设 MLIS 学位的相关学院网站查询了近十年我国未成年人图书馆与信息服务课程开设与建设的情况，经筛选共采集了 15 所院校的有效课程信息。据不完全统计，共有 3 所院校开设的 4 门课程与未成年人图书馆与信息服务直接相关，分别是东北师范大学开设的"中小学图书馆管理"本科选修课、华南师范大学开设的"儿童图书馆研究"硕士选修课、中山大学开设的"未成年人信息需求、行为与服务研究"学术硕士选修课和"未成年人信息服务"专业硕士选修课。另有 12 所相关院校开设了与信息用户、信息服务相关的本、硕课程，从课程大纲来看，这些课程虽不是直接相关课程，但其中的部分内容也涉及未成年人图书馆与信息服务。相关主题课程建设是专业学历教育建设的基础。

（三）主线建设

未成年人图书馆与信息服务的实践需求日益增长，未成年人图书馆与信息服务专业性建设的必要性也随之凸显。相关议题得到了国内图书馆学学界和教育界的关注，在专业教育，尤其是学历教育中纳入未成年人图书

---

① 阳光高考：《图书馆学》[EB/OL] [2019-06-19]. https://gaokao.chsi.com.cn/zyk/zybk/schools.action? specialityId=73385448&ssdm=。

② 《图书情报专业硕士》，中国学位与研究生教育信息网，http://www.cdgdc.edu.cn/xwyyjsjyxx/gjjl/szfa/tsqbss/。

馆与信息服务相关内容意见逐渐清晰。近十年来,不少专家学者持续关注未成年人图书馆与信息服务及其专业性建设方面的议题。

2011 年,MLIS 学位教育方兴未艾,南开大学柯平、李月琳和闫慧在《打造 LIS 领域的 MBA:关于图书情报专业硕士(MLIS)学位教育的思考》① 一文中,便关注到当时的毕业生对于图书馆未成年人服务专业性认知和能力不足的问题;2012 年,柯平等接着从图书情报专业教育的实施角度指出 MLIS 需要为中小学图书馆培养人才②;同时,华东师范大学范并思由当时推出的"全民阅读"政策引发了他对于公共图书馆提升未成年人服务能力和拓展服务范围的思考。③ 同年,范并思、吕梅、胡海荣等学者出版了《公共图书馆未成年人服务》一书,在书中第五章"未成年人服务人员与安全管理"中专门列出一节"馆员的职业素养"阐述了未成年人服务人员的职业专业能力内容及其提升途径④;再如 2013 年武汉大学黄如花从实践角度分别对英国、美国、日本等国家的未成年人图书馆与信息服务情况和特点进行了调研,调研内容包括了上述发达国家针对未成年人图书馆与信息服务的教育,而后对我国的未成年人图书馆与信息服务教育进行了反思和展望,认为我国应借鉴发达国家的做法在多个维度提升图书馆未成年人服务的专业性。⑤ 2015 年,武汉大学吴丹等学者梳理了 2010～2014 年国内外图书情报教育发展趋势,发现图情教育对儿童图书馆员技能的培养逐渐重视。⑥ 2016 年,张靖等学者对美、英、日图书情报专业硕士学位培养中的实践教学与案例教学进行了调研分析,指出国内的图书情报专业教育需要面向将要从事未成年人服务工作的人群开展特定的教学实践安排,

① 李月琳、闫慧、柯平:《打造 LIS 领域的 MBA:关于图书情报专业硕士(MLIS)学位教育的思考》,《图书情报工作》2011 年第 13 期。
② 柯平、张文亮、何颖芳:《对我国图书情报专业学位教育若干问题的思考》,《情报资料工作》2012 年第 6 期。
③ 范并思:《拓展图书馆未成年人阅读服务》,《图书与情报》2013 年第 2 期。
④ 范并思、吕梅、胡海荣:《公共图书馆未成年人服务》,北京师范大学出版社,2012,第 114～121 页。
⑤ 黄如花、邱春艳:《美国公共图书馆未成年人服务的特点》,《中国图书馆学报》2013 年第 4 期。
⑥ 吴丹、余文婷:《近五年国内外图书情报学教育研究进展与趋势》,《图书情报知识》2015 年第 3 期。

面向这一领域设置专门的培养方案和课程。①

2019 年由中山大学国家文化遗产与文化发展研究院主办的未成年人阅读、学习与赋能国际研讨会特设了针对未成年人图书馆与信息服务的专业教育分论坛，此论坛主要从专业人才培养途径、相关专业课程设置、专业人才需求三个方面展开探讨。在专业人才培养途径方面，专家学者基于我国少儿图书馆转型和儿童阅读服务专业人才缺乏的现实，提出在图书馆学科学位和专业学位以及专业组织的人才培养过程中，从理论指导、课程设置、案例教学和实践教学、合作办学等方面提升对儿童服务的重视；在专业课程设置方面，国内外专家学者就儿童图书馆学这一细分领域的课程设计的问题进行了探讨和交流，不少学者结合中国的儿童图书馆学面临的情境受到了启发；在专业人才需求探讨方面，学者们分别通过现实调查、历史演变、国际调研等多元视角关注了图书馆为未成年人服务的专业化和人性化等问题，从而将目光转向专业人才需求的技能当中。②

借鉴国际未成年人图书馆与信息服务专业教育的经验，我国的未成年人图书馆与信息服务专业教育建设应以图情院系为主体，与教育院系合作开展。具体路径方面，首先，以学术研究和专业实践为基础，遵循"专题讲座建设—核心课程建设—系列课程建设—教材教参建设—专业硕士培养方向建设—学科建设"的方式逐步推进专业学历教育建设；同时进行继续教育建设，以专业组织为主体，依托图情院系，按"专题讲座—系列讲座—MOOC 建设"逐步推进。

（四）多方合力

在上述路径中提到，未成年人图书馆与信息服务专业教育建设，在专业学历教育方面，应以图情院系为主体，与教育院系合作开展，在职业继续教育方面，应以专业组织为主体，依托图情院系推进，均涉及合力协作。

以图情院系为主体，与教育院系合作开展未成年人图书馆与信息服务

---

① 张靖、张祎、黄诗莹：《美、英、日图书情报专业硕士学位培养中的实践教学与案例教学》，《大学图书馆学报》2016 年第 1 期。

② 刘菡、杨乃一、李思雨、张靖：《未成年人阅读、学习与赋能国际研讨会综述》，《图书馆建设》2019 年第 3 期。

学历教育。我国的图书馆学教育虽然已经形成了本硕博一体化的完整培养体系，但在图书馆未成年人服务专业教育方面却较为欠缺，尤其是这一专业教育方向缺乏教育学的专业知识和视角，缺少对儿童素养培育、儿童学习与发展这一过程的重视。基于这一现状，图情院系需要与教育学院系密切协作，双方各自发挥专业长处，携手共建和完善图书馆未成年人信息服务专业教育的内容。在师资配置方面，邀请儿童教育学、教育技术学相关专业的教师参与图书馆未成年人信息服务的教学；在课程内容上注入儿童教育学内容到图书馆学课程中，如图书馆学可提供图书馆信息服务、馆藏建设、图书馆管理、图书馆阅读推广等基础教学内容，教育学则提供儿童早期教育、儿童学习与发展、儿童教育心理学等相关内容，同时也应开设儿童教育信息技术相关课程，培养具有数字媒体技能的未成年人图书馆与信息服务人才。二者在有机融合的同时，图情院系也达到主动将未成年人图书馆人才培养"外化"的目的①，从而为图书馆未成年人服务注入教育学视角，在保障图书馆学教学专业性的基础上，丰富和完善图书馆未成年人信息服务的基础学术理论和核心框架。最后，在教育学院系的协助与推动下，可着眼于图书馆未成年人信息服务的从业者就业方向，依据学生未来就业的意愿分别开设针对学校图书馆、公共图书馆未成年人部门或信息媒体中心未成年人服务的课程。

以专业组织为主体，与图情院系合作推进未成年人图书馆与信息服务职业继续教育。此种形式为学界与实践领域积极对话与互动搭建了重要的平台，是打破实践发展与理论研究脱节的有效方式。2015 年，国际图联发布《继续专业发展指南：指导原则与最佳实践》（*IFLA Guidelines for Continuing Professional Development: Principles and Best Practices*），其中专辟第三章阐述"图书馆协会在图书馆员继续教育中应承担的职责"②。在中国，根据《中华人民共和国公共文化服务保障法》等相关规定明确：全国性与区域图书

① 程焕文、潘燕桃、张靖、肖鹏、陈润好：《新时代中国图书馆学教育的发展方向》，《中国图书馆学报》2019 年第 3 期。
② IFLA. IFLA Continuing Professional Development and Workplace Learning Section ［EB/OL］. ［2019 – 06 – 27］. https://blogs. ifla. org/cpdwl/.

馆专业协会应积极牵头与组织未成年人图书馆员继续教育工作，通过未成年图书馆职业专题培训工作、编写专业性提升培训（或继续教育）教材等方式，搭建未成年人图书馆员继续教育持续交流与实践平台。以广州为例，《广州市公共图书馆条例》与《广州市"图书馆之城"建设规划（2015—2020）》相继发布，明确规定了"应以广州图书馆学会为平台，广州中心馆每年需要为图书馆从业人员提供专业继续教育课程不少于42学时"①。2012年，广州市图书馆学会以广州图书馆为依托，向广州市人力资源和社会保障局申报设立广州市图书馆专业继续教育基地，组织开展广州地区图书馆从业人员常态化继续教育与培训，推进专业化队伍建设②。此外，2017年，广州市教育装备中心积极牵头组织中小学图书馆员继续教育工作，与中山大学资讯管理学院合作举办"广州市中小学图书馆专业人才高级研修班"。这是广州地区第一次以专业组织为主体，与专业图情院系合作推进的面向中小学图书馆的继续教育活动③。

（五）重点关注

在上述整体思路上，结合中国情境，未成年人图书馆与信息服务专业性建设应在服务目标上考虑如何助益未成年人学习与发展，在服务方式上考虑如何更好地面向不同学习与发展阶段的未成年人进行阅读推广和指导，在服务环境上考虑如何有效地与早期教育、基础教育相配合以获得更多资源、产生更大效益。

---

① 广州图书馆：《政策法规·广州市"图书馆之城"建设规划（2015—2020）》，http://www.gzlib. gov. cn/policiesRegulations/148307. jhtml。

② 张靖等：《广东省公共图书馆事业发展报告（2013－2017）》，社会科学文献出版社，2018，第241～265页。

③ Zhang Jing, etc. Reforms in Education for School Librarians in China [M] // SCHULTZ-JONES BA, OBERG D. GLOBAL ACTION ON SCHOOL LIBRARY EDUCATION AND TRAINING. Berlin/Munich：De Gruyter Saur，2018：105－122.

附 录

附录 1　国际未成年人图书馆标准

序号	牵头机构	文件题名	最新版本	获取链接
1	IFLA-LCYA	Guidelines for Children's Library Services 儿童图书馆服务指南	2003	https://www.ifla.org/files/assets/libraries-for-children-and-ya/publications/guidelines-for-childrens-libraries-services-zh.pdf
2	IFLA-LCYA	Guidelines for Library Services to Babies and Toddlers 婴幼儿图书馆服务指南	2007	https://www.ifla.org/publications/ifla-professional-reports-100
3	IFLA-LCYA	Guidelines for Library Services For Young Adults 青少年图书馆服务指南	2008	https://www.ifla.org/files/assets/libraries-for-children-and-ya/publications/ya-guidelines2-en.pdf
4	IFLA-LCYA	Guidelines for Library Services to Children aged 0-18 0-18 岁儿童图书馆服务指南	2018	https://www.ifla.org/files/assets/libraries-for-children-and-ya/publications/ifla-guidelines-for-library-services-to-children_aged-0-18-zh.pdf
5	IFLA-SLS	School Library Guidelines 学校图书馆指南	2015	https://www.ifla.org/files/assets/school-libraries-resource-centers/publications/ifla-school-library-guidelines-zh.pdf

续表

序号	牵头机构	文件题名	最新版本	获取链接
6	ALA-ALSC	Competencies for Librarians Serving Children in Public Libraries 公共图书馆儿童馆员服务能力	2015	http://www. ala. org/alsc/edcareeers/alsccorecomps
7	ALA-YALSA	Teen Space·Guidelines 青少年服务空间指南	2012	http://www. ala. org/yalsa/guidelines/teenspaces
8	ALA-YALSA	Core Professional Values for the Teen Services Profession 青少年服务行业的核心专业价值	2015	http://www. ala. org/yalsa/core-professional-values-teen-services-profession
9	ALA-YALSA	Teen Programming Guidelines 青少年活动指南	2015	http://www. ala. org/yalsa/teen-programming-guidelines
10	ALA-YALSA	Teen Services Competencies for Library Staff 图书馆员青少年服务资质	2017	http://www. ala. org/alsc/edcareeers/alsccorecomps
11	ALA-AASL	Standards for Initial Preparation of School Librarians 学校图书馆员初步培养标准	2008	http://www. ala. org/yalsa/guidelines/yacompetencies
12	ALA-AASL	Standards for the 21st-Century Learner 21世纪学习者的标准	2010	https://www. epsnj. org/site/handlers/filedownload. ashx? moduleinstanceid =7675&dataid =31751&FileName = AASL% 2021ST% 20C% 20LEARNER. pdf
13	ALA-AASL	National School Library Standards 国家学校图书馆标准	2018	https://standards. aasl. org/
14	CILIP	Salary Guide 2014 – 2015: Schools 学校图书馆员薪酬标准（2014 – 2015）	2014	https://archive. cilip. org. uk/sites/default/files/media/document/2017/cilip_school_librarian_salary_guidelines_2014 – 15_0. pdf
15	SLA	The Primary School Library Guidelines 小学图书馆指南	2014	http://primaryschoollibraryguidelines. org. uk/

续表

序号	牵头机构	文件题名	最新版本	获取链接
16	SLA	Standards for Secondary School Libraries 中学图书馆指南	2014	https://www.sla.org.uk/standards.php
17	CLA	Achieving Information Literacy: Standards for School Library Programs in Canada 实现信息素养：加拿大学校图书馆活动标准	2003	http://accessola2.com/SLIC-Site/slic/ail110217.pdf
18	CLA	Leading Learning: Standards of Practice for School Library Learning Commons in Canada 引领学习：加拿大学校图书馆学习空间实践标准	2010	https://llsop.canadianschoollibraries.ca/

附录 2　国际未成年人图书馆职业道德资料

序号	制定部门	名称	国别	制定年份	获取链接
1	International Federation of Library Associations and Institutions 国际、图书馆协会与机构联合会	Code of Ethics for Librarians and other Information Workers 图书馆员及其他信息工作者的伦理准则	国际	2012	https://www.ifla.org/faife/professional-codes-of-ethics-for-librarians#nationalcodes
2	The American Library Association 美国图书馆协会	Code of Ethics 职业伦理准则	美国	1939	https://www.ifla.org/files/assets/faife/codesof-ethics/armenia.pdf
3	The Association of Indonesian Librarians 印度尼西亚图书馆员协会	Code of Ethics for Librarians 图书馆员职业伦理准则	印度尼西亚	1945	https://www.ifla.org/files/assets/faife/codesof-ethics/indonesia.pdf

续表

序号	制定部门	名称	国别	制定年份	获取链接
4	Conselho Federal de Biblioteconomia 巴西图书馆协会	Code of Ethics 职业伦理准则	巴西	1962	http://www. cfb. org. br/institucional/etica/
5	The Israeli Center for Libraries 以色列图书馆中心	Code of Ethics of the Librarians in Israel 以色列图书馆员职业伦理准则	以色列	1965	https://www. ifla. org/files/assets/faife/codesof-ethics/israel. pdf
6	The Canadian Library Association 加拿大图书馆协会	Code of Ethics Pisition Statement 职业伦理声明	加拿大	1976	https://www. ifla. org/files/assets/faife/codesof-ethics/canada. pdf
7	Colegio de Bibliotecarios de Chile A. G. 智利图书馆协会	Colegio de Bibliotecarios de Chile A. G. 智利图书馆员职业伦理准则	智利	1977	http://www. bibliotecarios. cl/？ page_id = 3063
8	The Japan Library Association 日本图书馆协会	Code of Ethics 职业伦理准则	日本	1980	https://www. ifla. org/files/assets/faife/codesof-ethics/japan. pdf
9	the Chartered Institute of Library and Information 英国图书馆与信息专业人员协会	Code of Professional Practice for Library and Information Professionals 专业图书馆实践与信息职业伦理准则	英国	1983	http://www. cilip. org. uk/about/ethics/code-pro-fessional-practice
10	Librarians Association of Malaysia 马来西亚图书馆协会	Code of Ethics 职业伦理准则	马来西亚	1989	https://www. ifla. org/files/assets/faife/codesof-ethics/malaysia. pdf
11	The Jamaica Library Association 牙买加图书馆协会	Code of Ethics 职业伦理准则	牙买加	1991	https://www. ifla. org/files/assets/faife/codesof-ethics/jamaica. pdf
12	El Colegio Nacional de Bibliotecarios 墨西哥国家图书馆协会	Code of Professional Ethics 职业伦理准则	墨西哥	1991	https://www. ifla. org/files/assets/faife/codesof-ethics/mexico. pdf
13	Serbian Library Association 塞尔维亚图书馆协会	Code of Ethics 职业伦理准则	塞尔维亚	1992	https://www. ifla. org/files/assets/faife/publica-tions/misc/code-of-ethics-sr. pdf

续表

序号	制定部门	名称	国别	制定年份	获取链接
14	Public Library Section of the Netherlands Association of librarians 荷兰图书馆协会公共图书馆部	Professional Charter for Librarians in Public Libraries 公共图书馆员职业宪章	荷兰	1993	https://www.ifla.org/files/assets/faife/codesof-ethics/new-zealand.pdf
15	Asociación Nicaragüense de Bibliotecariosy Profesionales Afines 尼加拉瓜图书馆专业协会	Code of Professional Ethics 职业伦理准则	尼加拉瓜	1995	http://www.metabase.net/metarecursos/profe-sionales/pdf/codigo-anibipa.pdf
16	Librarians' Registration Council of Nigeria 尼日利亚图书馆专业联盟	Code of Ethics and Professional Conduct for Librarians in Nigeria 尼日利亚图书馆员职业行为伦理准则	尼日利亚	1995	https://www.ifla.org/files/assets/faife/nationalcode-ofethics/nigeria-code-of-ethics-and-professional-con-duct-for-librarians.pdf
17	The Slovenian Library Association 斯洛文尼亚图书馆协会	Code of Ethics of Slovenian Librarian 斯洛文尼亚图书馆员职业伦理准则	斯洛文尼亚	1995	https://www.ifla.org/files/assets/faife/codesof-ethics/slovenia.pdf
18	The Turkish Librarian's Association 土耳其图书馆协会	The Turkish Librarian's Association (TKD) Professional Ethics Principles 土耳其图书馆员协会职业伦理准则	土耳其	1996	https://www.ifla.org/files/assets/faife/national-codeofethics/turkish-national-code-of-ethics-june2014.pdf
19	The Ukranian Library Association 乌克兰图书馆协会	Code of Ethics of a Librarian 图书馆员职业伦理准则	乌克兰	1996	https://www.ifla.org/files/assets/faife/codesof-ethics/ukrainia.pdf
20	The Korean Library Association 韩国图书馆协会	Code of Ethics for Librarians 图书馆员职业伦理准则	韩国	1997	https://www.ifla.org/files/assets/faife/codesof-ethics/korea.pdf
21	The Lithuanian Librarians' Association 立陶宛图书馆协会	Code of Ethics of Lithuanian Librarians 立陶宛图书馆员职业伦理准则	立陶宛	1998	https://www.ifla.org/files/assets/faife/codesof-ethics/lithuania.pdf
22	The Sri Lanka Library Association 斯里兰卡图书馆协会	Code of Professional Conduct and Ethics 职业行为与伦理准则	斯里兰卡	1998	https://www.ifla.org/files/assets/faife/codesof-ethics/sri-lanka.pdf

续表

序号	制定部门	名称	国别	制定年份	获取链接
23	The Association of Swiss Librarians and Libraries 瑞士图书馆员与图书馆协会	Code of Ethics 职业伦理准则	瑞士	1998	https://www.ifla.org/files/assets/faife/codesof-ethics/sweden.pdf
24	Portuguese Association of Librarians, Archivists and Documentalists (BAD), Portuguese Association for the Development of Scientific and Technical Information (INCITE), Portuguese Association of Health Documentation (APDIS) 葡萄牙图书馆、档案馆与文献工作者协会，葡萄牙科学与技术信息发展协会，葡萄牙健康信息协会	Code of Ethics for Information Professionals in Portugal 葡萄牙信息职业伦理准则	葡萄牙	1999	https://www.ifla.org/files/assets/faife/codesof-ethics/portugal.pdf
25	Asociación de Bibliotecólogos del Uruguay 乌拉圭图书馆协会	Code of Ethics 职业伦理准则	乌拉圭	2000	http://www.abu.net.uy/la-asociacion/codigo-de-etica
26	Estonian Librarians Association 爱沙尼亚图书馆员协会	Code of Ethics 职业伦理准则	爱沙尼亚	2001	https://www.ifla.org/files/assets/faife/codesof-ethics/Estonia%20NEW.pdf
27	Bulgarian Library and Information Association 保加利亚图书馆与信息协会	Code of Ethics 职业伦理准则	保加利亚	2002	http://www.lib.bg/en/Code-of-Ethics
28	Library Society of China 中国图书馆学会	Code of Ethics 职业伦理准则	中国	2002	https://www.ifla.org/files/assets/faife/codesofeth-ics/chinacodeofethics_librarysocietyofchina.pdf
29	The Croatian Library Association 克罗地亚图书馆协会	Code of Ethics 职业伦理准则	克罗地亚	2002	https://www.ifla.org/files/assets/faife/codesof-ethics/croatia.pdf

续表

序号	制定部门	名称	国别	制定年份	获取链接
30	Armenian Library Association 亚美尼亚图书馆协会	Professional code of behaviour of the Armenian Librarian 职业伦理准则	亚美尼亚	2003	https://www.ifla.org/files/assets/faife/codesof-ethics/armenia.pdf
31	Association des Bibliothécaires Français 法国图书馆协会	The Librarians' Code of Ethics 图书馆员职业伦理准则	法国	2003	https://www.ifla.org/files/assets/faife/codesof-ethics/france.pdf
32	Association of Library and Information Professionals of the Czech Republic 捷克共和国图书馆与信息职业协会	Code of Ethics 职业伦理准则	捷克	2004	https://www.ifla.org/files/assets/faife/codesof-ethics/czech-republic.pdf
33	Upplysing-Félag bókasafns-og upplys-ingfraeda 冰岛图书馆协会	Code of Ethics 职业伦理准则	冰岛	2004	https://www.upplysing.is/about/
34	Board of the Association of Hungarian Librarians and the Board of the Federation of Libraries and Information Centres 匈牙利图书馆协会董事和图书馆与信息中心董事	Code of ethics of Hungarian librarians 匈牙利职业伦理准则	匈牙利	2006	https://www.ifla.org/files/assets/faife/codesof-ethics/hungary.pdf
35	The Professional Regulation Commission of the Republic of the Philippines 菲律宾共和国专业管理委员会	Code of Ethics for Registered Librarians 注册图书馆员职业伦理准则	菲律宾	2006	https://www.ifla.org/files/assets/faife/codesof-ethics/philippines_code_of_ethics.pdf
36	Australian Library and Information Association 澳大利亚图书馆与信息协会	Statement on Professional Ethics 职业伦理声明	澳大利亚	2007	https://www.alia.org.au/about-alia/policies-stand-ards-and-guidelines/statement-professional-conduct
37	Botswana Library Association 博茨瓦纳图书馆协会	Code of Ethics 职业伦理准则	博茨瓦纳	2007	http://www.bla.org.bw/bla-content.php? cid = 5

续表

序号	制定部门	名称	国别	制定年份	获取链接
38	Bibliothek und Information Deutschland 德国图书馆协会	Ethics and Information Ethical principles of the library and information professionals 图书馆与信息职业伦理准则	德国	2007	https://www.ifla.org/node/6496
39	Library Association of Ireland 爱尔兰图书馆协会	Code of Ethics 职业伦理准则	爱尔兰	2007	https://www.ifla.org/files/assets/faife/national-codeofethics/irelandlaicodeofethics1.pdf
40	The Librarians' Association of Luxembourg 卢森堡图书馆员协会	National Code of Ethics of ALBAD 卢森堡图书馆协会国家	卢森堡	2010	https://www.ifla.org/files/assets/faife/codesof-ethics/libraryassociationofluxemburgnationalcod-eofethicsofalbad.pdf
41	Russian Library Association 俄罗斯图书馆协会	The Code of Ethics for Russian Librarian 俄罗斯职业伦理准则	俄罗斯	2011	https://www.ifla.org/files/assets/faife/publica-tions/misc/code-of-ethics-ru.pdf
42	Mauritius Council of Registered Librarians 毛里求斯注册图书馆员联盟	Code of Ethics 职业伦理准则	毛里求斯	2013	http://mauritiuscouncilofreglibrarians.wordpress.com/
43	Library and Information Association of South Africa 南非图书馆与信息协会	Code of Ethics and Conduct 职业伦理与行为准则	南非共和国	2013	http://www.liasa.org.za/code-of-ethics-conduct/
44	Spanish Federation of Societies of Archivist, Librarians, Documentalist and Museology 西班牙档案馆、图书馆、文献与博物馆联合学会	Code of Ethics 职业伦理准则	西班牙	2013	https://www.ifla.org/files/assets/faife/codesof-ethics/codeofethicscatalunya.pdf
45	The Italian Library Association 意大利图书馆协会	Librarians' code of ethics: fundamental principles 图书馆员职业伦理准则：根本原则	意大利	2014	https://www.aib.it/chi-siamo/statuto-e-regola-menti/code-ethics/

图书在版编目（CIP）数据

未成年人图书馆与信息服务专业性研究／张靖，吴
翠红主编. -- 北京：社会科学文献出版社，2019.11
ISBN 978 - 7 - 5201 - 5492 - 5

Ⅰ.①未… Ⅱ.①张… ②吴… Ⅲ.①公共图书馆 -
少年儿童 - 读者服务 - 研究 Ⅳ.①G252

中国版本图书馆 CIP 数据核字（2019）第 192190 号

未成年人图书馆与信息服务专业性研究

主　　编／张　靖　吴翠红

出 版 人／谢寿光
组稿责辑／宋月华　刘　丹
责任编辑／刘　丹

出　　版／社会科学文献出版社·人文分社（010）59367215
　　　　　　地址：北京市北三环中路甲 29 号院华龙大厦　邮编：100029
　　　　　　网址：www.ssap.com.cn
发　　行／市场营销中心（010）59367081　59367083
印　　装／三河市龙林印务有限公司

规　　格／开本：787mm×1092mm　1/16
　　　　　　印张：17　字数：260 千字
版　　次／2019 年 11 月第 1 版　2019 年 11 月第 1 次印刷
书　　号／ISBN 978 - 7 - 5201 - 5492 - 5
定　　价／128.00 元